정서적 학대, 그 상처와 대물림에서 벗어나기 위한 자기 치유 심리학

# 좋은 부모의 시작은 자기 치유다

정서적 학대, 그 상처와 대물림에서 벗어나기 위한 자기 치유 심리학

# 좋은 부모의 시작은
# 자기 치유다

*Healing your Emotional Self*

비벌리 엔젤 지음 | 조수진 옮김

책으로여는세상

정서적 학대, 그 상처와 대물림에서 벗어나기 위한 자기 치유 심리학

# 좋은 부모의 시작은 자기 치유다

**초 판 1쇄 펴냄** 2009년 11월 25일
**개정판 2쇄 펴냄** 2024년 1월 10일

**지은이** 비벌리 엔젤
**옮긴이** 조수진

**펴낸이** 안동권
**펴낸곳** 책으로여는세상

**출판등록** 제2012-000002호
**주소** (우)12572 경기도 양평군 강상면 강상로 476-41
**전화** 070-4222-9917 | **팩스** 0505-917-9917 | **E-mail** dkahn21@daum.net

**ISBN** 978-89-93834-59-8(03180)

## 책으로여는세상

좋·은·책·이·좋·은·세·상·을·열·어·갑·니·다

책을 읽는 동안 가슴이 답답해지거나 화가 치밀 수도 있습니다.
깊은 슬픔이 밀려오거나 외면하고 싶은 마음이 들 수도 있습니다.
그럴 때면 잠시 산책을 나가 당신의 그런 마음을 어루만져주십시오.

그리고 다시 책장을 여십시오. 마지막 책장을 넘기고 나면
한결 편안하고 자유로워진 당신 자신을 발견할 수 있을 것입니다.
굳이 좋은 부모가 되려고 애쓰지 않아도 좀더 좋은 부모가 되어 있는
당신 자신을 발견할 수 있을 것입니다.

# 정서적 학대, 그 상처와 대물림에서 벗어나기

수많은 사람들이 부모나 일차 양육자로부터 정서적 학대나 방치, 심한 통제를 받으며 자랍니다. 그러나 대개는 자신이 학대받거나 방치되었다는 사실을 깨닫지 못한 채 아무런 도움도 받지 못하고 살아갑니다. 그렇기에 삶 전반에 걸쳐 셀 수 없이 많은 문제들이 나타나게 되고, 그 때문에 계속해서 고통받게 됩니다.

정서적 학대를 당한 사람들은 그 학대를 내면화하거나 외면화합니다. 내면화한 사람들은 자기 파괴, 우울, 자살에 대한 생각, 수동성, 사회적 관계의 회피, 다른 사람과의 약한 의사소통을 보입니다. 또 자존감이 낮으며 죄책감이나 후회, 우울, 외로움, 거부, 체념 같은 감정으로 괴로워하기도 합니다.

이들은 스스로를 가치 없게 여기고, 이 세상을 자신이 실패할 수밖에 없는 적대적인 곳이라 믿으며 살아갑니다. 그렇기에 새로운 일을 시도하거나 배우고, 그에 따른 위험을 무릅쓰는 것도 꺼리게 됩니다.

정서적 학대를 외면화한 사람들은 예측하기가 힘들고, 공격적이고 충동적인 행동을 많이 보입니다. 또 자주 불안해하고, 적대적이며 늘 경계 태세를 갖추고 '되받아칠' 준비가 되어 있습니다. 결국 이들 가운데 많은 수는 자신이 당한 것처럼 다른 사람을 학대하게 됩니다.

이러한 증상과 태도의 중심에는, 어렸을 때 부모한테 받았던 정서적 학대로 인한 부정적인 메시지와 비뚤어진 자기 인식, 자기상self image이 자리해 있습니다. 그러므로 어른이 되었을 때 이러한 근본적인 문제에 집중하지 않는다면 회복을 향한 노력은 물거품이 되고 말 것입니다.

이 책은 '치유'에 초점을 두고 있습니다. 그리고 '자기self'에 초점을 맞추고 있습니다. 어떻게 하면 참된 자기를 회복하고, 학대하는 부모에게서 받은 비뚤어진 자기상에서 벗어나 긍정적인 자기상을 만들어갈 수 있는지, 어떻게 자존감을 높일 수 있는지, 그리하여 어떻게 좋은 부모가 될 수 있는지에 초점을 두고 있습니다.

자존감을 높이지 않는 한 스스로의 모습에 만족하고 행복해할 수는 없습니다. 이 책은 독자 여러분의 자존감을 전혀 다른 차원으로 끌어올려줄 것이며, 부모의 왜곡된 거울로부터 받은 상처를 치유하는 데 도움이 되는 새로운 방식을 가르쳐줄 것입니다. 그리하여 마침내 정서적 학대라는 대물림에서 벗어나 좋은 부모가 될 수 있는 길로 이끌어줄 것입니다.

# *Part 2* 부모가 비춰준 왜곡된 거울 깨뜨리기

# Part 3 참된 나를 보여주는 새로운 거울 만들기

Part 1

부모라는 거울을 보며
자라는 아이들

# 1장

## 거울 역할을 하는
## 부모

완벽주의는 가장 높은 수준의 자기 학대다.

-앤 윌슨 셰프

저는 되도록이면 거울을 안 보려고 해요. 거울에 비치는 제 모습을 보면 코는 길쭉하고 덧니에다가 가슴은 작고 온통 결점만 보이거든요. 사람들은 제가 매력적이라고 하지만 저는 아니라고 생각해요. -크리스틴(30살)

저는 이른바 완벽주의자라고 할 수 있죠. 무엇보다 일에 있어서는 더욱 그래요. 무슨 일을 하든지 절대 실수하지 않으려고 열두 번도 넘게 확인을 하다 보니 늘 다른 사람들보다 시간이 두 배는 더 걸려요. 상사는 저더러 느리다고 꾸중을 하지만, 실수를 지적당하니 차라리 꾸중을 듣는 게 낫다고 생각해요. 실수를 지적당하는 건 정말이지 견딜 수가 없거든요. -엘리엇(31살)

머릿속에서 자꾸만 '왜 그걸 그렇게 했니?', '왜 그런 말을 했어?' 라며 제 자신을 비난하는 목소리가 들려요. 그 목소리는 너무나 집요해요. 내가 하는 일은 하나도 제대로 된 게 없고, 나는 언제나 모자란 사람 같아요. 가끔은 '닥쳐!', '날 좀 내버려둬!' 라고 소리 지르고 싶어요. ─테레사(43살)

도대체 뭘 어떻게 해야 나 자신에게 만족할 수 있을지 모르겠어요. 끊임없이 뭔가 더 해야 하고, 더 이루어야 하고, 더 나은 사람이 되어야 한다는 생각이 들어요. 그러면 나도 나 자신을 좋아하게 될 것 같아요. 사람들은 내가 삶에서 이룩한 것들에 대해 감탄하지만, 내가 무엇을 얼마나 이루었는가는 중요하지 않은 것 같아요. 아무리 해도 나 자신이 모자라게만 느껴지는걸요. ─안나(55살)

이 사람들 가운데 '딱 내 이야기' 라고 생각되는 사람이 있는가? 혹시 크리스틴처럼 거울을 볼 때마다 마음에 들지 않는 모습을 보게 되어 괴로운가? 더 나은 사람이 되려고 아무리 애써도, 아무리 외모를 가꾸려고 노력해도 스스로에게 만족할 수가 없는가?

아니면 끊임없이 자신의 결점만 보이는가? 엘리엇처럼 완벽주의자인가? 또는 테레사처럼 하는 일마다 잘못된 점을 들추며 끊임없이 스스로를 꾸짖는 내면의 목소리 때문에 괴로운가? 아니면 안나처럼 스스로에게 만족하기 위해서는 무언가를 더 이뤄야만 한다는 생각이 드는가? 그리고 지금까지 이루어온 것들이 얼마나 되건 여전히 모자라게만 느껴지는가?

많은 여성들이 외모를 가꾸고, 조금이라도 더 매력적으로 보이려고 굉장한 시간과 노력을 들인다. 그렇지만 다이어트와 운동, 쇼핑, 성형수술에 들이는 그 모든 시간과 노력에도 많은 여성들은 여전히 거울 속에 비치는 자신의 모습에 만족하지 못한다. 늘 고쳐야 할 곳이 보이고, 더 나아졌으면 하는 점들이 있기 마련이다.

그런데 자신의 외모에 대해 비판적인 사람들은 대개 외모뿐만 아니라 자신의 다른 면에 대해서도 비판적인 경우가 많다. 장점보다는 결점에 더 신경을 쓰고, 직장에서나 학교에서 심지어 사람들과의 관계에서까지 자신이 제대로 못한다고 여긴다. 그리고 실수라도 하게 되면 아주 차갑게 스스로를 꾸짖는다.

사실 더 나은 사람이 되고 싶은 마음은 나쁜 것이 아니다. 그리고 사람은 누구나 스스로에 대해 비판적인 생각을 하며 괴로워할 때가 있기 마련이다. 하지만 자존감이 너무 낮은 나머지 자신이 한 일이나 행동, 자신의 외모에 대해 결코 만족하지 못한다면 그것은 문제가 된다.

이런 사람들은 끊임없이 스스로를 질책하는 마음속의 목소리, 곧 '마음속 비판자' 때문에 괴로워한다. 무언가를 해내고 나서 잠시 느끼는 만족감조차도 이 마음속 비판자가 가차 없이 빼앗아가는 경우가 많다. 혹시 자신이 낮은 자존감과 잘못된 마음속 비판자 때문에 괴로워하고 있는지 알아보고 싶다면 다음 질문들에 대답해보자. 해당되는 문항에 ∨표를 하면 된다.

1.자신감이 부족해서(또는 불안감 때문에) 괴롭다. ____

2.나는 내가 잘한 일보다는 잘 못한 일에 더 신경을 쓴다. ____

3.행동이나 외모 때문에 내가 다른 사람들보다 못하다고 느껴진다. ____

4.사람들한테 사랑과 존중을 받으려면 더 많이 일하고, 더 많이 발전하고, 사람들에게 더 잘 대해주어야 한다는 생각이 든다. ____

5.종종 마음속에서 나 자신의 잘못을 지적해주는 내면의 목소리가 느껴진다. ____

6.직장에서나 학교에서 나는 끊임없이 내 행동을 비판한다. ____

7.나는, 사람들과 함께 있을 때 내가 했던 행동들에 대해 끊임없이 스스로를 비판한다. 이를테면 누군가에게 말실수를 했다거나, 다른 사람들 앞에서 바보 같은 행동을 했다고 스스로를 질책하는 일이 자주 있다. ____

8.나 자신이 실패자처럼 느껴진다. 삶에서나 일에서 또는 사람 관계에서. ____

9.나는 완벽주의자다. ____

10.나는 좋은 것을 받을 만한 자격이 없다고 느껴진다. 성공적으로 잘되고 있을 때나 행복할 때는 왠지 마음이 불안하다. ____

11.사람들이 나의 진짜 모습을 알게 되면 나를 싫어하게 될까봐 두렵다. ____

12.사람들 앞에서 내 속마음을 들키고 웃음거리가 될까봐 수치심과 당혹감에 사로잡히는 적이 자주 있다. ____

13.계속 다른 사람과 나 자신을 비교하면서 초라한 기분이 든다. ____

14. 나는 될 수 있으면 거울을 안 보려고 한다(또는 반대로 내 모습에 문제가 없는지 확인하기 위해 자꾸만 거울을 보게 된다). ____

15. 거울을 들여다보면 자꾸 결점만 보인다. 나는 스스로의 모습에 만족한 적이 거의 없다. ____

16. 나는 내 외모에 대해 너무 의식하거나 창피하게 느낀다. ____

17. 나는 섭식장애가 있다(예: 충동적으로 과식을 하거나, 폭식한 다음 토한다거나, 자주 다이어트를 하면서 굶는다거나). ____

18. 사람들 앞에 있을 때는 마음을 진정시키기 위해 술이나 담배가 필요하다. ____

19. 나는 스스로를 잘 돌보지 않는다(예: 제대로 챙겨 먹지 않거나, 잠을 충분히 자지 않거나, 운동을 지나치게 많이 하거나 반대로 너무 안 하거나). ____

20. 나는 자기 파괴적인 경향이 있다(예: 담배 피우기, 술 남용, 약물 남용, 난폭 운전 따위). ____

21. 나는 일부러 내 몸에 상처를 낸 적이 있다. ____

해당하는 문항이 얼마나 되는가? 사실 이 문항들은 건강하지 않은 감정들이다. 그러므로 무엇보다 ∨표 한 문항이 5개가 넘는다면 꼭 이 책을 읽고 실천해보기를 권한다. 이 책을 통해 우리는 자존감을 높이고, 마음속에서 자기비판을 멈추며, 숨겨둔 수치심을 치유하고, 자신이 이룩한 것에서 참된 기쁨과 만족을 찾을 수 있게 될 것이다.

사실 우리는 태어날 때 이미 선함과 강함, 현명함을 갖고 태어났다. 다만 어렸을 때 우리가 길러진 방식 때문에 또는 부모가 우리한테 주었던 왜곡된 메시지 때문에 그러한 능력과 단절되어 있을 뿐이다.

# 삶의 모든 것에 영향을 미치는 자존감과 자기상 * * *

자존감self-esteem이란 자기 자신에 대한 전반적인 평가를 뜻하는 것으로, 스스로를 얼마나 좋아하고 높이 평가하는지에 따라 높을 수도 있고 낮을 수도 있다. 만약 자존감이 높다면 자신을 있는 그대로, 장점뿐만 아니라 단점까지 모두 받아들일 것이다. 자기 자신을 존중하고, 스스로를 사랑하며, 자신을 가치 있는 존재로 여길 것이다. 그리고 자기 자신이 가치 있는 존재라는 것을 이미 알고 있기 때문에 굳이 다른 사람에게 잘 보이려고 애쓸 필요도 없게 된다.

이러한 자존감은 삶의 모든 면에서 실제적으로 영향을 미친다. 자존감은 내가 나를 어떻게 생각하는지, 남들이 나를 어떻게 생각하는지, 그 결과 남들이 나를 어떻게 대하는지에 영향을 준다. 게다가 어떤 직업을 선택할지, 누구와 친구가 되고 또 누구와 연인이 될지는 물론 삶에서 내리는 크고 작은 결정에도 커다란 영향을 미친다.

또한 자존감은 자신의 소질과 능력을 얼마나 잘 활용하는지, 얼마나 생산적이 될 수 있는지, 어떤 방식으로 사람들과 관계를 맺는지에도 영향을 미친다. 변화가 필요하다고 생각할 때 행동으로 옮기는 능력에도, 얼마나 창조적이고 독창적인 사람이 될 수 있는지에도 영향을 미친다.

또한 안정감에도 영향을 주고, 심지어 다른 사람을 리드할 것인지 아니면 리드 당할 것인지에도 영향을 준다. 그리고 친밀한 관계를 맺는 능력에도 자존감은 아주 큰 영향을 미친다.

사람들은 '자존감self-esteem'과 '자기상self-image'을 혼동해서 쓰는 경우가 많은데, 사실 이 둘은 뜻이 다르다. 자기상이나 자기개념self-concept이 자신에 대해 갖는 이미지나 신념들을 뜻한다면, 자존감은 그러한 자기상을 자신이 얼마나 좋아하고 인정해주는지를 뜻한다. 자존감이 '내가 나에게 주는 평가'라면, 자기상은 보통 '자신이 생각하기에 다른 사람들이 나를 어떠어떠하게 볼 것이다'라는 것에 바탕을 두고 있다.

그렇기에 자기상은 다양한 이미지와 신념들로 이루어져 있다. 그 가운데 어떤 것들은 굉장히 분명하기도 하고(예: 나는 여자야, 나는 상담가야), 또 어떤 것들은 조금 덜 분명하기도 하다(예: 난 지적이야, 난 유능해).

그런데 이처럼 자신에 대해 갖고 있는 생각들 가운데 대부분은 어렸을 때 사람들이 나를 어떻게 대했는지 그리고 사람들이 나에 대해 뭐라고 이야기했는지, 이 두 가지로부터 생겨난 경우가 많다. 그리고 이러한 평가가 그대로 굳어져 지금 '내가 나 자신을 어떻게 생각하는지'가 되는 것이다. 곧 자기상이란 '사람들이 나를 어떻게 생각하고 어떻게 대했는지' 그리고 '내가 나를 다른 사람들과 비교해서 어떤 사람이라고 생각했는지' 이 두 가지를 함께 모아놓은 꾸러미라고 할 수 있다.


## 낮은 자존감, 원인은 어린 시절에 있다 ● ● ●

자존감이 낮고 자기상이 부정적인 사람들은 대부분 그 원인이 어린 시절에 있다. 우리가 어떤 환경에서 어떻게 자랐든지 간에, 스스로에 대해 가지고 있는 생각이나 느낌에 가장 크게 영향을 준 것은 바로 부모 또는 나를 길러준 사람이기 때문이다.

부모의 부정적인 태도나 메시지는 아이의 자존감과 자기상에 깊은 영향을 준다. 무엇보다 어렸을 때 정서적 학대나 방치, 정서적 숨 막힘을 당한 사람들은 더욱 그렇다. 잘못된 양육방식은 아이의 정체성과 자기상 그리고 자존감이 형성되는 데 영향을 끼친다.

이미 많은 연구결과가 분명하게 보여주듯이, 아이의 자존감 수준을 결정하는 가장 중요한 요소는 아이가 태어난 뒤 3~4년 동안 부모가 아이를 어떻게 키웠는가 하는 것이다. 엄마가 아이를 사랑하고, 격려하고, 공정하게 대하고, 꼭 필요한 경우 혼내기도 하고, 아이에게 해도 되는 것과 하면 안 되는 일을 분명히 알려준다면 아이는 스스로를 돌볼 줄 알고 자신감 넘치는 어른으로 자라게 된다.

반대로 엄마가 아이를 무시하고, 비난하고, 불공평하게 대하고, 필요 이상으로 혼내고, 해도 되는 것과 하지 말아야 할 것을 분명히 알려주지 않는다면 아이는 늘 불안하게 되고 스스로를 탓하면서 낮은 자존감으로 고통받게 된다.

처음 매튜를 만났을 때 나는 그가 너무 잘 생겨서 깜짝 놀랐다. 그는 윤곽이 뚜렷한 얼굴에 짙은 색의 커다란 눈동자를 갖고 있었는데, 마치 나이는 더 어리고 키는 더 큰데다가 이국적인 매력까지 갖춘 탐 크루즈를 보는 것만 같았다.

그런데 그의 말하는 방식은 내 짐작과는 많이 달랐다. 그토록 훌

룽한 외모를 가졌으니 말하는 태도도 당당할 줄 알았는데, 말수도 별로 없는데다 말할 때도 뭔가 미안한 사람처럼 변명하는 듯한 말투였다.

그가 왜 상담치료에 오게 되었는지 털어놓는 동안 나는 그가 무척 불안해하고 있음을 알 수 있었다. 그는 지적이고 재능 있고 매력적인 청년이었는데도, 스스로에 대한 회의와 비판으로 몹시 괴로워하고 있었다. 그렇게 많은 것을 갖춘 젊은이가 왜 자신을 그토록 보잘것없다고 여기는 걸까?

나는 매튜가 살아온 이야기를 들으면서 그의 아버지가 매튜에 대해 단 한 번도 만족해한 적이 없다는 사실을 알게 되었다. 한번은 매튜가 학교에서 우등생 명단에 올라 잔뜩 흥분해서는 아버지에게 이야기를 한 적이 있다. 그런데 아버지는 함께 기뻐하고 아들을 자랑스러워하기는커녕, 매튜에게 학교가 그렇게 헐렁하다면 방과 후에 일자리를 구하라고 했다. 매튜는 아버지가 시키는 대로 했다. 그러나 그것도 아버지를 기쁘게 하지는 못했다. 이번에 아버지는 매튜가 집안일을 제대로 돕지 않는다고 불평하면서 매튜에게 일을 그만두라고 했다.

"넌 여자애들이랑 노닥거릴 돈을 벌려고 일하는 것뿐이야!"

아버지는 처음 매튜에게 일자리를 구하라고 한 사람이 자기라는 사실을 까맣게 잊어버린 사람처럼 말했다.

매튜는 음악을 좋아했고 피아노에도 소질이 있었다. 그러나 아버지는 매튜가 레슨 받는 것도 싫어했다.

"넌 이미 너무 계집애 같아."

아버지는 비웃듯 말했다.

"너도 스포츠를 좀 즐겨봐."

아버지의 말대로 매튜가 육상팀에 들어가려고 하자, 아버지는 또 이렇게 불평했다.

"육상은 축구나 야구보다 못하지 않니! 축구팀이나 야구팀에 좀 들어가 봐."

아버지가 한 번도 매튜를 자랑스러워하거나 인정해주지 않았기 때문에 매튜는 점점 더 자신에게 엄격해져 갔다. 스스로에 대해 비판적이 되고, 자신이 뭘 해내든 잘못된 점부터 찾게 되었다. 그 결과, 누가 칭찬이라도 할라치면 매튜는 이렇게 말하면서 칭찬을 밀어냈다.

"누구나 할 수 있는 일이었어."

"어제 내가 얼마나 엉망이었는지 네가 못 봐서 그래."

아버지가 매튜를 인정해주지 않고 절대 기뻐해주지도 않았기 때문에 매튜는 남의 눈을 지나치게 의식하고 두려워하는 사람이 되고 말았던 것이다.


많은 부모들이 자신도 모르는 사이에 아이의 자존감을 해치고, 아이에게 자기 불안감이 생겨나게 만든다. 아이를 다정하게 대하지 않거나, 있는 그대로 인정해주지 않거나, 존중하는 마음 없이 대하는 것이다. 또한 아이에게 비합리적이고 터무니없는 기대를 하거나, 아이를 지배하려 들거나, 아이에게 무관심하거나, 불공평하게 대한다.

# 잦은 야단과 비난은
## 아이의 마음속에 비판자를 만들어낸다 ● ● ●

아이의 자존감을 낮게 만드는 또 하나의 요인은 마음속에 강력한 비판자가 생겨나는 것이다. 마음속 비판자라는 것은 모든 아이들이 경험하는 정상적인 사회화 과정에서 만들어진다. 부모는 아이에게 어떤 행동은 해도 되고 어떤 행동은 해서는 안 된다거나, 하면 위험하다거나 도덕적으로 옳지 못한 일이라고 가르쳐준다. 이 과정은 보통 아이가 올바른 행동을 하면 칭찬해주고 잘못된 행동을 하면 꾸중을 하면서 이루어진다.

부모에게 꾸중을 들을 때 아이는 의식적으로든 무의식적으로든 자신이 '틀렸다'거나 '나쁘다'라고 생각하게 되는데, 이때가 바로 '마음속 비판자'가 생겨나기 시작하는 때다. 결국 마음속 비판자의 목소리는 꾸중하는 부모의 목소리인 셈이다. 아이였을 때 자신의 행동을 바로잡아주었던, 자신의 행동에 대해 벌주고 금지했던 부모의 목소리인 것이다.

어린 시절 부모의 이런 꾸중이 그럴 만하고 적당한 것이었다면 아이가 어른이 된 뒤에 마음속 비판자는 가끔밖에 나타나지 않는다. 하지만 아이가 자신의 '나쁨'이나 '틀림'에 대해 강한 메시지를 자주 받게 되면, 어른이 되었을 때 마음속 비판자가 자주 나타나 자신을 격렬하게 공격하게 되는 것이다. 그리하여 첫 페이지에서 나왔던 테레사의 경우처럼, 머릿속에서 끊임없이 자신을 비난하는 목소리가 들리고 그것으로 괴롭게 된다.

# 부모들이 일상속에서 흔히 저지르는
## 정서적 학대와 방치 ● ● ●

'학대'는 정서적으로 아주 강한 단어다. 학대라고 하면 보통 학대하는 사람이 의도적으로 나쁜 뜻을 갖고 상대방을 학대하는 것처럼 느껴진다. 그러나 아이를 정서적으로 학대하거나 방치하는 부모 가운데 일부러 그러는 부모는 별로 없다. 오히려 대부분의 부모들은 자신이 어린 아이였을 때 부모가 자기를 대했던 방식을 자신의 아이에게 되풀이하고 있을 뿐이다. 그리고 그것이 아이에게 얼마나 해로운지 깨닫지 못하는 경우가 대부분이다.

자존감이 낮은 아이의 경우도 엄마가 의도적으로 아이의 자존감을 낮게 만든 경우는 거의 없다. 그런데도 전형적으로, 자존감이 낮은 아이들을 보면 엄마도 자존감이 낮은 경우가 많다. 이것은 자존감이 낮은 엄마들이 자기도 모르는 사이에 아이의 자존감을 떨어뜨리는 방식으로 아이를 키운다는 것을 뜻한다.

한편 '정서적 학대'라는 말을 쓸 때는 굉장히 구체적이어야 한다. 정서적 학대는 오랜 시간에 걸쳐 되풀이해서 일어난다는 점에서 하나의 행동 양식이라 할 수 있다. 가끔씩 보이는 부정적인 태도나 행동을 두고 정서적 학대라고 하지는 않는다는 뜻이다.

아주 훌륭한 부모들조차도 가끔은 평정심을 잃고 아이에게 상처 주는 말을 하거나 아이가 원하는 관심을 주는 데 실패할 수 있다. 또 뜻하지 않게 아이를 위협하게 될 수도 있다. 사실 대부분의 엄마들이 그럴 것이다.

그러나 정서적으로 아이를 학대하는 부모는 이러한 행동을 가끔이 아니라 규칙적으로 보인다.

정서적 학대에는 엄마가 아이에게 어떤 행동을 '하는' 것만이 아니라, 어떤 행동을 '해주지 않는' 것도 포함된다. 정서적 학대에는 다음과 같은 것들이 있다.

· 언어적 학대 – 아이를 끊임없이 비난하기, 비웃기, 조롱하기, 모욕하기, 거부하기, 적절하지 못하게 약 올리기
· 아이의 능력에 벗어나는 지나친 요구 또는 비합리적인 요구를 하는 것
· 아이를 지나치게 통제하는 것
· 정서적으로 아이를 숨 막히게 하는 것(아이를 과잉보호하거나 아이가 부모로부터 독립적인 생활을 하려는 것을 허락하지 않는 것도 해당된다)
· 특별한 이유 없이 아이의 요구를 거부하거나 정서적으로 아이를 버려두는 것(아이에게 차갑게 대하거나, 반응해주지 않거나, 애정 표현을 해주지 않는 것도 해당된다)

방치라는 말은 학대보다 그 뜻을 오해하고 있는 경우가 더 많다. 방치는 신체적 방치와 정서적 방치로 나눌 수 있다. 신체적 방치는 부모 또는 일차적 보호자가 아이의 정서적 · 사회적 · 환경적 · 의료적 욕구와 더불어 아이가 기본적으로 필요로 하는 물질적인 것들음식, 물, 쉴 곳, 위생에 대한 주의을 주지 않는 것을 뜻한다. 또한 적절한 관리를 해주지 않는 것도 해당된다.

정서적 방치는 아이의 정서적, 심리적 성장과 발달에 필요한 양육과 지지를 해주지 않는 것을 뜻한다. 아이에게 사랑을 거의 또는 전혀 표현해주지 않거나, 아이를 지지해주지 않거나, 아무런 지도도 해주지 않는 것이다. 인정받고, 사랑받고, 정서적으로 지지받고 싶은 아이의 욕구에 무관심한 것, 다시 말해 아이가 어떤 감정인지, 무슨 활동을 하는지, 어떤 문제가 있는지에 관심 없어 하는 것 모두 정서적 방치에 해당된다.

다음 질문들은 정서적 학대와 방치가 무엇인지를 더 잘 이해하고, 자신이 어린 시절 정서적 학대나 방치를 당한 적이 있는지 확인하는 데 도움이 될 것이다. 각 문항을 읽으면서 해당하는 내용에 ∨표를 해보자. 아래 문항에서 '부모님'은 엄마나 아빠를 뜻한다.

1. 부모님은 나에 대해 심하게 비판적이었다(예: 틀린 말을 했다고 또는 잘못된 행동을 했다고 자주 혼났다, 부모님이 내 외모에 대해 자주 안 좋게 이야기했다). ____

2. 부모님을 기쁘게 하는 것이 불가능했다. 내가 무엇을 하든 부모님이 인정해주지 않을 거라는 느낌이 들었다. ____

3. 부모님은 완벽주의자였다. 내가 부모님이 바라는 대로 행동하지 않으면 크게 혼나거나 벌을 받곤 했다. ____

4. 부모님은 나에게 심한 말이나 욕설을 퍼붓곤 했다(예: 못된 아이라거나, 가치 없는 존재라거나, 멍청하다고 또는 아무짝에도 쓸모없다고 말하거나, 욕을 퍼붓는 것). ____

5. 부모님은 나를 무시하거나 놀리거나 또는 심술궂고 학대적인 농담

을 하곤 했다.＿＿

6. 부모님은 나의 물질적인 필요를 무시했다(예: 겨울에 두툼한 옷을 사주지 않거나, 필요한 의료 서비스를 챙겨주지 않았다).＿＿

7. 부모님은 내가 위험하고 불안정한 환경(예: 부부 싸움이나 가정 폭력)에서 자라게 했다.＿＿

8. 부모님은 자기 일로 너무 바빠서 나와 함께할 시간이 별로 없었다.＿＿

9. 부모님이 나를 자주 혼자 내버려둬서 내가 스스로를 챙겨야만 했다. 나는 어렸을 때 충분한 돌봄과 애정(예: 속상할 때 안아주거나 달래주기)을 받지 못했다.＿＿

10. 어렸을 때 부모님은 나와 거리를 두었다(또는 관계가 서름서름했다).＿＿

11. 부모님은 술이나 마약, 도박 또는 다른 종류의 중독이 있어서 나를 방치했다.＿＿

12. 나는 어렸을 때 '버려진' 적이 있다(예: 말썽부린 벌로, 부모님이 아파서 또는 부모님이 나를 돌볼 수가 없어서 등의 이유로 나를 다른 사람과 살도록 멀리 보낸 적이 있다).＿＿

13. 부모님은 나를 지나치게 보호하려 했다(예: 나에게 뭔가 해로운 일이 생길까봐 지나치게 걱정했다, 혹시라도 다칠까봐 운동이나 다른 일상 활동에 참여하지 못하게 했다).＿＿

14. 부모님은 나를 다른 사람들과 떼어놓으려고 했다(또는 친구를 데려오거나 친구 집에 놀러가는 것을 허락하지 않았다).＿＿

15. 부모님은 나에게 지나치게 집착했다(예: 내가 다른 사람에게 관심을 보인

다거나 친구나 애인이 생기면 질투하는 모습을 보였다). ____

16. 부모님은 나를 상담 상대로 대하거나 또는 나에게서 정서적 위안을
받으려고 했다. 종종 내가 부모 같고 부모님이 내 자식 같다는 느낌
이 들었다. ____

위 문항들은 정서적 학대와 방치의 다양한 모습을 묘사하고 있다.
1번부터 5번까지의 문항 가운데 해당하는 것이 있다면 언어적 학대
와 비합리적인 기대를 통해 정서적으로 학대를 받았다고 볼 수 있다.
6번부터 12번까지의 문항 가운데 '예'라고 대답한 것이 있다면 어린
시절 방치당했거나 버려졌던 경험유기이 있는 것이다. 13번부터 16번
까지의 질문 가운데 '예'라고 대답한 것이 있다면, 정서적 질식이나
정서적 근친상간으로 고통받았다고 볼 수 있다.

## 정서적 학대와 방치가 아이에게 미치는 영향 ● ● ●

정서적 학대나 방치를 당하게 되면 아이의 자기상은 비뚤어지고, 자
신감이 없어지며, 심하게 낮은 자존감을 갖게 되는 등 정서적 발달이
방해를 받는다. 그리하여 자신에 대해 사람들이 좋아할 만한 사람이
못 된다고 생각하거나, 사랑받을 만하지 못하고 남들보다 부족하다
고 여기게 된다.

부모가 아이를 정서적으로 학대하거나 방임하거나 또는 정서적으
로 숨 막히게 할 경우, 아이의 마음속에서는 자기 증오가 생겨난다.
그 결과 아이는 수동적이 되거나 반대로 공격적이 되는 양극단의 모

습을 보이는 경우가 많다. 계속해서 창피를 당하거나, 위협당하거나, 거부당하며 자란 아이는 신체적으로 폭행당한 것보다 더하지는 않더라도 적어도 그만큼 큰 고통을 겪게 된다.

한편, 많은 연구결과들은 아이를 방치하는 것이 노골적인 학대보다 더 해로울 수 있다는 사실을 보여준다. 여러 부류의 아이들을 조사한 결과, 정서적으로 방치당한 채 자란 아이들이 가장 불안해하고, 산만하며, 감정을 잘 느끼지 못하는 것으로 나타난 것이다. 또한 이런 아이들은 공격적인 모습을 띠든지 아니면 반대로 움츠러들어 있는 식으로 극단적인 경향을 보였다.

정서적 학대와 방치는 아이에게 자신이 사랑받을 만하지 못하다거나, 못생겼다거나, 멍청하다거나, 못된 아이라는 메시지를 말로 또는 분위기로 전달하게 된다. 그러면 아이는 왜 엄마또는 아빠나 일차적 보호자가 자신을 그렇게 대하는지를 이해하기 위해 자기한테서 비난받을 만한 결점들을 찾게 된다. 이렇게 아이가 엄마한테 거부당한 경험을 내면화하게 되면, 곧 엄마의 거부를 자기 자신의 탓으로 돌리게 되면, 아이는 자아 발달에 커다란 해를 입게 되고, 보잘것없는 자기상과 낮은 자존감을 갖게 된다.

이렇듯 엄마한테 아무런 공감도, 칭찬이나 인정도 받지 못한 채 자란 아이는 형편없는 자존감을 갖게 될 뿐 아니라 자기 파괴적인 행동, 무감각, 우울과 같은 증상을 보이는 경우가 많다. 그리고 언제 엄마의 사랑이 떠나갈지 모르는 불안과 위협 속에서 자란 아이들은 종종 심각한 불안, 과도한 공포, 의존성을 경험하기도 한다.

이와 달리 어떤 아이들은 학대를 외면화하기도 한다. 이런 아이들은 불안하고 공격적이며, 적대적인 사람이 되기가 쉽다. 그리고 끊임없는 공포에 시달릴 수 있으며, 늘 상대방에게 '되받아칠' 준비가 되어 있다.

우리가 기억해야 할 점은 아이가 정서적 학대를 내면화하든 외면화하든 정서적 학대야말로 모든 학대의 핵심이며, 아동 학대와 방치의 장기적인 결과는 주로 학대의 정서적인 측면에서 나온 것이라는 사실이다.

## 수치심이 완벽주의를 만들어낸다 ● ● ●

수치심은 마음 깊숙한 곳에 있는 감정으로, 다 발가벗겨진 것 같고 가치 없는 존재가 된 것 같은 느낌을 말한다. 수치심이 느껴질 때 우리는 숨고 싶어진다. 창피해서 고개를 숙이고, 어깨는 구부정하게 되고, 눈에 띄지 않게 하려고 자꾸만 안으로 웅크리게 된다.

정서적 학대와 방치는 아주 수치스러운 경험이다. 그래서 어떤 식으로든 이러한 경험을 한 사람들은 창피함과 굴욕감을 느끼게 된다. 뿐만 아니라, 대부분의 아이들은 부모가 정서적으로 학대하거나 방치할 때, 부모가 그러는 것은 다 그럴 만하기 때문이라고 느끼면서 자기 자신을 탓하게 된다. 이를테면 '내가 조금만 더 신경을 썼더라면 엄마가 친구들 앞에서 내게 소리 지르며 무시하지는 않았을 거야'라고 생각하는 식이다.

이처럼 아주 작은 일에도 자주 혼내고 비난하고 벌주는 부모 밑에서 자란 아이는 단지 자신의 행동만이 아니라 자기라는 존재 자체가 잘못된 것이라고 느끼게 된다.

한편 이런 아이들 가운데 일부는 부모한테 혼나거나 비난받을 때 느껴지는 수치심을 이겨내기 위해 완벽주의를 추구하게 된다. 자신이 부족하고 흠 많은 존재라는 느낌을 보상하기 위한 한 방편으로 완벽해지려고 애쓰는 것이다.

'내가 완벽해질 수만 있다면 다시는 창피를 당하지 않을 거야!'

아이는 잠재의식 속에서 이렇게 생각하게 된다. 물론 완벽을 추구하는 것은 실패하게 되어 있다. 왜냐하면 완벽한 사람이 되는 것 자체가 불가능한 일이고, 게다가 이미 수치심으로 괴로워하고 있는 사람이라면 자신은 태어날 때부터 부족한 존재라고 느낄 것이고, 따라서 자신이 아무리 잘한다고 해도 여전히 그것으로는 충분하지 못하다고 여기며 만족하지 못할 것이기 때문이다.

그러므로 스스로에게 완벽을 추구하면 할수록 끊임없이 스스로에게 실망하게 되고 자존감은 계속해서 상처를 입는 악순환만 되풀이하게 된다.


## 자기 인식 ● ◆ ●

지금까지 우리는 '자기self'의 서로 다른 면들을 설명하기 위해 자기상self image, 자존감self-esteem 같은 말들을 썼으면서도, 정작 '자기'라는 말에 대해서는 정의를 내리지 않았다. 그렇다면 '자기'는 무엇일까? 다양한 정의가 있지만 여기서는 우리 내면의 핵심이라고 하는 것이 잘 맞을 것이다. 곧, '독립된 별개의 한 사람'으로서 스스로에 대해 갖고 있는 인식인데, 어디까지가 자신의 욕구와 감정이고, 어디부터가 다른 사람의 욕구와 감정이 시작되는 것인지에 대한 인식이라 할 수 있다.

'자기'라는 말과 관련해 하나 더 정의해야 할 말이 있는데 바로 자기 인식sense of self이다. 이것은 자신이 누구이고, 세상에 얼마나 잘 맞는 사람인지를 마음으로 아는 것을 말한다. 가장 이상적인 것은 '자기 자신에 대한 일관된 감각'인데, 다시 말해 마음속에 일치감을 갖는 것이다.

평소 사람들은 자기가 어떤 사람인지를 인식하지 못하고 지낸다. 하지만 살다 보면 이것에 신경을 쓰게 만드는 일이 생기기 마련이다. 예컨대 누군가가 우리가 이룩한 것을 무시하거나 우리를 거부할 경우, 우리는 내면으로 초점을 맞추게 된다. 그리고 자신이 가치 있는 존재인지 또는 사랑받을 만한 사람인지 의문을 품기 시작한다.

반대의 경우에도 마찬가지다. 누군가가 우리를 칭찬할 경우 우리는 자신이 정말로 칭찬받을 만한 사람인지 보기 위해 내면을 바라보게 된다.

이렇게 자기 자신을 의식한다는 것은 '내가 지금 어쩌고 있지? 잘하고 있는 건가?', '내가 다른 사람들 눈에는 어떻게 보일까?'라는 생각에 휩싸이게 된다는 뜻이기도 하다.

이런 식의 자기 평가는 강박적이 될 수도 있는데, 그렇게 되면 사람들 사이에서 자기 자신을 표현하는 것이 자유롭지 못하게 되고, 지나치게 억누르게 되거나 반대로 허세를 부리게 될 수도 있다. 어느 쪽이든 간에 자신의 모습을 너무 의식하는 것은 참된 자기 자신이 되는 것을 방해하게 된다.

## 부모의 작은 배려가 튼튼한 자기 인식을 만든다

사람들한테무엇보다 부모한테 무시당하거나 거부당한다고 느낄 때, 사람들은 자신이 뭔가 그럴 만한 잘못을 저질렀을지도 모른다며 걱정하기 시작한다. 이것은 아주 어렸을 때부터 시작된다.

아이들은 생각하는 방식이 지극히 자기중심적이다. 모든 일이 자기를 중심으로 일어나고, 그래서 사람들의 반응도 모두 자기와 관련이 있으며, 심지어 모두 자기 때문이라고 생각한다. 이렇게 아이들은 자기가 원인이고 사람들의 반응은 그러한 원인의 결과일 뿐이라고 생각한다. 그렇기 때문에 아이들은 사람들이 자기를 어떻게 대하는지를 두고 스스로를 탓하는 경향이 강하다. 이렇게 아이들은 자라면서 자기 자신을 의식하게 되고, 그 과정에서 자기를 비난하는 생각들을 키워 나가기도 한다.

그러므로 아이가 자기 자신을 독립된 별개의 한 사람으로서 인식하는 것, 다시 말해 튼튼한 자기 인식을 가질 수 있도록 하려면 긍정적인 심리적 양육이 제공되는 환경에서 자랄 수 있어야 한다. 긍정적인 심리적 양육이란 다음과 같은 것들로 이루어진다.

· 공감적 반응

공감하는 능력을 가졌다는 것은 자기만의 관점에 갇히지 않고 다른 사람의 말을 듣고 응답할 수 있는 능력을 가졌다는 뜻이다. 다른 사람의 처지가 되어 보고, 그 사람이 어떻게 느낄지 상상해볼 수 있는 힘을 가졌다는 뜻이다.

그런데 불행하게도 많은 부모들은 자신 속에 갇혀 자신이 아닌 그 어떤 누구의심지어 자신의 자녀까지도 필요나 관점도 받아들이지 못하곤 한다. 부모들이 보이는 전형적인 비공감적 반응으로는, 모임에 갈 준비를 하느라 한창 바쁠 때에 아기가 바지를 더럽혔고, 그 순간 엄마의 참을성이 바닥나는 경우를 들 수 있다.

이런 상황에서 공감적인 엄마라면 먼저 숨을 깊게 들이마신 다음, 아기를 다정하게 품에 안아줄 것이다. 그러고는 스스로에게 이렇게 일깨우며 마음을 다독일 것이다. '아직 어린 아기잖아. 알고 그러는 게 아니라고. 아기 잘못이 아니야' 그러고는 기저귀를 갈아주면서 아기에게 다정하게 이야기도 하고 부드럽게 얼러줄 것이다.

그러나 비공감적인 엄마는 준비가 늦어지는 것에 대해 아기 탓을 하며 거칠게 아기를 다루면서 아기에게 불쾌함을 전달하고 말 것이다.

· 아이가 인식한 것을 확인해주기

아이에게 건강한 자기 인식을 가질 수 있도록 해주는 가장 주요한 방법 가운데 하나는 아이가 경험하고 느낀 것에 대해 그것이 맞다고, 그럴 만하다고 아이의 감정을 부모가 확인해주는 것이다. 이를테면, 아이가 슬프다고 느낄 때 엄마가 "그래, 정말 슬프겠구나. 엄마도 이해가 간단다"라며 수긍해주는 것이다.

엄마가 이렇게 아이의 감정이 타당한 것임을 확인시켜 줄 때 아이는 자신의 감정이나 지각에 문제가 없다고, 괜찮은 거라고 느끼게 된다. 아이는 '내가 제대로, 맞게 느끼고 있는 거구나. 원래 그런 거구나' 라고 생각하고, 그리하여 세상에서 혼자라는 느낌을 덜어낼 수 있게 된다.

그러나 이와 반대로, 슬퍼하는 아이에게 부모가 사실 그 일은 슬퍼할 일이 아니며 기쁜 일이라고 말한다면, 아이는 갑자기 혼란스러움을 느끼게 되고 자신에게 뭔가 문제가 있다고 느끼게 된다. 또한 틀림없이 깊은 외로움도 느낄 것이다.

· 아이만의 독특함 · 고유함을 존중해주기

한 사람으로서 자신의 고유함을 존중받을 때 아이는 자신과 다른 사람과의 차이를 받아들이는 법을 배우게 된다. 그리고 서로 다른 점을 발견하고, 그러한 차이를 건설적으로 다루는 것이 흥미로운 일이라는 사실도 배우게 된다.

그러나 안타깝게도 많은 가정에서 한 가족인데 서로 다른 의견을 보일 경우 정상이 아니라고 여기는 경우가 많다. 오히려 아이가 부모와 다른 의견을 보이면, 부모에게 도전하려고 한다거나 주도권을 쥐려고 다투는 것이라고 오해를 받기 십상이다. 심지어 나머지 가족들과 생각이 다르다는 이유만으로 벌을 받거나 비난을 받기도 한다. 그러면 이것은 아이의 마음속에서 '난 나쁜 아이야' 라는 메시지로 바뀌고 만다.

하지만 아이가 자기만의 생각이나 의견을 말했을 때 존중받게 되면 아이는 '좋아, 난 정상이야' 라고 느끼게 된다. 그러면 아이의 마음속에서는 자신이 가치 있고 사랑받는 존재라는 자기 인식이 자라게 된다.

## 아이는 부모라는 거울을 통해 자신의 모습을 본다 ● ◆ ●

갓난아기는 자기 인식이 없다. 다시 말해 자기가 다른 사람과 구별된 별개의 한 사람이라는 사실을 알지 못한다. 그렇기에 거울을 보아도 그것이 자기의 모습이라는 것을 인식하지 못하고 다른 아기를 보는 것처럼 반응한다.

이러한 갓난아기들에게 자기가 어떤 사람인지를 보여주는 거울은 다름 아닌 부모다. 부모가 웃어주면 아기는 자신이 기쁘고 사랑스러운 존재라는 것을 배우게 된다. 부모가 안고 달래주면 아기는 자신이 안전하다는 것을 배운다. 울 때 부모가 반응을 보여주면 아기는 자신이 중요한 존재라는 것을 배우는 것이다.

그러나 부모가 안아주지도 말을 걸어주지도 않고, 달래주지도 않고 사랑해주지도 않는다면 아기는 자신의 가치에 대해 전혀 다른 생각을 품게 된다. 우는데도 달래주지 않는다면 아기는 무력감을 배울 것이고, 자신을 중요한 존재가 아니라고 여기게 될 것이다.

그러다가 아이가 좀 더 자라게 되면 조금씩 자기 인식이 생겨난다. 자신이 부모와 분리된 별개의 자율적인 존재라는 사실을 발견해나가는 것이다. 이 단계 동안 아이는 자신이 홀로 나아가도 되는지 확인하기 위해 자신과 부모 사이를 끊임없이 오락가락하게 된다. 이것은 이제 막 걸음마를 시작한 아이를 관찰해보면 분명히 알 수 있는데, 아이는 뭔가를 만지려고 다가가다가 그 다음에는 반드시 부모의 반응이 어떤지 살피기 위해 뒤를 돌아보는 것이다.

아이는 자기가 어떤 사람인지 알기 위해 자기 주변에 있는 사람들,

특히 부모의 얼굴 표정과 몸짓, 말투를 살핀다. 아이와 가까이 있는 사람들이 아이의 거울이 되는 것이다. 이 거울들이 웃고 있으면 아이는 자신에 대해 좋게 느끼고, 이 거울들이 찌푸리고 있으면 두려움을 느끼고 자신을 별로 좋아하지 않게 된다.

예컨대, 일에 지친 엄마가 아이에게 짜증을 냈다고 하자. 앞서 설명했듯이 아이는 '오늘은 엄마가 너무 힘들었어. 오늘 같은 날은 누구를 만나든 짜증을 냈을 거야'라고 이해할 말한 인지적, 정서적 능력이 부족하다. 대신 아이는 엄마의 짜증내는 반응을 자신의 잘못 때문이라고 여긴다. 그래서 '나는 나쁜 아이야', '나에게 뭔가 문제가 있어', 또는 '난 잘 대해줄 만한 사람이 못 돼'라는 믿음을 마음속에 품게 된다.

그러다가 아이가 좀 더 자라게 되면 부모는 또 다른 방식으로 아이에게 거울로 작용한다. 이를테면, 부모가 과잉보호하면 아이는 자신을 무능하다고 여기게 된다. 부모가 지나치게 통제하면 아이는 자신을 미덥지 못한 사람이라고 여기게 된다. 이렇듯 아이는 부모의 반응을 보면서 자신의 모습을 결론짓게 된다.

대부분의 부모들은 세상에 갓 태어난 아이를 보면 벅차오르는 감정을 느끼고 아이의 몸짓과 표정이 사랑스러워 절로 웃음이 나온다. 하지만 안타깝게도 어떤 부모들은 이러한 사랑이 솟구치지도, 아이를 돌보고 보호해주고 싶은 강한 본능을 느끼지도 않는다. 아무런 느낌이 없기도 하고, 오히려 커다란 두려움에 휩싸이기도 한다.

이런 부모들은 아이의 생존에 꼭 필요한 일은 해줄지 몰라도 아이의 표정에 맞장구를 쳐주며 함께 즐거워하지는 않는다. 아이를 안아주고 필요한 음식을 먹이기는 하지만, 눈길은 딴 곳을 향하고 있거나 다른 일에 마음을 쏟고 있기가 쉽다. 결과적으로 아이는 필요한 사랑이나 관심, 공감적 반응을 받지 못한 채 자라게 된다.

무엇보다 부모 자신이 어린 시절에 학대받거나 방치당한 경험이 있을 경우 자기 아이에게도 똑같이 대하는 경향이 있다. 예를 들어, 어렸을 때 공감해주는 반응을 받지 못하고 자란 엄마는 아이에게 어떻게 공감을 보여야 할지 모르게 된다.

한편, 아빠한테 심하게 비난받거나 수치를 당하며 자란 아이는 아빠가 되었을 때 자신에 대한 안 좋은 감정들을 아이에게 그대로 투사하여, 어렸을 때 자신이 당한 대로 아이에게 똑같이 할 가능성이 높다.

## 치유와 회복을 향하여

이렇듯 부모라는 거울은 아이의 자기상이 만들어지는 데 중요한 역할을 한다. 물론 부모만이 거울 역할을 하는 것은 아니다. 가족이나 선생님, 친구들을 비롯해 아이가 살면서 만날 수 있는 모든 사람들이 아이에게 이런 역할을 할 수 있다. 하지만 자신이 얼마나 좋은 사람인지, 중요한 사람인지, 얼마나 가치 있는 사람인지를 결정하려면 필연적으로 부모라는 거울이 자신에게 보여주었던 모습으로 돌아가기 마련이다.

이런 뜻에서 이 책은 부모가 보여준 왜곡된 거울이 아닌, 우리 자신의 진짜 모습을 보여주는 거울을 만들어내도록 도와줄 것이다. 이른바 '거울치료'라고 부르는 과정을 통해 자존감을 높이고, 일그러진 자기상을 바르게 고치고, 마음속 비판자의 목소리를 잠재우고, 수치심을 치유할 수 있을 것이다.

어릴 적 자신을 학대하거나 방치했던 부모에게서 받은 상처들을 모두 되돌릴 수는 없다고 해도, 부모의 왜곡된 거울을 깨뜨리고 새로운 거울을 만들어내는 과정을 통해 우리의 타고난 훌륭함과 강인함 그리고 현명함에 대한 감각을 되찾을 수 있을 것이다.

### 심리학 쪽지

- 자존감은 자기 자신에 대한 전반적인 평가를 뜻하며, 우리가 살아가면서 하게 되는 크고 작은 모든 결정에 영향을 미친다.

- 부모들은 자기도 모르는 사이에 아이를 정서적으로 학대하고 있는 경우가 많은데, 대부분은 자기가 어린 아이였을 때 부모가 자기를 대했던 방식을 자신의 아이에게 되풀이하고 있을 뿐이다.

- 어린 아이는 부모라는 거울을 통해 자신의 모습이 어떠한지를 배우게 된다. 부모가 자기를 향해 웃어주고 잘 반응해주면 아이는 자신이 사랑스럽고 소중한 존재라는 것을 배우게 되고, 반대로 부모가 안아주지도 웃어주지도 않고 달래주지도 않는다면 아이는 자신이 중요하지 않은 존재라고 배우게 된다.

# 감정 일기 쓰기

이번 한 주 동안 내가 얼마나 자주 스스로를 비난하는지, 그것이 기대했던 것만큼 일을 잘하지 못해서였건, 외모에 만족할 수 없어서였건 간에, 그것을 알아보면서 지내자.

또한 내가 발가벗겨진 것 같은 느낌이나 무가치하다는 느낌, 또는 내가 얼마나 결점이 많은 사람인지 사람들이 알게 될까봐 두려운 마음이 얼마나 자주 들었는지 알아보자.

만약 괜찮다면, 내가 얼마나 자주 자기 비판적이 되는지, 그것이 어떤 종류의 비판인지, 얼마나 자주 수치심을 느끼는지, 그리고 무엇이 그러한 수치심을 느끼게 만드는지 기록해보자. 아래의 표를 활용해도 좋고 자신이 쓰기 편하게 새로 표를 만들어도 좋다.

| 날짜 | 내가 느낀 감정 | 무엇때문에 그러한 감정을 느꼈나? | 오늘 얼마나 자주 느꼈나? |
|---|---|---|---|
|  |  |  |  |
|  |  |  |  |

| 날짜 | 내가 느낀 감정 | 무엇때문에<br>그러한 감정을 느꼈나? | 오늘 얼마나<br>자주 느꼈나? |
|---|---|---|---|
|  |  |  |  |
|  |  |  |  |
|  |  |  |  |
|  |  |  |  |

2장

아이에게 나쁜 거울이 되는
7가지 부모 유형

말words은 훤히 열려있는 귀에 스며들어 영혼에 내려앉는다. 말은 무너뜨리는 힘을 갖고 있는가 하면 일으켜 세우는 힘도 갖고 있다. 마음을 날카롭게 베어버리는 말은 몇 년이 지난 뒤에도 마치 잔디 깎는 기계의 칼날처럼 귓가에서 웽웽거린다.

–루이즈 M. 와이즈차일드

오랜 연구와 경험을 통해 아이에게 나쁜 거울 역할을 하는 부모의 7가지 공통적인 유형을 관찰할 수 있었다. 이 장에서는 이러한 7가지 유형의 부모들이 아이에게 어떤 거울로 비춰지는지, 그것이 아이의 자기상과 자존감에 미치는 정서적 상처는 어떤 것인지 함께 살펴볼 것이다. 이 책을 읽어나가면서 자신은 어떤 유형의 부모 밑에서 자랐는지, 또한 이미 부모가 되었다면 자신은 아이에게 어떤 거울로 비춰지고 있을지 함께 생각해보자.

## [유형 1] 방치하는 부모, 부적격 부모 ● ● ●

– '난 사랑스럽지 않아' 라는 거울

다른 종류의 아동 학대와 달리, 부모가 아이를 방치하거나 부모로서 부적절할 경우 그 때문에 생기는 피해는 부모가 아이에게 무엇을 '했느냐' 보다는 '해주지 않았느냐'와 관계가 있다. 갓난아기는 부모가 사랑스럽게 자기를 바라보고 웃는 모습을 통해 자신이 필요하고 사랑받는 존재라는 것을 배우게 된다. 엉금엉금 기고 아장아장 걸을 무렵이 되면, 아기는 아빠가 번쩍 들어 안아줄 때 그리고 엄마가 꼭 껴안아줄 때 자신이 사랑받고 있다는 것을 배운다.

좀 더 자라 놀이방이나 유치원에 다닐 나이가 되면 아이는 세상을 탐색하려는 욕구가 왕성해지는데, 이런 자신의 모습을 엄마가 웃으면서 따스한 눈길로 바라봐줄 때 아이는 사랑받고 있다고 믿게 된다.

좀 더 자라 학교에 들어가면, 아이는 잘못한 일에 대해 부모가 꾸짖어주고 그리고 잠시 뒤에는 다시 용서해주고 재미난 놀이를 같이 해줄 때 아이는 사랑받고 있다는 것을 배운다.

아이가 더 자라 성적표에 C만 잔뜩 받아왔을 때, 그런데도 여전히 엄마 아빠가 할머니 할아버지에게 자기에 대한 자랑을 늘어놓을 때 아이는 사랑받고 있다는 것을 온몸으로 배우게 된다.

이렇듯 아이는 부모가 자기를 어떻게 생각하는지, 부모가 자기를 얼마나 껴안고 쓰다듬어주고 싶어 하는지 그리고 부모가 자기를 어떤 식으로 가르치는지에 따라 자신이 얼마만큼 사랑스러운 존재인지를 배운다. 그러므로 부모의 사랑 가득한 눈길을 받지 못한다면, 부모가 안아주고 싶어 하지 않는 것처럼 보인다면, 아이는 자신이 사랑스러운 존재가 아니라고 믿게 될 것이다. 부모가 좋아하지 않는 일을 저질렀다고 해서 부모가 애정을 보여주지 않는다면, 아이는 자신이 존재 자체만으로는 사랑받을 수 없고 어떻게 행동하는가에 따라 사랑받을 만한지 아닌지가 결정된다고 믿게 될 것이다.

## 방치하는 부모, 태만한 부모

처음 수잔을 만났을 때, 나는 그녀의 기계적인 몸짓과 무표정한 얼굴에 조금 놀랐다. 또한 그녀가 왜 상담을 받으러 왔는지 메마른 투로 이야기할 때 목소리에는 아무런 감정도 실려 있지 않았다. 나는 그녀의 어린 시절에 대해 미처 다 듣기도 전에 그녀가 심한 마음의 상처를 입었고, 그러한 상처 때문에 스스로를 정서적으로 굳게 닫아버렸음을 알 수 있었다.

수잔은 어린 시절의 많은 부분을 기억하지 못했다. 하지만 언니에게 들은 말로는, 수잔이 겨우 걸음마를 시작했을 무렵부터 아기 침대에 몇 시간 동안이나 혼자 남겨져 있곤 했다. 그리고 엄마는 기저귀도 제때 갈아주지 않았고, 수잔은 배고픈 채로 잠자리에 든 적도 너무 많았다.

수잔이 좀 더 자라자, 엄마와 아빠는 술을 마시러 밤에 자주 나가곤 했는데, 집에는 혼자 남은 수잔이 먹을 음식도 없었다. 엄마는 아이들을 잘 돌보는 것보다 아빠에게 잘 보이는 것에 더 신경을 썼고, 수잔을 안아주거나 뽀뽀해주는 일도 거의 없었다. 아빠는 술을 좀 마셨을 때에만 가끔 수잔을 다정하게 대하곤 했는데, 그럴 때면 수잔을 무릎에 앉히고는 울음을 터뜨릴 때까지 간질이곤 했다.

그렇게 어른이 된 수잔은 사랑을 경험하는 것이 불가능해졌다. 친구들도 몇 명 있었고 연애도 했지만 꾸준한 관계로 이어갈 수가 없었다. 그녀는 다른 사람을 신뢰하는 것이 불가능하다는 것을 깨달았다. 그게 누구든 간에 그녀를 진심으로 생각해준다는 말을 믿을 수가 없었다. 그리고 자기에게 잘 대해주는 사람을 만나게 되면 분명 다른 속셈이 있을 거라는 생각부터 들었다.

그녀는 늘 사람들을 밀어낼 방법을 찾았다. 심하게 상대방을 비난하거나 아니면 완전히 무관심하게 대해서 사람들을 떠나가게 만들었다. 수잔은 세상에 혼자 남겨진 듯한 외로움을 느꼈고, 앞으로도 늘 그렇게 외로울 것이라는 생각에 두려웠다. 그녀는 자신에게 뭔가가 결핍되어 있다는 것을 알고 있었고 절실한 도움이 필요했다.

이처럼 수잔의 엄마는 수잔을 심하게 방치함으로써 수잔에게 끊임없이 '넌 사랑받을 만하지 않아'라는 메시지를 주었다. 그리고 대부분의 아이들이 부모의 무관심과 부당한 대접을 받을 때 그것을 부모의 문제로 보지 않고 자기 자신의 문제로 여기기 쉽듯이, 수잔 역시 엄마한테 문제가 있다고 생각하지 못한 채 '난 사랑받을 만하지 않아'라는 결론에 이를 수밖에 없었던 것이다.

한편 부모가 아이의 물질적 필요를 소홀히 하지 않는다고 해서 아이가 방치되지 않는 것은 아니다. 메간은 무관심했던 엄마에 대해 이렇게 말했다.

"엄마는 어렸을 때부터 날 어루만져준 적이 거의 없어요. 품에 안아주지도 않았고, 칭찬해주거나 격려해준 적도 없어요. 사실은 나한테 별로 관심이 없었어요. 엄마에게 나는 그저 책임져야 할 무거운 짐에 지나지 않았죠. 나를 그냥 '돌봐야만 하는 존재', '사랑해야만 하는 존재'라고 생각했겠죠. 그런데 엄마가 정말 사랑하는 법을 알기는 했을까요? 엄마는 엄마로서 할 일, 예컨대 아이에게 먹을 것을 만들어주거나 깨끗한 옷을 입혀야 한다는 것은 알았지만, 내 감정이나 정서적인 욕구를 생각해준 적은 단 한 번도 없었어요."

## 부적격 부모

많은 부모들은 좋은 부모가 될 만한 능력이 없어서 자녀를 방치하기도 한다. 자존감이 낮은 사람들은 부모가 된다는 것이 무섭게 느껴지고, 부모가 되기에는 자신이 너무 부족하고 그래서 자녀를 잘 돌보지 못할까봐 두려움을 느끼기도 한다. 그리고 자녀의 사랑을 잃어버리게 될까 두려워 아이에게 지나치게 관대해지는 부모들도 있다.

또 어떤 부모들은 자신의 일만으로도 너무 힘든 나머지 자녀에게 관심을 돌리지 못하기도 한다. 심지어 자녀가 부모인 자기를 정서적으로 돌봐주기를 기대하는 부모들도 있다. 이렇게 부적절하고 미성숙한 부모들은 자녀에게 '넌 나를 위로해주고 돌봐주고 보호해줘야 해'라는 메시지를 자주 보내게 된다.

잭키가 그런 경우였다. 잭키는 이미 5살 때부터 엄마에게 부모 노릇을 해주어야 했다. 잭키의 엄마는 자주 울었다. 대부분은 이미 잭키가 3살 때 이혼한 잭키 아빠 때문이었고, 아니면 엄마가 어렸을 때 자신의 엄마잭키의 외할머니한테 방치당했던 서러운 기억들 때문에 울었다. 그럴 때마다 어린 소녀인 잭키는 엄마의 눈물을 닦아주며 괜찮아질 거라고 다독여주어야 했다.

더 나빴던 것은, 잭키가 엄마 때문에 화가 날 때마다엄마가 잭키를 심하게 방치하는 일이 많았으니 당연한 일이었다 엄마는 울기 시작하면서 "네가 날 나쁜 엄마라고 생각하는 거 알아", "내가 널 최우선으로 생각하지 않으니까 날 질책하려는 거야"라는 말들을 했다는 것이다. 이 때문에 잭키는 자신의 욕구가 채워지기를 바라는 것은 이기적인 것이라고 믿게 되었다.

그렉의 엄마는 완전히 삶에 기진맥진해 있었다. 남편이나 아들의 도움 없이 혼자서는 아무것도 못할 것처럼 보였다. 그렉의 아빠는 출장 판매원이었기 때문에 자주 집을 비웠는데, 그때마다 엄마는 심한 두통을 호소하면서 대부분의 시간을 침대에서 보냈다.

날이 밝으면 엄마는 그렉에게 아침식사를 만들어주기 위해 일어나는 대신, 방에 들어온 그렉에게 다정하게 웃으며 "괜찮다면 차와 토스트를 가져다주겠니?"라고 부탁했다. 엄마가 "어서 일어나서 집안일도 하고 장도 보러 가야 할 텐데 속상하게도 그럴 수가 없구나"라고 불평할 때마다 그렉은 기꺼이 엄마를 대신해 집안일을 했다.

아빠가 여행하다가 다른 여자를 만날지도 모른다고 엄마가 걱정하면, 그렉은 엄마를 아빠가 얼마나 사랑하는지 일깨워주며 절대 그런 일이 없을 거라고 엄마를 안심시켜 주었다. 엄마가 거울을 보면서 너무 늙었다고 걱정을 하면, 그렉은 엄마는 여전히 아름답다며 엄마를 안심시켜 주어야 했다.

또한 부모가 알코올 중독인 경우 아이들은 대개 '날 돌봐줘' 라는 부모의 요구그러한 요구를 직접 말로 들었든 아니든를 등에 짊어지게 된다. 아이들은 부모의 이상한 행동에 대해 스스로 변명거리를 찾고, 부모가 술에 취해 넘어질 때 붙잡아주고, 심지어 부모에게 의료적인 도움을 받도록 해줘야 한다는 생각까지 한다.

신체적으로나 정서적으로 방치당한 아이들은 지나치게 의존하고 매달리는 모습을 보이거나, 반대로 수잔처럼 지나치게 방어적이 되어서는 다른 사람들과 정서적인 유대를 맺지 못하게 되는 경우가 많다. 또 어떤 아이들은 종종 공격적인 행동을 보이기도 하는데, 적절한 치료를 받지 못할 경우 그러한 행동은 어른이 되어서도 계속된다.

## [유형 2] 자녀를 유기하거나 거부하는 부모 ● ● ●
### – '난 가치 없는 존재야' 라는 거울

부모들 가운데는 죽음이나 오래된 질병, 이혼 또는 아이를 기숙학교에 보냄으로써 아이를 신체적으로물리적으로 유기하기도 한다. 또 어떤 부모들은 아이를 정서적으로 유기하는데, 예컨대 아이에게 정서적으로 아무런 도움을 주지 않거나, 아이를 벌주려는 마음에 아이에게 아예 말을 안 한다거나, 아이를 거부하는 식으로 아이를 유기한다. 중요한 사실은 이러한 두 가지 유기 모두 아이에게 전문적인 치료 없이는 치유되지 않을 정도의 심각한 정서적 상처와 충격을 안겨준다는 사실이다.

신체적으로 유기당한버림받은 아이들은 자신이 가치 있는 존재, 소중한 존재가 아니라는 느낌 때문에 특히 큰 상처를 받는다. 낸시는 부모에게 버림받은 느낌을 이렇게 표현했다.

"마치 엄마 아빠가 나를 무슨 쓰레기 버리듯 버린 것만 같았어요."

부모님은 낸시가 4살 때 이혼하면서, 각자 새로운 직장을 마련하고 새로운 삶에 적응할 때까지만 낸시를 할머니와 함께 살도록 했다. 할머니는 굉장히 엄격한 사람이었다. 낸시는 엄마 아빠가 너무 그리웠고 왜 자기를 버렸는지 이해할 수 없었다.

이따금 엄마가 낸시를 만나러 와서는 곧 데려가겠다고 약속했지만 엄마가 떠날 때마다 낸시는 또 다시 버림받는 기분을 고스란히 느껴야 했다. 그럴 때면 낸시는 방문을 잠그고 몇 시간 동안이나 울곤 했다. 자신이 뭔가 커다란 잘못을 했기 때문에 엄마가 자기를 버린 게 틀림없다고 생각하면서….

가끔은 아빠도 낸시에게 전화를 했지만, 늘 왜 만나러 올 수 없는지 이런저런 변명들뿐이었다. 낸시는 자기가 좋은 딸이 아니었기 때문에 엄마 아빠가 자기를 거부하는 것이라고 믿었다. 그리고 할머니마저 자기를 거부하게 될까봐 불안했다. 그래서 완벽한 아이가 되려고 애썼다. 하지만 그것은 원래 불가능한 일이었기 때문에 낸시는 실수를 하거나 할머니를 실망시킬 때마다 그런 자신이 가치 없는 실패작인 것처럼 느껴지기 시작했다.

어떤 부모들에게는 양육이란 것이 너무 일이 많고 어렵게만 느껴진다. 그래서 아이를 유모나 베이비시터에게 맡겨버리거나, 기숙학교에 보내거나, 아예 포기해버리는 식으로 양육이라는 무거운 짐을 벗어버리고 딜레마를 해결하기도 한다.

그런데 이런 식으로 아이를 유기하는 부모들은 대부분 그런 자신의 행동이 아이를 위한 것이라며 스스로를 합리화하는 경우가 많다. 예컨대 아이를 기숙학교에 보내는 부모들은 아이에게 돈으로 할 수 있는 한 최고의 환경을 제공해주기 위해서라고 말할 수도 있다. 그러나 진짜 마음은 아이를 돌보는 부담에서 자유로워지고 싶을 뿐인 경우도 많다.

아이와 함께 살기는 하지만 술이나 마약, 잠, 텔레비전 아니면 독서를 탈출구로 삼는 부모들도 있다. 이들 역시 정서적으로 아이와 함께 있어주지 않는다는 점에서 자녀를 유기하는 것이라 할 수 있다. 제니퍼는 정서적으로 멀기만 했던 엄마 때문에 고통스러웠던 경험을 이렇게 말했다.

"엄마는 함께 있다는 느낌을 준 적이 없어요. 엄마랑 같은 방안에 있어도 함께 있다는 것을 느낄 수가 없었고, 엄마와 내가 닿아 있다는 느낌이 안 들었어요. 어렸을 때는 엄마 옆에 있는 것이 참을 수 없이 힘들었어요. 엄마와 함께 있어도 혼자인 것처럼 너무 외롭고 텅빈 느낌이었거든요. 엄마는 내가 뭘 했는지 관심을 보이는 일도 없었고, 내가 할 말이 있어도 들으려고 하지 않았어요. 말을 걸려고 하면 그저 무미건조한 눈으로 쳐다보기만 했어요. 가끔은 엄마가 떠돌아다니는 유령 같다고 느낀 적도 있어요. 엄마는 대개 책 속에 빠져서 상상의 세계에 가 있곤 했어요. 나한테는 엄마가 있었던 적이 한 번도 없었던 것만 같은 기분이에요."

일이나 다른 관심사에 빠져 아이와 함께할 시간이 없는 부모들은 결과적으로 아이를 유기하는 셈이다. 부모가 아이를 유기하는 것은 대개 아이와 함께 시간을 보내는 것이 여의치 않거나 아니면 그러고 싶지 않기 때문이다. 예컨대, 트럭 운전사나 출장 판매원처럼 많은 날을 집에서 떠나 있어야 하는 직업을 가진 부모들은 종종 부모로서의 책임을 다하기가 힘들다. 이처럼 어쩔 수 없어서 그런 경우가 대부분이지만, 그렇다고 유기당한 아이가 느끼는 고통이 덜해지는 것은 아니다.

남자들의 경우 이혼하면서 아이를 유기하는 경우가 많다. 이들은 아이와 관계를 끊으면서, 이혼한 아내가 양육에 대해 요구하는 것이 너무 많다든지, 직업 때문에 멀리 가야 한다든지, 여러 가지 구실을 만들어낸다. 하지만 중요한 사실은 아이는 아빠에게 버림받았다고 느낀다는 사실이다.

## 아이를 거부하는 것은 심리적 유기다

어떤 부모들은 아이 때문에 방해받는 걸 원하지 않는데, 부모의 행동을 보면 확연히 드러난다. 아이가 숙제를 하거나 어떤 결정을 내려야 할 때 또는 문제를 털어놓을 사람이 필요해 도움을 요구할 때 "엄마 바쁜 거 안 보이니? 그런 걸로 귀찮게 좀 하지 마!", "아빠한테 도와 달라고 그래!", 심지어 "엄마가 네 문제까지 신경 써야겠니?"라고 말하기도 한다. 이처럼 부모가 자녀 문제를 나중으로 미루거나 배우자에게 떠넘길 때, 아이는 부모가 자기를 사랑하지도 않고 관심도 없다는 걸 알아차린다.

한편 어떤 부모들은 똑같은 메시지인데 다만 아이가 좀 더 알아차리기 어렵게 전달하기도 한다. 이런 부모들은 아이가 하고 싶어 하는 것은 뭐든지 허락해주는데, 이런 관대함 속에는 아이가 무엇을 하든 관심이 없다는 뜻도 함께 담겨 있다.

또한 어떤 부모들은 아이의 생일을 깜박한다거나, 선물하는 것을 잊어버린다거나, 아이가 좋아하지 않을 선물이라는 것을 잘 알면서도 선물로 준다거나, 마땅히 칭찬해줘야 할 때 그냥 넘어간다거나 이른바 '태만죄'를 저지름으로써 아이에게 관심이 없다는 메시지를 전달하기도 한다.

부모들이 저지르는 유기 가운데는 일부러 그런 것이 아닌 부모의 처지에서 어쩔 수 없는 경우가 많지만, 의도적으로 아이를 유기하는 부모들도 더러 있다. 아이의 성공을 깎아내리거나, 아이를 칭찬하는 사람에게 오히려 아이의 험담을 하는 따위가 그렇다.

어떤 부모들은 버릇을 가르친다는 이유로 일상적으로 아이를 유기하기도 한다. 예컨대 아이가 하고 있는 행동이 마음에 들지 않을 경우, 부모가 아이에게 말을 하지 않고 계속해서 '침묵으로 대하는 것'이다. 이것은 일종의 '거부'인데, 부모로서 가지는 힘과 중요성을 이용해 아이를 지배하려 드는 것이라 할 수 있다. 왜냐하면 아이는 부모에게 의존하고 밀착되어 있으며, 따라서 그런 부모의 지지를 잃어버린다는 것은 그야말로 끔찍한 일이 아닐 수 없기 때문이다. 그러므로 침묵이란 형태로 부모에게 거부당했을 때 아이가 받는 상처는 어른들의 상상을 뛰어넘는다.

내 어머니의 경우가 그랬다. 어머니는 내게 화나는 일이 있으면 말을 하지 않았다. 우리는 아주 작은 아파트에 살았기 때문에 서로 마주치지 않기란 불가능했다. 그런데도 어머니는 바로 내 옆을 지나가면서 또는 같은 방안에 앉아 있으면서도 나를 쳐다보지도 않았고 한마디도 하지 않았다. 그리고 내가 말을 걸어도 무시했다. 심지어 며칠씩 말을 하지 않은 적도 있었다. 결국 내가 한 잘못이 무엇이든 간에 나는 어머니에게 용서를 빌어야 했다. 그래도 어머니는 자기 마음이 풀릴 때까지 나에게 말을 하지 않았다. 그럴 때마나 나는 완전히 버림받은 느낌이었다.

어머니는 또한 나를 마음대로 통제하기 위해서, 나를 버릴 수도 있다고 대놓고 위협하기도 했다. 내가 어머니를 화나게 하는 일을 하기라도 하면 "말을 듣지 않으면 수녀원에 보내버릴 거야!"라고 말하곤 했다. 이것은 유기하고 거부하는 부모들이 아이들한테 흔히 쓰는 방법이기도 하다.

어떤 부모들은 너무 절망스럽거나 잔뜩 화가 나면 아이에게 "시간을 되돌릴 수만 있다면 난 절대 너희 아빠랑 결혼도 안 할 거고 너 같은 아이를 낳지도 않을 거야!"라고 말하기도 한다. 사실 부모라도 해도 가끔은 이런 생각을 할 수 있다. 하지만 혼자 마음속으로만 해야 한다. 이런 말이 아이의 마음속으로 들어가는 순간 그것은 아이에 대한 너무나 명백한 거부로 해석되기 때문이다.

유기하고 거부하는 부모가 아이에게 보여주는 거울
안정된 아이는 부모와의 관계가 튼튼하고 끈끈하다는 믿음 그리고 어떤 일을 하든지 부모가 자기를 버리지 않을 것이라는 굳은 믿음 속에서 자란다. 하지만 마음속에 이런 믿음이 없는 아이는 그만큼의 상처를 안고 살아가게 된다. 그것이 의도적이었든 그렇지 않았든 간에 일상적으로 유기당하거나 거부당한 아이는 극도의 불안과 자신이 가치 없는 사람이라는 느낌 때문에 고통을 겪는다. 이런 아이는 부모가 어딘가를 가려고 집을 나설 때 부모가 영원히 돌아오지 않을 것만 같아 너무나 괴롭다. 이러한 불안과 두려움은 어른이 되어서까지 계속

이어지는 경우도 많은데, 이런 사람들은 불안에 떨며 애인에게 매달리다시피 하거나 혼자가 되는 것을 두려워하게 된다.

니나가 그런 경우였다. 니나는 남편에게 신체적으로 학대를 당하고 있었고 그래서 나를 찾아왔다. 학대받는 많은 여성들이 그렇듯 니나도 혼자가 되는 것이 두려워 남편과의 관계를 이어가고 있었다.

"남편을 떠나야 한다는 건 알아요. 하지만 혼자가 된다는 게 너무 무서워요. 적어도 지금은 날 필요로 하는 사람이 있는 거잖아요. 맞아요, 남편은 소유욕이 강하고 질투도 심하지만 사실은 그런 면이 좋은 점도 있어요. 나와 함께 있고 싶어 한다는 걸 느끼게 해주니까요. 우리 부모님은 절대 그렇지 않았거든요. 늘 둘이서 놀러나가면서 저를 베이비시터한테 맡겼고, 저는 부모님이 언제 돌아올지 전혀 알 수가 없었어요. 창문가에 서서 부모님이 나가는 걸 보면서 아주 떠나는 거라고 생각하며 펑펑 울었던 기억이 나요. 부모님이 집에 있을 때도 나와 같이 있는 걸 즐거워한다고 느낀 적이 없어요. 그냥 나랑 있는 걸 애써 참는 것처럼 보였고, 난 언제나 부모님을 화나게 하거나 실망시키는 일만 하는 것 같았어요."

### 부모의 유기가 아이에게 미치는 영향

유기 곧 버림받은 경험은 아이로 하여금 불안과 자기강박self-obsession, 그리고 분노의 화살을 자기 자신에게 돌리고, 다른 사람들을 이상화하는 경향을 갖게 만든다. 이러한 감정들은 마음속에서 곪아 가면서 자기상을 손상시키고, 그 결과 건강한 인간관계를 맺는 것을 가로막는다.

또한 만족욕구를 총족시키는 것을 늦추기가 힘든데, 이를테면 자기가 원하는 몸매를 가질 수 없게 되리라는 걸 뻔히 알면서도 지금 당장 먹고 싶은 마음을 조절할 수가 없어 초콜릿 케이크를 마구 먹어대는 식이다. 그리고 이런 사람들은 자신감이 부족해서 자신의 진짜 잠재력을 발휘하지 못하는 경우가 많은데, 자신의 능력을 실제보다 낮게 여기기 때문에 능력이나 노력을 많이 들이지 않아도 되는 손쉽고 빠른 해결책을 원하게 된다.

또한 유기 곧 버림받음은 자기혐오를 갖게 만든다. 테미는 자기 자신을 싫어했다. 특히 자신의 외모를 싫어했는데, 사실은 자기라는 사람 자체가 싫었던 것이다.

"거울을 보면 토할 것만 같아요. 나란 사람을 참을 수가 없어요."

테미는 자해 때문에 나를 찾아왔다. 연구에 따르면 자해를 시도하는 사람들의 50%가 성적으로 학대당한 사람들이라고 한다. 그러나 테미가 기억하는 한, 성적으로 괴롭힘을 당한 적은 없었다. 대신 아빠한테 버림받았다는 느낌이 강하게 뿌리박혀 있었고, 그것이 테미에게 자기혐오를 가져왔다는 것을 알 수 있었다.

"아빠가 나를 안아준 기억이 한 번도 없어요. 사실은 날 쳐다본 적도 거의 없어요. 내가 가까이 다가가면 아빠는 징그럽다는 듯 뒤로 물러났어요. 난 내 자신이 너무 추하고 끔찍하게 느껴졌어요. 자기 아빠마저 비위를 상하게 만들 만큼 혐오스러운 존재가 틀림없다고 생각했어요."

사실 테미의 아빠는 퇴근 뒤 저녁 시간을 늘 가족과 함께 보냈다. 하지만 테미는 아빠의 태도를 보면서 자신이 지독하게 버림받았다고 느꼈고 그것이 자기혐오를 가져왔던 것이다.

## [유형 3] 정서적으로 숨 막히게 하거나, 소유하려 들거나, 매사에 간섭하는 부모 ● ● ●
### – '엄마가 없으면 난 아무것도 아냐' 라는 거울

이런 유형의 부모들은 아이를 과잉보호하거나, 필요 이상의 규칙들을 지키라고 하거나, 아이에게 많은 것을 요구하거나, 사사건건 간섭하는 식으로 아이를 숨 막히게 만든다. 이런 부모들은 자녀한테서 사랑과 관심을 얻기 위해 필사적인 경우가 많은데, 부모는 아이를 위해 엄청난 희생과 헌신을 하면서 아이에게 지나치게 공을 많이 들이고는 그 보답으로 자녀의 온 마음을 바란다.

그런데 이런 부모 밑에서 자라는 아이는 성장과정에서 꼭 필요한 '분리-개별화' 라는 과정을 경험하지 못해 독립적인 삶을 살지 못하게 된다. 문제는 가끔 부모들 가운데는 아이를 정말로 이렇게 독립적인 삶을 살지 못하게 만들고 싶어 하는 부모들도 있다는 사실이다. 이러한 부모들의 행동 속에 깔려 있는 진짜 마음은 '난 네 전부를 원해!' 인데, 이런 부모라는 거울을 통해 아이가 보게 되는 것은 '넌 엄마또는 아빠 없이는 아무것도 아니야' 라는 메시지다.

마크의 엄마는 마크에게 모든 것을 해주었다. 마크가 어렸을 때부터 음식을 다 잘라주었고, 마크가 자라서 혼자 할 수 있게 되었을 때까지도 계속 그렇게 했다. 마크가 고등학생이 되었는데도 엄마는 여전히 방청소를 해주었고 집안일도 시키는 법이 없었다. 부모님 두 사람 모두 숨이 막힐 만큼 마크를 과잉보호를 했다. 그리고 계속해서 마크에게 주위에서 일어날 수도 있는 모든 위험에 대해 경고했다.

"깊은 물에는 들어가지 마라, 빠져 죽는다니까."

"공중화장실에는 절대 들어가지 마라, 병에 걸릴 테니."

마크의 부모는 롤러스케이트 타는 것도 넘어져 뼈가 부러질 수 있다며 말렸고, 자전거의 보조 바퀴도 만 7살이 될 때까지 떼지 못하게 했다.

이러한 과잉보호는 마크를 어른이 된 뒤에도 목표를 이루지 못하는 사람이 되도록 만들었다. 엄마가 모든 일을 대신 해주었기 때문에 마크는 자기 자신이나 자기 물건에 대해 책임지는 법도 배우지 못했다. 마크는 자신이 그야말로 살아가는 데 필요한 것들을 하나도 모른다는 사실에 너무나 당황스러웠고, 건강이나 외모에 대해서도 소홀히 하는 경향을 보였다.

이렇듯 아이를 숨 막히게 하는 부모들은 정서적으로 자녀를 집어삼킨다. 이런 부모들은 통제하는 모습이거나, 위압적이거나 또는 단순히 아이의 삶 안에 늘 존재하려고 하는 모습인 경우가 대부분이다. 이렇게 부모가 자녀를 집어삼키게 되면, 아이는 부모한테서 독립하지 못하게 되고, 건강하지 못한 방식으로 부모에게 의존하게 되고 만다. 마크처럼 부모가 모든 일을 대신 해주거나 혼자 힘으로는 아무것도 해보지 못하게 한다면, 그런 아이가 자신이 할 수 있는 일이 무엇인지 어떻게 알 수 있겠는가?

아이를 숨 막히게 하고 소유하려고 드는 부모들의 몇 가지 유형은 다음과 같다.

· 마크의 부모처럼, 무엇보다 아이에게 나쁜 일이 생길 수도 있다는 두려움을 밑바탕에 두고 행동하는 부모

· 아이를 지배해야만 직성이 풀리는 부모

· 아이가 꼭 자기처럼 생각하고, 느끼고, 행동하기를 바라는 부모

· 아이를 부모로부터 분리된 별개의 존재가 아닌 자신과 한 몸처럼 느끼고, 따라서 아이가 독립적이 되기를 바라지 않는 부모

· 혼자되는 것이 두려워 아이를 자기에게 기대도록 만듦으로써 영원히 곁에 묶어두려는 부모

· 아이를 자신의 분신쯤으로 생각하는 부모(자기도취적인 부모)

· 다른 어른들에게 기대해야 할 욕구를 아이를 통해 채우려고 하는 부모

방치나 유기당한 사람들이 종종 자신을 보이지도 않는 존재라고 느끼는 반면, 숨이 막힐 만큼 부모의 지나친 관심을 받고 자란 사람들은 정반대의 느낌으로 괴로워한다. 자신이 지나치게 감시당한다고 느끼고, 그래서 늘 지켜보는 부모의 눈길을 피해 숨을 곳을 찾고 싶어 한다. 이때 부모의 눈길이란 그저 아이가 뭔가 잘못하기만을 기다리는 못마땅해 하는 눈길인 경우가 많다. 물론 아이에게 나쁜 일이 생길까봐 염려하는 부모의 눈길인 경우도 있다.

하지만 그것이 어떤 눈길이건 간에 아이는 '부모와 별개의 존재로서 자신의 모습'을, 그리고 부모의 눈길에서 벗어나 '자기의 참된 모습'을 발견하기가 힘들어진다.

"심지어 엄마의 눈이 닿지 않는 곳에 있을 때에도 계속해서 엄마

가 쳐다보고 있는 것처럼 느껴져요. 어디를 가든 엄마의 눈길이 따라오는 것만 같아요. 사실은 지금도 엄마가 나를 쳐다보면서 내가 하는 말 하나하나를 판단하고 있는 것만 같아요."

사만다의 말이다. 또 모니카는 이렇게 이야기했다.

"내 눈이 꼭 엄마 눈인 것 같아요. 지금 내 행동을 엄마가 좋아할까 아닐까? 지금 나랑 같이 있는 사람을 엄마가 좋아할까 아닐까? 모든 걸 그런 식으로 보게 돼요. 사실은 내가 스스로 결정하고 행동하는 게 아닌 것만 같아요."

사만다와 모니카가 이런 식으로 느끼는 까닭은 어머니가 딸의 개별성individuality이 자라는 것을 막았기 때문이다. 사만다와 모니카의 어머니는 딸이 자신의 복제품이 되도록 온힘을 쏟았다. 그리고 딸이 꼭 자기처럼 생각하고 느끼고 행동하기를 바랐고, 서로 조금만 달라도 그것을 위협으로 받아들였다.

정서적으로 숨 막히게 하는 부모들은 자녀를 고유한 욕구와 감정을 가진 독립된 인격체로 보지 못하는 경우가 많다. 자신이 아이가 무엇을 필요로 하는지, 아이가 무슨 생각을 하고 있는지 다 안다고 주장하는 것이다. 그런데 이런 식의 '마음 읽기'는 아이에게 해를 끼칠 수 있다. 아이는 자신의 세계가 침범당한다고 느끼게 되고, 자기만의 세계를 갖지 못하게 된다. 조단의 경우가 그랬다.

"아버지는 내가 무슨 생각을 하는지, 어떻게 느끼는지 다 안다고 생각했죠. 아버지는 내 기분이 어떤지 물어보는 대신, 내게 아버지 생각을 이야기했어요. 아버지가 그러는 게 정말 싫었어요. 마치 아버지의 간섭 없이 나만의 생각을 할 수가 없는 것만 같았어요. 진짜 괴로웠던 건 그런 아버지의 생각이 맞을 때도 있다는 거였어요. 미칠 것 같았죠. 아버지가 내 생각을 읽어내는 힘이라도 있는 것 같았으니까요. 난 그야말로 숨을 곳이 없었어요."


## 소유하려 드는 부모

소유하려 드는 부모는 아이를 지배하고, 소유하고, 완전히 가지고 싶어 한다. 이런 부모들은 자녀가 갓난아기일 때 아이를 과잉보호하고 종종 숨이 막힐 만큼 꼭 껴안기도 한다. 아이가 좀 더 자라 부모로부터 떨어져 바깥세상을 탐험하고 싶어 하는 나이가 되면, 이런 부모들은 위협을 느끼면서 아이에게 더 심하게 매달린다.

이러한 강한 소유욕은 아이의 어린 시절 내내 계속되면서 아이를 빼앗아갈 것 같은 모든 일과 모든 사람에 대해 질투하게 만든다. 예를 들어 이런 부모들은 아이의 친구들에 대해 늘 나쁜 점을 찾아내고 지적하면서 아이에게 친구를 사귀지 못하게 한다.

아이가 더 성숙해지면, 이런 부모들은 자녀에 대해 조금씩 고삐를 늦추는 대신, 한층 더 엄격해져서는 자녀가 어디를 가고 누구와 함께 있는지를 늘 알고 있어야 한다고 우긴다. 자녀가 데이트에 관심을 갖게 되면 부모들은 특히 더 위협을 느끼며, 데이트를 못하게 금하거나 또는 자녀에게 어울릴 만큼 괜찮은 상대가 없다고 느끼게끔 만든다.


## 정서적 근친상간

배우자와 이혼하거나 사별한 사람들은 자녀를 배우자남편 또는 아내 대신으로 생각하는 경우가 자주 있다. 이런 부모들은 아이와 '부모-자녀' 관계를 유지하는 대신, 자녀를 모든 것을 털어놓을 수 있는 상담 상대나 절친한 친구처럼 대한다. 이것을 가리켜 '정서적 근친상간'이라 하는데, 부모를 기분 좋게 해주거나 부모의 고민을 들어주는 것은 자녀가 해야 하는 역할이 아니기 때문이다.

이런 부모들은 자녀의 사랑과 관심을 필사적으로 애원하는데, 직접 말로는 않더라도 끊임없이 자녀에게 '늘 내 옆에 있어줘'라는 메시지를 보낸다. 그리고 다른 어른들에게서 기대해야 할 욕구친밀감, 우정, 로맨틱한 감정, 조언, 문제 해결, 자아실현, 감정 표현 따위를 자녀한테 채워 달라고 요구하는 식이다.

이러한 정서적 근친상간은 여러 가지 모습으로 나타날 수 있다. 부모가 자녀를 자녀보다는 오히려 친구나 또래처럼 대하는 모습으로 나타나기도 하고, 부모가 어린 아이처럼 굴면서 자녀의 친구 관계에까지 끼어들거나 또는 자녀더러 어른처럼 행동하면서 부모의 문제나 감정에 대해 함께 대화해주기를 바라는 모습으로 나타나기도 한다.

부모가 자녀에게 배우자에 대해 불평하는 것도 이에 해당한다. 때로는 부모 양쪽 모두 자녀에게 고민거리를 털어놓아 자녀로 하여금 이러지도 저러지도 못하게 만들기도 한다.

숨 막히게 하는 부모, 소유하려 드는 부모가 보여주는 거울
아이를 정서적으로 숨 막히게 하거나 소유하려고 드는 부모들은 아이에게 자신만의 개성을 키우고 발달시킬 틈을 주지 않는다. 또한 아이가 부모에게서 떨어져나가는 것을 허락하지 않기 때문에, 부모는 아이가 세상에서 뭔가를 스스로 해낼 수 있는 잠재력을 제한하게 되

고 만다.

그러면 아이는 성인이 되어서도 집을 잘 떠나지독립해서 따로 살지 못하는데, 자기가 집을 떠나면 부모가 망연자실할까봐 지나치게 걱정하기 때문이다. 물론 집을 떠나는 자녀들도 있다. 그런데 물리적으로는 집을 떠났다고 해도 정서적으로는 여전히 부모에게 묶여 있는 경우가 많다.

도나의 부모 역시 젊은 여자에게 일어날 수 있는 온갖 위험한 일들을 늘어놓으며 집을 떠나지 말라고 했다. 저녁마다 아버지는 지역 신문에 난 끔찍한 사건들, 예컨대 실종된 여성이나 강간당한 여성 관련 기사를 읽어주곤 했다. 또한 젊은 여자애가 댄스 클럽에 놀러 다니면 안 된다고 강조하면서 "그런 여자애들은 스스로 화를 부르고 있는 꼴이란다!"라고 말하곤 했다.

자녀를 정서적으로 숨 막히게 하는 부모들은 작은 실수들이 아이의 평생을 망칠 것이라는 생각이 강하고, 세상을 바라보는 자신의 이러한 시각을 자녀에게도 심어주려고 애쓴다. 문제는 이런 부모의 행동들이 성인이 된 자녀가 자신만의 의견과 신념을 키워나가지 못하게 가로막는다는 사실이다.

부모 입장에서는 이러한 행동이 아이를 보호하려는 것일 수도 있다. 다시 말해 아이에게 상처받는 일도, 실망하는 일도 없게 해주려는 것일 수도 있다. 하지만 문제는 부모의 이러한 행동들이 실제로는 자녀에게 이후의 삶에서 스스로 위험을 무릅쓰거나 새로운 일을 시도해보는 것을 두려워하게 만들어, 결과적으로 정서적 절름발이가 되게 한다는 사실이다. 왜냐하면 실패할지도 모른다는 두려움을 무릅쓰지 않고서는 성취의 기쁨이나, 자신도 해낼 수 있다는 자신감을 경험할 수가 없기 때문이다. 그렇게 되면 필연적으로 실패자 같은 느낌과 낮은 자존감으로 힘들어질 수밖에 없다.

아이는 부모의 모습과 태도를 보면서 자신이 어떤 사람인지, 예컨대 자신이 강한 사람인지 약한 사람인지, 혼자서도 잘해내는지 혼자서는 아무것도 할 수 없는 사람인지를 배우게 된다.

그런데 마크의 경우처럼 부모가 아이를 과잉보호함으로써 아이에게 세상을 헤쳐 나갈 능력이 부족하다는 생각을 심어주거나, 도나의 부모처럼 다른 사람들이 얼마나 믿지 못할 존재인지를 끊임없이 일깨워준다면, 이것이 자녀에게 자기실현적 예언이 되어 부모의 말대로 되는 경우가 자주 있다. 곧 부모가 늘 말했던 대로 아이는 어른이 되어서도 불안해하고 자신감이 없는 사람이 되거나, 다른 사람들을 볼 때 자기를 실망시키거나 상처주거나 이용하려고 하는 대상으로만 보게 되는 것이다.

한편, 숨 막히게 하거나 소유하려 드는 부모 밑에서 자란 아이는 부모의 욕구가 자신의 욕구를 지워버리기 때문에 자신이 진짜 원하는 것이 무엇인지 알아내는 것을 힘들어한다. 그리고 자신의 생각을 주장하기보다는 상대방의 받아들이기 힘든 행동까지도 수동적으로 받아들이는 사람이 되고 만다. 이런 식으로 해서 결국 배우자나 상사, 인생에서 중요한 다른 사람들에게 지배당하며 사는 사람이 되고 마는 것이다.

## [유형 4] 지나치게 통제하거나 폭군적인 부모 * ◆ *

### - '난 아무 힘도 없어' 라는 거울

로레인은 크고 짙은 눈, 고운 피부, 달콤한 입술을 가진 매력적인 여성이었다. 지금은 심하게 살이 쪘지만 한때는 요염하다는 말을 많이 들었다. 지금 로레인에게서 가장 눈에 띄는 점은 거의 마흔이 다 되었는데도 어린 소녀처럼 말하고 행동한다는 것이었다.

로레인은 상당히 지적인 여성이었다. 그런데도 자주 상사의 지시를 이해하지 못하고 헷갈려 하는 모습을 보여 직장을 자주 그만둬야 했다. 왜 로레인은 그런 식으로 행동하는 걸까? 그녀는 어렸을 때 어머니한테서 받은 정서적 학대로 여전히 괴로워하고 있었다.

로레인이 어렸을 때, 어머니는 그녀가 어른처럼 행동하기를 기대했다. 어머니는 일하러 나가 있는 동안 로레인과 여동생들이 온 집안의 청소를 책임져야 한다고 생각했다. 그것 자체는 그리 심한 것이 아닐 수도 있지만, 문제는 어머니가 완벽주의자였다는 데 있었다. 로레인과 여동생들이 아무리 애를 써도 결코 어머니 마음에 들 수는 없었던 것이다.

로레인은 겨우 6살 때 어머니가 부엌 바닥을 닦으라고 시켰던 일을 기억하고 있었다. 그날, 늘 그랬듯이 어머니는 집에 돌아와서는 모든 것이 제자리에 있는지, 하다가 만 일은 없는지 집안 구석구석을 검사했다. 그러다가 부엌 바닥에 얼룩이 있는 것을 보고는 분노를 터뜨렸다. 로레인에게 "어쩜 그렇게 멍청하고 아무짝에도 쓸모가 없니!"라며 소리를 질렀다.

당황한 로레인은 아무리 애써도 그 자국을 지울 수 없었다고 이야기했다. 하지만 어머니는 잘 시간이 이미 지났는데도 로레인에게 얼룩이 완전히 없어질 때까지 부엌 바닥을 닦으라고 했다. 몇 시간이 지나 겨우 얼룩이 없어졌을 무렵, 로레인의 손가락은 멍들고 피가 나고 있었다.

로레인은 부엌 바닥의 얼룩을 지우려고 필사적으로 애쓰면서 얼마나 큰 절망과 무력함을 느꼈는지를 지금도 생생히 기억하고 있었다. 그 경험은 지금까지도 로레인에게 부정적인 영향을 미치고 있었는데, 상사가 뭔가를 지시할 때마다 공포에 질려버리는 것이었다. 일을 그르칠까봐 너무 두렵고 긴장한 나머지 몸이 얼어붙고 말았던 것이다. 그리고 다시 정신을 차리기까지 몇 분이 걸렸고, 그 사이 상사가 뭘 시켰는지 잊어버리고 말았던 것이다.

### 지나치게 통제하거나 폭군적인 부모가 비춰주는 거울

로레인에게 있어 어머니는 자신의 모습을 비춰주는 거울이나 마찬가지였다. 로레인은 그 거울 속에서 힘도 없고 아무 일도 제대로 못하는 무능력한 자신을 보았다. 이것은 로레인에게 자기 효능감self-efficacy이나 긍정적인 자존감이 자라나지 못하게 했다. 그리고 정서적 성장도 막아버렸고, 힘을 가진 사람예컨대, 직장 상사이나 책임감에 압도된 나머지 자신을 영원히 힘없는 어린 아이인 것처럼 느끼게 만들어 버렸던 것이다.

폭군 같은 부모 밑에서 자란 아이는 부모를 대할 때마다 약해지는 느낌을 받고 그 때문에 정서적으로 깊은 상처를 받게 된다. 그리하여 로레인처럼 자신의 능력에 대해 의심하게 되고, 무언가를 지시받았을 때 너무나 긴장하고 두려워하게 된다. 그리고 자신이 멍청하고 부적절하고 무능력하다고 느끼며, 이러한 느낌 때문에 새로운 것을 시도하거나 위험을 무릅쓰고 뭔가를 해 보는 데 있어 뒷걸음치는 경우가 많다.

물리적인 힘을 너무 가하면 뼈가 부러질 수 있듯이 너무 많이 통제하는 것도 자녀의 영혼을 파괴하고 정신을 부러뜨릴 수 있다.


## [유형 5] 완벽주의적인 부모 ♣ ♠ ♦
### – '난 결코 충분히 훌륭하지 않아' 라는 거울

완벽주의적인 부모는 무질서나 불결함, 흠에 대한 두려움에 이끌려 사는 경우가 잦다. 그리고 외모, 지위, 물질적인 소유 또는 다른 사람들의 평가에 커다란 가치를 두는 경향이 강하며, 완벽에 이르지 못하면 다 실패라고 여긴다. 그 결과 자녀에게 기대하는 것에 있어서도 강압적이고 횡포에 가깝다.

라드의 아버지는 라드가 모든 면에서 뛰어나기를 기대했다. 고등학교와 대학교 때, 아버지는 라드가 모든 과목에서 A학점을 받아야 하고 해마다 반장이 되어야 한다고 생각했다. 또 축구에서도 두각을 나타내야 한다고 했다. 말할 필요도 없이 이것은 라드에게 커다란 부담이었다. 라드가 실수할 때마다 아버지는 늘 이렇게 말하곤 했다.

"빈틈없게 해야지, 라드!"

라드가 피곤하다고 불평하거나 조금이라도 약한 모습을 보이면 아버지는 이렇게 말했다.

"우는 소리 하는 사람은 최고가 못 되는 거야."

대학을 졸업했을 즈음, 라드는 정서적으로 그야말로 멍한 상태였다.

"살아오는 내내 정말 힘들게 노력했는데, 지금은 내가 누구인지조차 모르겠어요. 거울을 봐도 내가 보고 있는 사람이 누군지 모르겠어요."

특정 운동이나 학업에서 또는 어떤 분야에서 아주 뛰어나도록 자녀를 밀어붙이는 완벽주의적인 부모에 대한 이야기는 쉽게 들을 수 있다. 이런 부모 밑에서 자라는 아이들은 '부모의 기대에 부응해야만 자신이 가치 있는 사람이 된다'는 강한 메시지를 끊임없이 받는다. 이것은 부모가 자신이 이루지 못한 꿈을 자녀를 통해 채우려고 하기 때문인 경우가 흔하다.

완벽주의적인 부모는 그것이 어떤 종류의 결점이든 간에 결점이란 결점은 모두 경멸하는 경향이 있다. 무엇보다 자녀의 외모에 대해 비판적이다.

"엄마는 늘 내 외모에만 신경을 썼어요."

베로니카의 말이다.

"엄마는 내 이를 싫어했는데, 난 아빠를 닮아 이가 비뚤었거든요. 그래서 엄마는 이를 보이지 않고 웃는 법을 가르쳐줬어요. 엄마는 내가 교정기를 낄 수 있는 나이가 될 때까지 기다리는 것도 힘들어했어요. 그런데 막상 교정기를 끼게 되자, 엄마는 내가 교정기를 껴야 한다는 사실을 창피해하는 듯했어요."

엄마가 베로니카의 외모에 너무나 신경을 썼기 때문에, 그것은 베로니카로 하여금 자신의 외모를 지나치게 의식하게 만들었다.

"난 내가 정말로 미운 오리 새끼라고 생각했어요."

베로니카는 이렇게 털어놓았다.

"내 이나 교정기에 대해서 모든 사람들이 엄마 같은 반응을 보일 거라고 생각했죠. 날 쳐다보는 것을 못 견뎌할 거라고요. 지금은 가지런한 이를 갖고 있는데도 아직도 웃을 때면 나도 모르게 자꾸만 입을 다물게 돼요. 손으로 입을 가리기도 하고요."

## 완벽주의적인 부모가 비춰주는 거울

완벽주의적인 부모를 가진 아이는 부모한테 지지와 격려를 받는 대신, 비판과 요구 때로는 비웃음을 받는 경우가 많다. 그 결과 자신에 대해 부적절하다거나 무능하다고 또는 어색하다거나 서툴다고 느끼며 자라게 된다.

또 칭찬이나 긍정적인 조언을 거의 받지 못해 봤기 때문에 자존감이 무척 낮고, 스스로의 능력에 대한 자신감도 거의 없다. 그래서 무언가를 해야 할 때마다 불안과 걱정에 휩싸이게 되고, 실패하게끔 되는 경우가 흔하다. 뿐만 아니라 다음과 같은 문제들로 괴로워하기도 한다.

· 내가 '누구인가' 보다는 '무엇을 하는가' 로 나의 가치가 결정된다는 느낌. 곧 존재보다는 행위로 나의 가치가 결정된다는 느낌

· 내가 한 일에 대해 결코 만족하지 못하고 자기 비판적이 되는 경향

· 스스로에 대해 회의를 느끼고 비난하는 경향

· 자신의 감정을 알고 표현하는 능력이 부족

· 강박적인 행동(예 : 극단적인 식습관 또는 지나친 운동)

· 우울


# [유형 6] 지나치게 비판하거나, 수치심을 주는 부모 ● ● ●
### - '난 나빠', '아무도 날 받아주지 않을 거야' 라는 거울

스테판은 엄마 아빠 모두 자기를 별로 좋아하지 않는다고 느끼면서 자랐다.

"우리 집은 아주 차가운 곳이었어요."

첫 상담시간에 그는 이렇게 말했다.

"엄마는 나와 같이 시간을 보내고 싶어 하지 않았어요. 내가 꼭 아빠처럼 고집이 세서 아빠를 생각나게 한다고 했어요. 엄마는 늘 나를 경멸하듯 쳐다보았고, 마치 '네가 너무 형편없어서 네 옆에 있기도 싫구나' 라고 말하는 것만 같았어요."

스테판이 기억하는 가장 어릴 적 기억은 아기 침대에 누워 목이 터지도록 울었던 것이다. 그때 그는 자신이 뭔가 잘못을 해서 벌을 받고 있는 것처럼 느꼈다.

한편 스테판의 아버지는 굉장히 엄한 사람이었는데, 스테판이 그의 기대를 채워주지 못한다고 자주 창피를 주었다.

"나는 아빠를 실망시키지 않으려고, 또 벌을 받지 않기 위해 완벽

해지려고 애썼어요. 하지만 아무리 애써도 그렇게 되지 않았어요."

스테판은 10살이 될 때까지 침대에 오줌을 싸곤 했는데 그 때문에 커다란 수치심을 느꼈다. 어머니는 스테판 때문에 침대보를 빨아야 한다며 끊임없이 불평했다.

결국 스테판은 부모님이 생각하는 모습대로 자신이 어떤 사람인지를 규정하게 되었다. 곧, '나는 못나고 나쁜 아이야', '나라는 사람은 다른 사람들이 받아줄 만한 사람이 못 돼'라고 여기게 된 것이다.

또한 스테판의 어머니는 남편과 이혼을 하고 나서는 스테판을 언어적으로, 신체적으로 학대하기 시작했다.

"엄마는 날 '실패작'이라 부르곤 했어요. 아버지가 떠난 뒤, 엄마가 나와 관련된 건 뭐든지 싫어한다는 사실이 분명해졌지요."

어머니가 스테판을 마지막으로 때렸던 날, 그는 집을 나와 다시는 돌아가지 않았다. 그때가 15살이었다. 스테판은 알고 지내던 형들과 함께 살기 시작했다.

"집에 있을 때는 늘 부모님 손아귀에 있는 것만 같았어요. 친구들과 함께 살면서 처음으로 자유를 느꼈죠. 그때 난 엄마도 아빠도 필요 없었어요. 내 자신은 내가 돌보겠다고 결심했지요."

실제로 그는 그렇게 했다. 그리고 자신에게 요구하는 것이 많아졌다. 남은 고등학교 기간 동안 그는 좋은 성적을 받아 대학까지 들어갔고, 학비는 식료품점에서 계산대 아르바이트를 하면서 벌었다. 그러면서 스테판은 다시는 상처받지 않기 위해 마음속에 단단한 요새를 쌓게 되었다.

### 부모는 어떻게 아이에게 수치심을 주는가

때때로 부모들은 아이에게 말을 잘 듣게 만들려고 일부러 수치심을 주기도 한다. 하지만 이런 수치심이 정작 아이의 자기 인식에 얼마나 파괴적인 영향을 줄 수 있는지 모르는 경우가 많다.

'네 자신이 부끄럽지도 않니?', '창피한 줄 알아라!'와 같은 말들이 그렇다. 그런데 이런 식의 말들은 누가 들어도 수치심을 주는 말이 확실하기 때문에, 아이 입장에서는 부모가 모호한 형태로 수치심을 줄 때보다는 오히려 스스로를 방어하기가 쉽다.

하지만 집에서는 괜찮던 행동이 갑자기 밖에서는 부모가 싫어하는 행동이 된다든지, 아이가 전혀 배운 적 없는 사회적 규범을 지키지 않는다고 부모가 부끄러워하는 경우 아이는 스스로를 방어하기가 어려워진다.

이런 상황에서 엄마가 "그만해, 너 지금 사람들 앞에서 엄마를 망신주고 있잖니!"라고 말한다면, 아이는 창피하고 심판받는 기분이고 수치스럽게 느낄 뿐 아니라, 부모의 수치심까지도 아이 자신의 책임으로 느끼게 되는 짐까지 떠안게 된다.

부모가 아이에게 수치심을 주는 방법에는 여러 가지가 있다. 업신여기기, 비난하기, 경멸하기, 굴욕감 주기, 불가능한 기대로 무력감 주기 따위가 여기에 속한다.

· 업신여기기, 비하하기

엄마가 아이에게 "그렇게 안아달라고 하기에는 넌 이미 다 컸잖니!", "징징거리는 게 꼭 젖먹이 아기 같구나!"라고 말하면 아이는 무척 창피스러울 수 있다.

부모가 아이를 다른 아이와 비교해 깎아내릴 때, 이를테면 "너는 왜 타미처럼 하지 못하니? 타미는 징징거리는 법이 없잖니!"라고 하는 것은 아이에게 수치심을 줄 뿐만 아니라, 아이에게 자신을 남과 비교하면서 결점을 찾아내게끔 하는 안 좋은 습관을 가르쳐주는 셈이 된다.

· 비난하기

아이가 던진 공이 실수로 이웃집 창문에 맞았을 때, 물론 아이는 자신의 행동에 대해 책임지는 법을 배워야 한다. 그러나 많은 부모들은 아이에게 가르침을 주는 것을 넘어 아이를 심하게 비난하고 꾸짖곤 한다.

"이 멍청아! 누가 그렇게 집 가까이 붙어서 놀래? 이제 유리창 값까지 물어줘야 하잖아! 땅을 파면 돈이 나오는 줄 아니? 끊임없이 네 뒤치다꺼리하는 데 쓸 돈 없어!"

이렇게 해서 얻는 것이란, 아이가 얼굴을 들고 그 상황을 빠져나갈 수 없을 정도로 아이에게 수치심을 안겨주는 것뿐이다. 아이는 자꾸만 자기 잘못이 떠올라 괴롭게 되고, 견딜 수 없는 수치심 때문에 자신의 행동에 대해 책임을 지기보다는 반대로 책임을 회피하거나 변명할 구실만 찾게 된다.

· 경멸하기

아이에게 혐오하거나 경멸하는 표정을 짓는 것은 절대적인 거부를 뜻한다. 코웃음 치거나 입을 삐죽거리는 것 같이 경멸하는 표정, 특히 아이에게 큰 의미를 갖는 사람이 보여주는 경멸의 표정은 아이에게 자신이 역겹고 거슬리는 존재라고 느끼도록 만들기 때문에 수치심을 일으키는 충격적인 경험이 될 수 있다.

나 역시 어렸을 때 어머니가 나를 쳐다보는 표정은 둘 가운데 하나였다. 마치 "이제는 무슨 일을 저지를 건데?"라고 말하는 듯한 표정이거나 아니면 이미 내가 한 행동에 대해 짜증나고 화난 표정이거나. 그런 어머니의 표정은 나로 하여금 심한 수치심을 느끼게 했고, 나에게 뭔가 지독하게 잘못된 점이 있다고 느끼게 했다.

· 굴욕감 주기

자신보다 틀림없이 더 강하고 더 큰 힘을 가진 사람이 그 힘을 이용해 자기를 두들겨 패는 것처럼 굴욕적인 경험은 없다. 이것은 내 개인적인 경험으로도 증명할 수 있다. 어머니는 경멸에 찬 표정으로 내게 수치심을 주거나 벌로 나무 막대기로 때리곤 했는데 이웃들이 보고 있는 바깥에서 때리는 일도 자주 있었다. 그때 내가 느낀 굴욕감은 영혼의 깊은 상처와 같았다.

· 불가능한 기대로 무력감 주기

부모가 아이에게 적절한 기대를 가질 때, 부모의 그러한 기대는 아이가 행동하는 데 있어 필요한 지침으로 작용하며, 아이에게 무력감을 안겨주지는 않는다. 하지만 아이가 모든 것에서 남들보다 앞서기를 원하는 부모의 터무니없는 기대는 아이에게 무력감을 느끼게 만든다.

자기 아이가 남보다 앞서야 한다는 욕구가 강한 부모들은 아이에게 더 많이 노력해야 한다는 압박감을 주기가 쉽다. 하지만 아이가 부모의 기대에 미칠 수 없다는 현실을 깨닫게 될 때, 아이는 그런 자신이 비참하고 아주 큰 무력감을 느끼게 된다. 그렇게 되면 목표를 이뤄내기란 점점 더 힘들어지고 만다.

부모가 아이에게 실망감을 표현하는 것 역시 아이에게 수치심을 안겨준다. 비난하는 투의 목소리와 표정으로 "엄만 네가 그럴 줄은 몰랐다", "너한테 정말 실망이구나" 같은 말을 하는 것은 자녀의 영혼을 꺾어버릴 수도 있다.

## 비판하고 수치심을 주는 부모가 비춰주는 거울

부모의 거부와 조롱, 혐오나 경멸에 찬 표정 때문에 수치심을 느낀 아이는 스테판처럼 다른 사람과의 관계에서 움츠러들게 된다. 또한 자신이 사랑스럽지 못한 사람이라고 느끼면서 자라게 된다.

왜냐하면 아이는 부모가 자신을 사랑하지 않는 것이 자기의 잘못과 부족함 때문이라고 배웠기 때문일 수도 있고, 아니면 조건적인 관계, 다시 말해 부모가 자기를 받아줄지 안 받아줄지는 자신이 부모가 만족할 만큼 잘하느냐 못하느냐에 달려 있다고 배웠기 때문일 수도 있다.

수치심을 너무 많이 당한 아이는 '수치심에 매인' 또는 '수치심에 기반한그 사람의 성격이 형성되는 데 있어서 수치심이 가장 중요한 요인이 되었다는 뜻에서' 사람이 된다. 수치심에 매인 사람들의 공통점은 심각한 체벌이나 정서적 학대나 방치, 유기를 당했다는 것이다. 이런 경험들은 아이에게 '넌 가치 없고, 받아들여질 만하지 않고, 나빠!', '넌 가치 없는 물건에 지나지 않으니까 어른들이 내키는 대로 널 아무렇게나 대할 거란다!' 라는 메시지를 주게 된다.

　수치심에 매인 사람은 수치심과 관련한 모든 감정을 막아내기 위해 화를 내는 경우도 많다. 대부분의 사람들은 굴욕감을 느끼거나 완전히 무시당하거나 망신을 당했다고 느낄 때 화를 내는데 반해, 수치심에 매인 사람들은 극도로 예민하고 방어적인 경향을 보이며, 비판받거나 공격당한다고 느끼면 곧바로 분노가 폭발하곤 한다.

　이런 사람들은 이미 스스로에 대해 너무나 비판적이기 때문에 다른 사람들도 모두 자기를 비판하고 있다고 믿는다. 그리고 이미 자신이 스스로를 싫어하기 때문에 다른 사람들도 자기를 싫어할 거라고 믿는다.

　그래서 수치심을 느꼈다고 생각되면 단순한 농담이나 좋은 뜻에서 한 비평 한 마디에도 몇 시간씩 분노에 떨곤 한다. 그러고는 상대방에게 자신이 받았던 수치심을 고스란히 되돌려줄 방법을 생각하느라 몇 시간씩 고민하기도 한다.

분노

분노는 수치심에 저절로 따라오는 감정이다. 이러한 분노는 더 이상 발가벗긴 듯한 기분과 수치를 당하는 일이 없도록 하기 위해 다른 사람들을 자기에게서 적극적으로 밀어내는 역할을 한다. 다시 말해, 중요한 자기방어의 한 방법이라 할 수 있다.

　수치심은 증오와 복수심이 자랄 수 있는 기름진 토양이라 할 수 있다. 수치를 당하고 상처를 받은 사람들은 자신을 괴롭혔던 사람을 증오하고 복수하는 상상을 키워 나가는데, 그런 상상을 통해 일말의 자존심을 지켜나가는 것이다. 그렇게라도 하지 않으면, 다시 말해 수치심을 안겨준 사람의 말에 그냥 굴복하게 되면, 그 순간 자신의 고결함을 포기하는 것처럼 느껴질 테고, 그렇게 되면 자기를 존중하는 마음마저 잃어버리게 될 수 있기 때문이다.

이런 사람들이 무력감을 억누를 수 있는 또 한 가지 방법은, 자신을 괴롭히는 사람과 자신을 동일시하는 것이다. 이러한 현상은 특히 남자 아이들에게서 흔히 나타나는데, 대부분의 사회에서 남자는 강해야 하고, 희생자 곧 약한 사람이 되어서는 안 된다고 배우며 자라기 때문이다.

그래서 남자 아이들은 학대한 사람을 비난하기보다는 학대받은 자신의 약함을 탓하는 경우가 많고, 학대한 사람과 자신을 동일시하면서 학대한 사람처럼 되기도 한다.

이것은 수치심과 괴롭힘에서 벗어나기 위한 한 방법인데 이에 대해 거쉰 카우프만Gershen Kaufman은《돌봄의 힘The Power of Caring》에서 이렇게 설명하고 있다.

분노가 자신을 방어하기 위한 하나의 전략으로 나타나게 될 경우, 그 사람은 분노에 집착하는 성격 유형을 갖게 된다. 이러한 유형은 다른 사람에 대해 지독하거나 적대적인 것이 특징이다. 이러한 지독함이나 적대감이 원래는 더 이상 수치스러운 경험을 하지 않도록 자기 자신을 보호하기 위한 방어 수단으로 시작된 것이라 할지라도, 나중에는 그것이 생겨나게 된 원래 이유와 상관없이 거의 자신에게 다가오는 모든 사람을 대하는 일반적인 반응이 되고 만다.

## [유형 7] 자기만 생각하는 부모, 자기도취적인 부모 ● ● ●
### —'난 중요하지 않아', '난 보이지도 않는 존재야' 라는 거울

어떤 부모들은 너무 자기중심적이라서 아이의 욕구와 바람보다 늘 자신의 욕구와 바람, 신념이 더 중요하다 사실은 이런 부모는 아이한테만 그런 것이 아니라 모든 사람한테 그렇다. 그리고 아이를 등한시하는 것이, 그것이 적극적인 방식이든 수동적인 방식이든, 아이에게 '넌 별로 중요하지 않아' 라는 메시지를 던져준다는 사실을 전혀 알지 못한다.

그런데 이런 식으로 아이를 대하게 되면, 아이는 자신에 대한 증오가 생겨나거나 또는 너무나 이상화된 자기 모습을 추구하게 되어 결국 좌절감과 실패작이라는 느낌이 들고 불행하다고 느끼게 된다. 사라는 어머니를 이렇게 묘사했다.

"엄마는 완전히 자기밖에 몰랐어요. 모든 것이 엄마 중심이었죠. 엄마가 필요로 하는 것, 엄마가 관심 있는 것, 엄마가 생각하는 것. 엄마 눈에 나는 거의 보이지도 않았어요. 한 방에 있으면서도 엄마는 내가 있다는 걸 알아채지도 못했어요. 내가 뭔가 필요로 하는 것이 있으면 엄마는 마치 그것이 엄청난 부담인 것처럼 행동했어요. 엄마가 바쁠 때는 감히 방해하지도 못했는데, 안 그럴 경우 엄마는 마치 내가 엄마를 성가시게 하고 있고, 그것은 아주 이기적인 짓이라고 느끼게 만들곤 했어요. 유일하게 엄마가 내 존재를 인정해주는 것처럼 보일 때는 내가 뭔가 좋은 면에서 관심을 끌 때뿐이었어요. 예컨대, 누군가 어린 나를 보며 귀엽다고 말하면 엄마는 자랑스럽다는 눈빛으로 내가 얼마나 엄마를 많이 닮았는지 이야기하곤 했죠. 내가 음악에 재능이 있다는 걸 발견했을 때는 엄마의 재능을 물려받아서 그런 거라고 했고요. 엄마 눈에는 내가 혼자서 이뤄낸 것은 하나도 없었던 거죠. 모두 엄마한테 물려받았거나, 엄마가 도와주었거나, 엄마가 할 수 있게 만들어주었기 때문에 할 수 있었다는 식이었죠."

자기만 생각하는 부모와 마찬가지로 자기도취적인 부모 역시 오직 자신을 빛나게 하는 것에만 관심이 있다. 자신의 욕구만이 중요하고 다른 것은 아무것도, 그 누구도 심지어 자녀라 해도 중요하지 않다. 다만 차이가 있다면, 자기도취적인 부모는 자기 자신만 생각하는 부모보다 훨씬 더 극단적인 모습을 띤다는 점이다.

자기도취적인 엄마는 자신의 행동과 경험하는 모든 것이 자신의 반영이라고 생각한다. 그래서 자녀조차 자신의 소유물로 생각하고, 자녀가 그에게 필요한 무언가를 줄 수 있을 때에만, 예컨대 사람들의 칭찬이라든가 좋은 엄마라고 인정해주거나, 자기를 숭배하고 떠받들어줄 때에만 쓸모 있다고 여긴다. 그리고 이러한 엄마는 부모로서 갖는 권력을 누리며, 그러한 권력을 자신의 흔들리고 불안정한 자아를 세우는 데 쓴다.

메이슨은 어머니로부터 독립하는 문제로 도움을 받고 싶어 나를 찾았다. 25살의 메이슨은 혼자 산 지 6개월밖에 되지 않았다고 했다.

"집을 나올 때 어머니는 마치 내가 어머니 심장에 칼을 꽂은 것처럼 반응했어요."

메이슨은 한탄했다.

"그저 내가 한 거라곤 자식이라면 누구나 하게 되어 있는 행동일 뿐이었는데 말이죠. 무럭무럭 자라 부모로부터 독립하는 거요."

더 난처한 사실은, 메이슨은 화가였는데 어머니가 여러 해 동안 그의 매니저 역할을 해오면서 그의 작품을 갤러리에 전시하기 위해 필요한 실제적인 일들을 다 해왔다는 것이었다.

"어머니가 나를 위해 해준 일들에 대해서는 정말로 고맙게 생각해요. 하지만 솔직히 말하면, 어머니는 저를 위해서였다기보다 어머니 자신을 위해 그렇게 한 거예요. 신동을 길러냈다는 말들은 어머니를 기분 좋게 만들었고, 내 작품에 대한 공로도 다 어머니에게 돌아갔거든요. 어머니가, 어렸을 때 내 재능을 살릴 수 있게 해주려고 어머니 자신이 얼마나 나를 독려하며 애썼는지, 사람들이 내 작품을 알아보도록 만드느라 얼마나 힘들었는지 이야기하는 모습을 선생님도 보셔야 한다니까요. 그런데 이제는 내가 혼자 일하니까 어머니가 위협을 느끼세요. 저의 이런 모습이 더 이상 어머니를 필요로 하지 않는다는 사실을 보여주는 것이고 어머니는 그게 싫은 거죠."

메이슨은 전형적인 자기도취적 엄마를 묘사하고 있었다. 자기도취적인 엄마는 자녀의 자율성을 침해하고 자신의 바람에 따르도록 자녀를 조종한다. 그리고 자녀에게서 마음에 안 드는 점은 모두 거부한다. 그렇게 되면 아이는 불만이 있더라도 이야기를 하지 못하는데, 불만을 이야기할 경우 엄마의 사랑을 잃어버릴 수도 있다는 불안감에 휩싸여 있기 때문이다.

한 사람의 정신적 건강은 아주 어린 아기 때 부모가 자기를 받아주는 경험에서 시작된다. '완벽하지 않더라도 넌 여전히 사랑받을 만한 존재야'라는 것을 배우는 것에서 시작되는 것이다. 그러나 자기도취적인 부모는 자녀의 완벽하지 않거나 마음에 들지 않는 점은 모두 거부한다. 그리고 자녀에게 극단적으로 높은 기대를 가지면서 끊임없이 자녀를 더 낮게 만들려고 애쓴다.

나르시시즘, 다시 말해 자기도취가 극단적이 되면 성격장애가 된다. 이를 자기도취적 성격장애NPD(Narcissistic Personality Disorder)라고 하는데, DSM-Ⅳ정신장애의 진단과 통계 편람에 따르면 이런 사람들은 다음과 같은 특징을 갖고 있다.

· 자기의 중요성에 대해 과장되게 인식한다(예: 스스로의 능력이나 성취를 과장한다).
· 무한한 성공, 명성, 권력, 미모, 완벽한 사랑 따위의 공상에 정신이 팔려 있다(무비판적인 동경).
· 자신이 특별하고 유일무이한 존재라서, 특별하고 지위 높은 사람만이 자신의 가치를 알아보고 이해할 수 있다고 믿는다.
· 과도한 존중을 요구한다.
· 특권 의식, 다시 말해 자신이 특별히 좋은 대우를 받을 거라는 또는 자기가 바라는 것을 상대방이 자동적으로 들어줄 거라는 비합리적인 기대를 갖고 있다.
· 대인관계에서 착취적이다. 다시 말해 자신의 욕구를 채우기 위해 다른 사람을 이용한다.

· 공감 능력이 부족하다. 그래서 다른 사람의 감정이나 욕구가 어떤 것
인지 알지 못하거나 별로 이해할 마음도 없다.

· 흔히 자기가 다른 사람을 샘내거나, 사람들이 자기를 샘낸다고 믿는다.

· 행동과 태도가 오만하고 건방지다.

이 밖에도 자기도취적 성격장애를 가지고 있거나 자기도취적 성향
이 강한 사람들은 다음과 같은 경향을 보인다.

· 별로 객관적 이유 없이 쉽게 분노를 느낀다.

· 상대방을 차갑고 무관심하게 대할 준비가 되어 있다. 이것은 상대방
이 자신을 기분 상하게 대했던 것에 대한 벌일 수도 있고, 아니면 상
대방이 이제 자기에게 아무런 쓸모가 없다는 표시로 그럴 수도 있다.

· 열등감이나 수치심, 공허함 같은 것을 심하게 느낀다.

· 사람들이 자기를 쳐다봐주고 숭배해주기를 바라는 욕구과시욕가 강하다.

· 대체로 좁은 관점으로 보면서 상대방을 지나치게 이상화하거나 반대
로 하찮게 본다.

자기도취적인 부모들은 자녀가 독립적인 사람이 되는 것을 막으려
고 애쓴다. 이들은 자녀에게도 자신만의 욕구와 감정, 욕망, 견해가
있다는 사실을 깨닫지 못한다. 예컨대, 자기가 행복할 때 자녀도 함
께 행복하다고 느껴야 하고, 자신이 불행할 때 자녀도 똑같이 불행하
다고 느껴야 한다고 믿는 것이다. 만약 자신과 똑같이 느끼지 않으면
그것은 배신이며 둔감함의 표시로 여긴다.

이런 부모들은 아이에게 스스로 현실을 느끼고 판단하게끔 하는 것이 아니라 부모인 자기가 모든 것을 정의 내리려고 드는데, 그 결과 아이들은 자신의 생각을 신뢰하지 못하게 되고 다른 사람들의 생각을 그냥 받아들이도록 길들여진다.

자기도취적인 부모들은 아이에게 "넌 기분이 어떠니? 넌 어떤 생각이 드니?"라고 물어보는 것이 아니라, "넌 이런 기분이야. 넌 이렇게 생각하고 있어"라며 이미 결론지어 이야기하기 때문에 종종 아이의 마음에 굉장한 혼란을 불러일으키곤 한다. 그리고 아이가 자율성을 갖기 위한 행동을 보이기라도 하면 무척 싫어하는 티를 낸다.

## 자기도취적인 부모가 비춰주는 거울

자기도취적인 부모 밑에서 자라는 아이는 완벽하지 못한 존재, 다시 말해 아버지와 어머니가 모두 거부하는 못난 아이인 동시에, 부모의 과장된 공상으로 이루어진 존재이기도 하다.

이것은 아이에게 극단적으로 모순된 자기상을 만들어낸다. 자신은 아무런 성공도 기대할 수 없는 초라한 실패작인 동시에 모든 완벽함을 갖추고 있고 숭배를 받을 수 있는 존재인 것이다. 또한 아이는 자기가 겉으로 하는 행동과 자신이 이뤄낸 결과가 곧 자기 자신과 똑같다는 취급을 받는다.

아이는 비판하는 말들로 집중사격을 받고, 필연적으로 그러한 비판의 말들을 진짜라고 믿게 된다. 그런데 이때 아이에게 가장 해로운 것은, 자기도취적인 부모들이 아이에게 단순히 행동이나 결과에 대해 뭐라고 하는 것이 아니라, 아이의 존재 가치와 연결해서 이야기를 한다는 것이다.

예컨대, "너 시험 성적이 나쁘구나"라고 말하는 것이 아니라, "너 완전히 실패작이구나"라고 말하는 식이다. 그렇게 되면 아이는 자신의 행동을 사실 그대로 볼 수 없게 되고, 비판의 말들을 받아들이는 것이 너무나 아프기 때문에 비판을 좋은 쪽으로 활용할 수도 없게 된다.

그 결과, 아이는 어떤 일을 해내는 데 있어서 심각한 문제를 보이는 경우가 자주 있다. 실패할지도 모른다는 두려움과 상처 입은 자존감 때문에 숨거나 회피할 방법을 자꾸만 찾게 되는 것이다.

이러한 사람들이 나중에 어른이 되었을 때 어떤 분야에서 실력을 인정받을지는 모르지만, 사실은 대개 자신이 가진 진정한 잠재력 가운데 극히 일부만을 발휘한 것에 지나지 않을 경우가 많다. 왜냐하면 그들은 자신을 불신했던 부모의 모습으로 인해 그리고 부모의 비판과 통제, 조종, 거부를 방어하기 위해 스스로의 능력을 제한하고 늦추었기 때문이다.

## 심리학 쪽지

• 한 사람의 정신건강은 아주 어렸을 때 부모가 자기를 인정하고 받아주는 경험에서 시작된다. '완벽하진 않지만 그래도 넌 여전히 사랑받을 만한 존재란다' 라는 것을 배우는 것에서 시작된다.

• 엄마가 아이를 방치할 경우, 아이는 그런 엄마라는 거울을 보면서 자신이 사랑받을 만한 존재가 못 된다고 믿게 된다.

• 정서적으로 방치당한 아이들은 어른이 되었을 때 지나치게 의존하여 매달리는 모습을 보이거나, 반대로 지나치게 방어적이 되어 친밀한 관계를 맺지 못하는 경우가 많다.

• 일이나 다른 관심사에 빠져 아이와 함께할 시간이 없는 부모들은 결과적으로 아이를 유기하는 셈이며, 그로 인해 아이는 스스로에 대해 '난 가치 없는 존재야' 라고 믿게 된다.

• 아이를 과잉보호하거나 사사건건 간섭할 경우, 아이는 그런 부모라는 거울을 보면서 스스로에 대해 '난 엄마가 없으면 아무것도 아냐, 난 엄마 없이 아무것도 못해' 라고 믿게 된다.

## 부모님은 나에게 어떤 거울이었나?

1. 어렸을 때 엄마는 나에게 어떤 거울을 비추어주었는지 생각해보
   자. 지금까지 설명한 7가지 부모 유형과 그것이 보여주는 거울
   가운데 공감이 가는 거울이 있다면 어떤 것인가? 여러 개가 있을
   수 있지만 유난히 공감이 가는 거울을 적어보자.

   _____

   _____

   _____

   _____

2. 어렸을 때 엄마가 나를 어떻게 대했는지 좀 더 자세히 적어보자.
   내가 부적절하다고, 능력이 없다고, 사랑스럽지 못하다고, 수치
   스럽다고, 가치가 없다고, 외톨이라고, 무력하다고 느끼게 만든
   엄마의 행동이 있다면 생각나는 대로 모두 적어보자.

   _____

   _____

   _____

   _____

   _____

   _____

   _____

3.어렸을 때 아빠는 나에게 어떤 거울을 비추어주었는지 생각해보
자. 지금까지 설명한 7가지 부모 유형과 그것이 보여주는 거울
가운데 공감이 가는 거울이 있다면 어떤 것인가? 여러 개가 있을
수 있지만 유난히 공감이 가는 거울을 적어보자.

_____

_____

_____

_____

4.어렸을 때 아빠가 나를 어떻게 대했는지 좀 더 자세히 적어보자.
내가 부적절하다고, 능력이 없다고, 사랑스럽지 못하다고, 수치
스럽다고, 가치가 없다고, 외톨이라고, 무력하다고 느끼게 만든
아빠의 행동이 있다면 생각나는 대로 모두 적어보자.

_____

_____

_____

_____

_____

_____

_____

3장

몸은 우리의 내면을 비춰주는
거울이다

자기 경멸은 결코 지속적인 변화를 이끌어내지 못한다.

-제인 R. 허쉬만

우리가 자기 몸에 대해 갖고 있는 이미지, 자기 몸에 대해 느끼는 방식 그리고 자기 몸에 대한 관심은 전반적인 자기 가치감과 자존감에 있어서 본질적인 부분이다.

이번 장에서는 특히 신체상에 초점을 맞추려고 한다. 그러기 위해 먼저 자신이 어떤 신체상 body image 을 갖고 있는지 그리고 그러한 신체상을 어떻게 해서 갖게 되었는지 알아보는 작업부터 시작하고자 한다.

신체상 body image 이란 우리가 자신의 외모에 대해 갖고 있는 시각이나 견해, 곧 자신의 외모가 자기 눈에 어떻게 보이며 또 다른 사람들 눈에는 어떻게 보일 것이라고 생각하는지를 말한다.

많은 경우 사람들은 부정적인 신체상을 갖고 있고 그 결과 자존감이 낮게 되는 경우가 많지만, 반대로 어떤 사람들은 낮은 자존감이 먼저이고 그로 인해 부정적인 신체상을 갖게 된 경우도 있다.

종종 우리의 몸은 우리가 자신을 어떻게 느끼는지를 그대로 비춰준다. 그렇다면 내 몸은 나에 대해 뭐라고 말하고 있는가? 내 몸은 나의 전반적인 자기 가치감이 어떻다고 말해주고 있는가? '난 나에 대해 정말로 좋다고 느껴'라고? 아니면 '난 나에 대해 정말로 형편없다고 느껴'라고? 우리 몸은 우리 자신에 대한 느낌뿐 아니라 다음과 같은 많은 것들도 함께 반영한다.

· 내가 세상에서 얼마나 안전하다고 느끼는지
· 내 마음 또는 몸이 얼마나 건강한지
· 어렸을 때 내가 신체적으로, 정서적으로 얼마나 돌봄을 잘 받았는지
· 내 몸이 얼마나 완벽한지 아닌지에 대해 부모가 어떤 메시지를 주었는지
· 자기 몸을 스스로 돌보는 것self-care에 대해 부모가 어떤 메시지를 주었는지
· 부모나 다른 사람들이 내 몸에 대해 어떻게 생각했고, 그것을 통해 나는 어떤 메시지를 받았는지

슬픈 사실은, 우리가 거의 완벽한 몸을 갖고 있다고 해도 자기 몸에 대해 그렇게 생각하지 못할 수도 있다는 것이다. 무엇보다 어렸을 때 방치당했거나 정서적으로 학대받았다면 더욱 그렇다. 이런 사람들은 자기 몸의 아주 작은 결점까지 찾아내고, 완벽하지 않은 부분에 너

무 신경을 쓴 나머지 그 밖의 여러 좋은 점들까지 다 덮어버리곤 한다. 이런 경향이 극단적이 되면 신체변형 장애BDD(Body Dysmorphic Disorder)가 되기도 한다. 이것은 외모에 지나치게 집착하고, 자신이 정상적인 외모를 가졌는데도 계속해서 추하고 볼품없다고 느끼는 것을 말한다.

십대들이 몸무게나 외모에 대해 걱정하는 것은 아주 흔한 일이긴 하지만 일부 십대들은 자기 결점에 지나치게 집착하는 모습을 보인다. 16살 킴벌리는 자기 턱이 너무 크다고 믿었다. 늘 거울을 보면서 여러 각도에서 턱을 자세히 살펴보고, 어떤 머리 모양을 하면 턱을 좀 가릴 수 있을까 하는 생각에 빠져 지냈다.

사람들이 킴벌리에게 턱이 전혀 이상하지 않다고 아무리 말해줘도 킴벌리는 믿지 못했다. 심지어 부모님에게 턱 성형수술을 받게 해 달라고 심하게 조르기도 했다. 부모님이 수술은 안 된다고 잘라 말하자, 킴벌리는 너무 속상해하며 더 이상 학교에 다니지 않겠다고 했다. 부모님은 킴벌리의 이러한 행동이 여느 십대가 외모에 신경 쓰는 정도를 넘어섰다는 것을 깨달았다. 킴벌리에게는 치료가 필요했다.


## 거울에 붙어사는 사람 vs 거울을 피해 다니는 사람 ● ● ●

자존감과 신체상 그리고 자기비난과 관련해 문제를 안고 있는 사람들은 보통 크게 두 가지 범주로 나눌 수 있는데, 거울에 붙어사는 사람과 반대로 거울을 피해 도망다니는 사람이다.

거울에 붙어사는 사람들은 '내가 어떻게 보일까?' 라는 생각에 사로잡혀 자주 또는 끊임없이 거울을 들여다본다. 얼굴 생김새나 머리카락, 피부를 샅샅이 살펴보고, 너무 살쪘거나 너무 말랐다 싶거나, 너무 길거나 너무 짧다 싶거나, 너무 휘어진 것 같거나 하는 부분에 전전긍긍한다. 옷을 입을 때도 잘 어울리는지 아닌지에 집착하고, 하루 종일 자신이 괜찮게 보이는지 확인하기 위해 계속 거울을 들여다본다.

반면, 거울을 피해 다니는 사람들은 거의 거울을 보지 않는다. 물론 옷을 갈아입으면서 머리나 화장이 망가지지는 않았는지 확인하려고 몇 번쯤 거울을 볼 수는 있다. 하지만 이런 사람들은 대개 거울을 '진짜로' 들여다보는 경우가 없는데, 옷이 잘 맞는지, 립스틱이 번지지는 않았는지 힐끗 확인하는 정도로만 본다. 그리고 아주 가까이서 거울을 보는 것을 피한다.

이렇게 거울을 피해 다니는 까닭은 기본적으로 자기 외모를 싫어하기 때문이다. 그래서 거울을 보는 것이 고통스러운 것이다. 또 어떤 사람들은 자신이 실제로 얼마나 매력적인지와 상관없이, 이미 마음속에 자신이 너무 못생겼다는 생각이 깊이 박혀 있다. 그래서 거울을 들여다본다 한들 자신의 못생긴 모습밖에 보이지 않을 것이기 때문에 거울을 안 보려고 한다.

## 신체상은 어떻게 만들어질까? ● ● ●

신체상은 어렸을 때 받은 신체적, 정서적 메시지에서 만들어진다요즘에는 텔레비전이나 인터넷에서 만들어내는 이미지와 기대치가 많은 영향을 미치기도 한다. 무엇보다 부모가 아이에게 말로, 몸으로, 분위기로 전해주는 메시지는 신체상에 가장 깊은 영향을 미친다.

부모가 아이의 외모를 좋아하고 실제로 아이에게 그렇게 말해준다면, 아이는 자신 있는 태도로 세상을 대하게 된다. 그렇지 않고 부모가 아이의 외모를 싫어할 경우, 아이는 부정적인 신체상을 갖게 되고 자신의 외모를 부끄러워하게 된다. 카를로스는 아주 어렸을 때부터 자기 몸을 싫어했다.

"아빠는 운동을 아주 좋아했고 나 역시 그렇게 되기를 바라셨어요. 그렇지만 난 엄마를 닮아 약골이었어요. 아빠는 끊임없이 살도 더 찌고 강해지라고 했지만 아무리 많이 먹고 운동을 해도 난 여전히 삐쩍 마른 몸이었죠. 난 아빠가 내 외모에 실망하고 있다는 것을 알고 있었고 그것이 정말 괴로웠어요. 그러면서 나는 내 모습을 너무 의식하게 되었어요. 학교 다닐 때는 체육 시간이 끔찍하게 싫었고, 내 말라빠진 가슴이 부끄러워 셔츠를 절대 벗고 싶지 않았죠."

부모가 아이의 외모를 아주 중요하게 생각하면 대개는 아이도 외모를 지나치게 의식하게 된다. 아네타가 그런 경우였다.

"엄마는 아주 예뻤고 외모에 시간을 많이 들였어요. 엄마는 아주 어렸을 때부터 나한테도 그렇게 하라고 했어요. 머리카락 한 올만 삐져나와 있어도 엄마한테 혼나곤 했어요. 아빠 역시 엄마나 내가 어떻게 보이는지에 굉장히 신경을 쓰는 것 같았어요. 늘 엄마에게 아름답다는 이야기를 하고, 나한테도 귀엽다는 이야기를 하셨어요. 그렇지만 난 엄마의 외모를 물려받지 않았기 때문에 결코 엄마만큼 아름다워지지는 않을 거라는 걸 알고 있었어요. 난 아름다운 외모야말로 여자가 남자에게 줄 수 있는 가장 중요한 것이며, 또 남자에게 여자를 계속 좋아하게 하려면 언제나 예뻐 보이도록 노력해야 한다고 생각하면서 자랐어요."

## 부모의 신체상이 아이에게 대물림된다

아이의 신체상에 영향을 주는 또 다른 요인은 부모가 자기의 외모에 만족하느냐 그렇지 않느냐 하는 것이다. 보잘것없는 신체상을 가진 부모는 자기 몸에 대한 부정적인 태도와 감정을 아이에게도 물려준다. 특히 아이의 외모가 자기 쪽자기 몸을 싫어하는 부모 쪽을 닮았을 경우 더욱 그렇다.

마들린의 어머니는 아르메니아 혈통으로 원래 몸에 털이 많았는데, 마들린 역시 어머니를 닮아 털이 무척 많았다. 팔과 허벅지, 종아리, 심지어 얼굴에도 짙은 털이 있었다.

"어렸을 때 엄마가 몸 여기저기에 나 있는 털을 없애려고 '나이르' 라는 브랜드의 제모제를 썼던 게 기억나요. 엄마는 늘 털이 다시 자라지는 않았는지 신경을 썼어요."

마들린의 이야기는 계속되었다.

"내가 12살 때쯤부터 엄마는 내 몸에 난 털을 걱정하기 시작했어요. 제모제를 어떻게 쓰는지 가르쳐주었고, 털이 조금이라도 다시 나기 시작하면 빨리 제모제를 쓰라고 잔소리를 했어요. 난 제모제가 정말 싫었어요. 냄새도 나고 번거로운데다 가끔 피부가 붉게 부어오르기도 했거든요. 그렇지만 엄마는 싫어도 해야 한다고 우겼어요. 사춘기가 되자 나는 털이 너무 많은 것 때문에 스스로를 너무 의식하게 되었고, 엄마처럼 늘 제모가 제대로 되어 있는지에 온통 신경을 쓰게 되었죠. 그리고 다른 여자애들은 나처럼 털이 많지 않다는 걸 알게 되면서 몸에 털이 많다는 사실이 너무나 부끄러웠고 그런 내 몸을 싫어하기 시작했죠."

쉘리의 어머니 역시 자신이 갖고 있던 부정적인 신체상을 딸에게 고스란히 넘겨준 경우였다.

"내가 어릴 때부터 엄마는 늘 몸무게 때문에 전쟁을 치렀어요. 온갖 종류의 다이어트를 다 해보고 때로는 며칠씩 굶기도 했어요. 내가 10살이 되자 엄마는 내 몸무게에도 신경을 쓰기 시작했어요. 의사가 내 몸무게는 정상이고 크면서 젖살도 더 빠질 거라고 했지만 엄마는 믿지 않았어요. 그리고 나한테도 다이어트를 시키고 내가 뭘 먹는지 하나하나 간섭하기 시작했어요."

그것은 중학교 때까지 계속되었다. 결국 고등학교에 들어갔을 무렵 쉘리는 신체상에 심각한 문제를 갖게 되었다. 실제로는 전혀 그렇지 않은데도 자신이 뚱뚱하다고 생각했다.

"나는 사실 계속 말라가고 있었는데도 거울을 보면 뚱뚱한 것처럼 보였어요."

그리고 16살 무렵에는 음식을 먹으면 무조건 토하는 거식증 환자가 되어 있었다. 쉘리처럼 많은 사람들이 부정적인 신체상을 갖고 있다. 이것은 실제로 보기 싫은 몸을 갖고 있어서가 아니라, 자신의 몸에 대해 뒤틀리고 비뚤어진 이미지를 갖고 있기 때문이다. 전체적인 몸집이나 몸매를 실제 자기 모습보다 훨씬 뚱뚱하거나 훨씬 마르게, 훨씬 크거나 훨씬 작다고 왜곡해서 보는 것이다.

예컨대, 코가 너무 길다거나 여드름이 많다거나 엉덩이가 너무 크다거나 가슴이 늘어졌다거나 하는 식으로 자기 모습을 실제 모습보다 훨씬 흉하게 보는 것이다. 이런 식으로 자신의 작은 결점을 과장하고 그 결점이 외모 전체를 좌우한다고 생각한다. 칼라 역시 그랬다.

"사람들은 모두 나더러 정말 예쁘다고 하지만 사실은 그렇지가 않아요. 이 거대한 엉덩이랑 허벅지를 잘 숨기고 있어서 사람들이 모르는 거라고요. 거울을 보면 엉덩이랑 허벅지밖에 안 보여요. 이게 너무 혐오스러워서 수영복이나 반바지는 절대 안 입어요. 사람들도 나의 진짜 모습을 알면, 그러니까 이 비대한 엉덩이랑 허벅지를 보면 나처럼 똑같이 끔찍해할걸요."

불행하게도 칼라는 자신의 다른 매력들은 보지 못했다. 고운 피부와 아름다운 머리카락, 사랑스러운 어깨와 가슴, 예쁜 얼굴 생김새는….

칼라만이 아니다. 많은 사람들이 자신의 모습이 볼품없다고 생각하고 뒤틀린 시각을 갖고 있다. 대부분의 사람들, 무엇보다 여성들은 자신이 생각하는 것처럼 그렇게 못생기지 않았다. 그런데도 최근의 한 연구에 따르면 여성들 가운데 겨우 2%만이 외모에 만족하는 것으로 나타났다.

이 연구에 따르면 남성들은 거울에 비치는 자기 모습을 좀 더 잘 받아들이는 반면, 상대적으로 여성들은 대다수가 거울을 들여다볼 때 꼭 고치고 싶은 부분에 집중하는 것으로 나타났다.

그리고 남성들의 경우, 여성들과 마찬가지로 신체상이 비현실적인 것은 똑같다 하더라도, 자신의 신체를 실제보다 더 긍정적이고 자기를 강화시키는 쪽으로 왜곡해서 보는 반면, 여성들은 부정적인 쪽으로 왜곡하는 경향을 보였다.

여성들은 자기 외모가 어떻게 보이는지를 중요하게 생각하고, 남자들이 여성에게 끌리는 것은 오로지 외모 때문이라고 또는 주로 외모 때문이라고 생각하는 경우가 많다. 실제로 오늘날의 문화가 신체적 매력에 높은 가치를 두는 것이 현실이라 하더라도, 여성들이 자신의 성격과 재치, 지성, 감수성, 상대방을 배려하는 마음, 그리고 무엇보다 사랑할 줄 아는 마음을 중요하게 여기지 않는다는 것은 너무나 안타까운 일이다.

## 사회적 관계, 또래의 인정과 거부

대개의 경우 자신에 대해 부정적인 신체상을 갖는다는 것은 무언가 어렸을 때 자신감을 잃어버리게 만든 사건이 있었음을 뜻한다. 안타깝게도 우리는 모두 어릴 때부터 매력적인 사람이 더 가치 있는 사람이라고 배우며 자랐다. 실제로 최근의 한 연구결과에서도 부모들이 매력적인 자녀에게 더 잘 대해주는 것으로 밝혀졌다.

사람들은 어떤 것이 매력적인 것인지를 구체적인 사회적 관계 속에서 배우게 된다. 이런 배움은 아주 어릴 때부터 시작되는데, 지나가는 사람들이 예쁘고 귀엽게 생긴 아기에게 관심을 더 많이 주는 때부터 시작된다. 아이는 점점 자라면서 자신이 얼마나 귀여운지, 어떤 옷을 입고 있는지 그리고 어떤 피부색을 갖고 있는지에 따라 다른 대접을 받게 된다는 것을 경험으로 알게 된다.

매력적인 아이가 덜 매력적이라고 여겨지는 아이보다 자신감이 더 발달하고 자존감이 높다는 연구결과는 전혀 놀라운 것이 아니다. 자랄 때 어른들이 자신을 향해 웃어주고, 얼마나 귀여운지, 얼마나 예쁜지, 얼마나 잘 생겼는지 이야기해준다면 그 아이는 틀림없이 자기 몸이나 외모에 대해 무척 기분 좋게 느낄 것이다.

반대로 무심한 어른이 "어머나, 얘는 참 통통하네요"라든지 "얘는 아빠를 닮았나 봐요아름다운 엄마를 닮지 않았다는 뜻으로"라고 말한다면, 십중팔구 그 아이는 자기 외모를 별로 좋아하지 않게 될 것이다.

아이들과 청소년들에게 있어서 또래에게 인정받는다는 것은 무척 중요하다. 또래로부터 거부와 놀림과 무관심을 받은 아이들이 낮은 자존감을 갖게 되는 반면, 또래한테 인정을 받은 아이들은 더 높은 자존감을 갖게 되는 경우가 많다.

짓궂은 별명을 붙이고 놀려대는 것은 특히 큰 상처가 되고 신체상에 부정적인 영향을 준다. 행크처럼 어렸을 때 친구들이 놀렸던 별명이 평생 따라다닐 수도 있다.

"누구라도 어린 시절 내내 '야, 샌님!', '야, 호모!' 라고 불렸다면, 자신이 여자들에게 매력적인 남자로 보일 거라고 생각하기는 정말로 어려울 거예요. 저는 심지어 여자한테 데이트를 신청해볼까 하는 생각을 할 때마다 그때의 별명들이 귀에서 울렸는걸요."

무엇보다 사춘기에 이성한테 거부나 무관심을 많이 받게 되면 신체상이 완전히 황폐해질 수 있고, 자신을 매력 없는 존재라고 믿게 되는 출발점이 될 수도 있다.

# 정서적 학대나 방치, 숨 막히게 하는 부모가
## 아이의 신체상에 미치는 영향 ● ● ●

사람들은 대부분 자기 몸에 대해 불만이 있기 마련이다. 너무 뚱뚱하다거나 너무 키가 작다거나 아니면 균형이 맞지 않는다고 느낀다. 하지만 어린 시절에 정서적으로 학대받거나 방치당했다면 훨씬 더 그렇게 느낀다.

정서적으로나 신체적으로 또는 성적으로 학대를 받게 되면 아이는 신체상에 많은 문제를 갖게 된다. 이러한 학대특히 부모의 학대보다 아이의 자신감을 좀먹는 것은 없다.

앞서 설명했듯이 학대를 당할 때 아이는 부모에게 분노를 품고 부모와 자신이 하나가 아니며 자신이 외톨이라는 단절감을 느낄 수도 있지만, 반대로 부모의 학대에 대해 자기 자신을 탓하게 될 수도 있다.

이런 경우 부모와의 단절감을 느끼는 것보다 아이가 학대에 대해 스스로를 탓하는 것이 신체상에 더 안 좋은 영향을 미칠 수 있다. 왜냐하면 자기비난이 심해지면 자기혐오가 생겨나기 때문이다. 브랜다의 경우가 그랬는데, 정서적으로 학대하는 부모들 가운데는 자녀의 외모를 공격하는 경우가 많다.

"아빠는 주기적으로 흥분해서 날뛰곤 했어요. 엄마에게 소리 지르고 물건을 던지고, 내 방으로 벌컥 들어와 끔찍한 말들을 퍼부었어요. 내가 너무 못생겨서 날 좋아하는 남자는 하나도 없을 거라고요. 아직까지도 그 말들이 머릿속에서 얼마나 많이, 몇 번이고 되풀이해서 들리는지 선생님은 모르실 거예요."

아빠가 딸의 신체상에 미치는 영향은 엄청나다. 딸이 아빠가 자기를 사랑하고 자기를 매력적이라고 생각한다는 것을 알 때, 딸은 자신이 다른 남자에게도 매력적일 거라고 생각하기가 쉽다. 반대로 아빠한테 거부당했다고 느끼고 아빠가 자신을 매력적이지 않다고 생각하는 것 같으면 딸은 다른 남자들도 아빠처럼 그럴 거라고 일반화해버리기가 쉽다.

"저는 거울을 들여다볼 수가 없어요. 거울 속에 비치는 모습이 너무 싫어요. 머리를 빗을 때나 립스틱을 바를 때만 아주 잠깐 거울을 봐요."

마릴린의 말이다. 마릴린이 이렇게 된 까닭은 부모가 그녀를 경멸하는 태도로 대했기 때문이다. 그런 대우를 받으면서 마릴린은 엄마와 아빠 모두 자기를 원하지 않고, 자신은 방해물에 지나지 않는다는 것을 분명히 느끼게 되었다. 그리고 자신이 아무 가치도 없고, 전혀 사랑스럽지 못한 존재이고, 외적으로나 내적으로나 못난 존재라는 확신을 갖게 되었던 것이다.

자녀에 대한 부모의 이러한 비판과 경멸은 아이에게 자기 자신과 자기 몸을 증오하게 만들고, 종종 자해나 다른 자기 파괴적 행동을 하게 만든다. 이러한 자기증오를 치유하기 위해 마릴린은 자기증오의 원인 곧, '부모의 부정적인 메시지'를 거부하는 작업이 필요했다.

부모한테 심하게 비난을 받은 아이는, 특히 몸에 대해 비난을 많이 들었을 경우, 자꾸만 자신의 몸에서 결점을 찾으려 하게 된다. 아이는 부모가 그랬듯이 비판적인 눈으로 자기 몸을 바라보고 평가하며, 사소한 결점조차도 용서하지 못하게 된다. 그리고 자신을 끊임없이 이상적인 기준과 비교하고, 자신이 더 나아져야만 사람들이 자기를 받아줄 거라는 결론에 이르고 만다.

## 몸의 문제가 사실은 위험 신호일 수 있다 ● ● ●

우리가 자기 몸에서 가장 싫어하는 부분이 유전적으로 부모를 닮아서 그런 것일 때가 종종 있다. 예컨대, 아빠의 긴 코를 쏙 빼닮았다거나 엄마의 체질을 닮아 몸이 왜소할 수도 있다.

하지만 또 어떤 경우에는 우리 몸에서 문제가 되는 부분이 사실은 우리에게 위험을 미리 알려주는 하나의 신호일 때도 있다. 예컨대, 뚱뚱한 사람들은 종종 마음의 고통을 잊기 위해, 마음의 고통을 인정하고 싶지 않아 먹는 방법을 택하곤 한다. 이런 경우 스스로에게 그러한 고통을 인정하고 느끼도록 허락해주면 고통스러운 감정을 억누르기 위해 음식을 먹어야만 하는 일을 줄일 수 있다.

우리의 몸은 거울이나 마찬가지다. 마음속에서 정말로 무슨 일이 일어나고 있는지를 비춰주기 때문이다. 마음이 슬프면 얼굴과 몸은 이러한 슬픔을 어떤 식으로든 반영한다. 눈을 깊이 들여다보면 내면의 슬픔과 고통이 보일 것이다. 얼굴 표정을 보면 입술 끝이 아래쪽으로 처진 모양에서 슬픔이 보이고, 눈썹 사이 찌푸려진 주름에서 스트레스가 보일 것이다.

우리의 몸은 또한 우리가 자신에 대해 정말로 어떻게 느끼는지를 비춰준다. 우리가 자기혐오로 가득 차 있으면 몸을 통해 그것을 볼 수 있다. 예컨대, 필요한 영양분을 스스로에게 공급해주지 않아 너무

심하게 말라가는 것도 이러한 자기혐오를 드러내는 것일 수 있다. 술과 마약으로 자신의 육체를 괴롭히는 것도 마찬가지이고, 자꾸만 칼로 손목을 긋는다든가 몸에 상처를 남기는 것도 자기혐오를 드러내는 것이라 할 수 있다.

안나가 아주 어렸을 때, 부모는 그녀에게 좋은 것도 나쁜 것도 그야말로 아무것도 기대하지 않았다. 심지어 그녀를 쳐다보지도 않았다.

"마치 부모님에게 나는 없는 존재 같았어요. 자기들 삶에 너무 바쁘고 자신들 감정과 욕구에만 정신이 쏠려서 내 감정이나 욕구에는 관심을 쓸 수 없었던 거죠."

부모님이 안나에게 그랬던 것처럼 안나 역시 자신을 그렇게 대했다. 자신을 투명인간으로 만들어버린 것이다. 안나는 혼자 방안에 들어가 책을 읽으면서 자신을 잊어버렸다. 자신의 감정을 부인하고 진짜 자기 자신으로부터 숨어버린 것이다.

안나가 좀 더 자라자, 부모는 안나가 하지도 않은 일을 가지고 자주 벌을 주곤 했다. 안나가 스스로를 변호하려 들면 부모는 더 심하게 화를 낼 뿐 안나의 말을 들으려고 하지 않았다.

"내가 하지도 않은 일을 가지고 부모님한테 혼나기 시작할 때면 정말이지 너무 고통스러웠어요. 하지만 난 그런 티를 안 내는 데 아주 익숙했어요. 혼나기 시작하는 순간, 난 거북이가 되려고 애썼어요. 상상속의 껍질 속으로 쏙 들어가, 질책하는 말들이 나한테 들어올 수 없게 한 거죠. 그리고 고통으로부터 숨기 위해 난 먹기 시작했어요.

나 자신을 달래주고 진정시킬 수 있는 다른 방법이 없었으니까요. 난 스스로에게 이렇게 말하곤 했어요. '다 부질없는 짓이야', '부모님한테 나 자신을 변호하거나 화를 내봤자 아무 소용없어' 그러고는 방으로 음식을 살그머니 가져가서 음식과 함께 내 감정들을 뱃속으로 밀어 넣었죠. 모든 분노를 나 자신에게로 돌렸던 거죠."

안나는 학교에서도 친구들에게 거부당할까봐 두려웠고 그래서 늘 혼자였다.

"3학년이 되었을 때 '내 거북이'는 완전해졌어요. 아무도 날 눈치채지 못하는 것 같았고, 그게 내가 바라는 거였어요. 물론 마음속으로는 사랑에 굶주려 있었지만 겉으로는 딱딱한 껍질로 둘러싸인 채 아무도 곁에 오지 못하게 막았던 거죠."

그리고 안나는 눈에 잘 띄지 않는다는 특징도 있었다. 그녀는 굉장히 칙칙한 색의 옷들을 주로 입었고, 겉모습에 별다른 특징이 없었다. 안나는 그렇게 자신을 신체적으로도 눈에 띄지 않게 만들었을 뿐 아니라, 자신을 보호하기 위해 감정의 가면도 갖고 있었다.

"아무도 날 진짜로 알지 못해요. 아무도 내 가면 속을 보지 못하게 할 거예요. 사람들이 내 진짜 모습을 보면 어떻게 될지 두려워요."

우리의 몸은 또한 자신의 감정과 자기 자신을 보호하는 역할을 한다. 마리안느의 엄마는 아주 어렸을 때부터 계속 마리안느를 비난했다. 무엇보다 마리안느의 외모에 대해 그랬다. 처음에 엄마는 마르안느가 너무 말랐다며 살찌게 하려고 간유와 주사, 비타민을 사다먹였다. 그러더니 이번에는 너무 살이 쪘다며 계속해서 다이어트를 하게 했다.

그리고 마리안느가 몸무게에 비해 키가 충분히 자라지 않자 엄마는 발육에 문제가 있는 건 아닌지 확인하기 위해 의사를 찾아갔다. 그런데 드디어 마리안느의 키가 자라기 시작하자, 이번에는 마리안느의 키가 너무 커서 어떤 남자도 좋아하지 않을 거라며 놀려댔다.

사춘기가 되었을 무렵, 마리안느는 엄마를 만족시키기란 불가능하다는 것을 깨달았고 엄마의 비판적인 눈으로부터 자신을 숨겨야 했다. 그녀는 엄청나게 몸무게를 불림으로써 그렇게 했다. 어찌 보면 살찌는 것이 자기를 더 망가뜨리는 행동처럼 보일 수 있고 그래서 더욱 엄마의 비난을 부르는 일이 될 수도 있었지만, 사실 마리안느의 입장에서는 그저 엄마의 끊임없는 관찰로부터 스스로를 방어하려고 애쓰는 것일 뿐이었다.

왜냐하면 엄마가 마리안느의 몸무게에 신경을 쓰고 있는 한, 마리안느의 성격처럼 깊은 곳까지는 파고들지 못할 것이기 때문이었다. 그러면 적어도 몸무게가 아닌 다른 면에서는 엄마의 눈으로부터 자유로울 수 있었다. 다시 말해, 마리안느의 몸무게 문제가 엄마의 날카로운 시선으로부터 자신을 보호해주는 방어벽 역할을 했던 것이다.


## 내 몸과 다시 소통하기 ● ● ●

어렸을 때 정서적으로 학대나 방치 또는 숨 막힘을 겪게 되면, 그로 인한 많은 상처들이 '자기 몸과의 단절', '뒤틀린 신체상' 이라는 문제로 나타나곤 한다. 그리고 이것은 강박적 과식, 폭식, 거식증 같은 섭식장애로 이어질 수도 있다.

또한 정서적으로 학대받거나 방치당한 아이들은 보통 자기 몸에 대해 잘 모르고, 자기 몸이 어떻게 느끼는지, 그것이 주는 메시지는 무엇인지 읽어내는 방법을 모른다. 이는 아이가 거부나 굴욕 또는 박탈의 경험이 너무나 고통스러운 나머지 스스로를 둔감하고 무감각하게 만들어야 했기 때문이다. 어쩌면 불안하고 고통스러울 때 달래줄 사람이 아무도 없었기 때문에 감각 또는 느낌의 스위치를 아예 꺼버려야 했기 때문일 수도 있다.

이런 아이가 어른이 되었을 때 갖게 되는 주요 문제 가운데 하나는 스스로를 위로하고 달래줄 줄 모른다는 것이다. 누군가를 달래고 위로하는 방법은 보통 어렸을 때 부모님이 자신을 달래주던 경험으로부터 배우게 되는데, 이런 사람들은 그런 경험이 없다 보니 스스로를 위로하고 달래줄 줄 모르게 되는 것이다.

정서적으로 자녀를 학대하는 부모는 아이의 감정과 몸의 상태에 알맞게 반응하지 못한다. 이런 부모는 아이의 감정과는 단절된 채, 다만 자신의 기분과 편견, 필요, 경험에 따라 아이의 행동과 말을 해석하고, 그에 따라 반응하는 경우가 많다.

또한 이런 부모들은 자녀의 감정과 욕구를 엉뚱하게 인식하는 경향이 있어서, 아이에게 아이 자신이 느끼고 있는 것이 틀린 것이라고 이야기하는 경우가 많다. 예를 들어, 엄마가 너무 바빠서 밥을 챙겨줄 여유가 없을 때 아이에게 "넌 지금 사실은 별로 배가 안 고파"라고 말하는 식이다.

우리의 몸은 우리에게 정서적으로 어떤 일이 벌어지고 있는지에 대해 중요한 실마리들을 제공해준다. 그러므로 몸이 주는 메시지를 읽어내지 못한다면 우리 자신에 대해 깊이 이해할 수도 없게 된다. 내 몸의 감각들을 내가 이해할 수 없다면 대체 나는 누구란 말인가? 분명한 것은 우리는 생각만으로 이루어진 존재가 아니라는 사실이다. 오히려 그 이상이다.

정서적 학대나 방치로 인한 상처를 치유하기 위해서는, 먼저 자신의 감정과 몸의 감각을 통해 스스로를 재발견하는 법을 배워야 한다. 그래서 이 책에는 단절되었던 자기 몸의 감각과 다시 닿는 것교감하는 것을 돕기 위한 몇 가지 방법들이 소개되어 있기도 하다(예: 글쓰기, 자화상 만들기, 그림을 통해 감정 표현하기).

하지만 진정한 변화가 일어나는 것은 거울치료를 통해서일 것이다. 먼저 '몸은 나를 보여주는 거울이다' 라는 개념을 활용하고, 실제로 거울을 이용하는 다양한 거울치료 과제를 통해 뒤틀린 신체상을 바로 고치게 되면, 자기 자신을 더 현실에 가깝게 그리고 긍정적인 눈으로 바라볼 수 있을 것이다.

내면의 상처를 치유하기 위해 거울을 이용한다는 것이 흥미롭게 들릴 수도 있고, 반대로 기겁할 수도 있고, 아니면 그냥 시큰둥할 수도 있다. 만약 그렇더라도 다양한 거울치료 과제들이 정말로 효과가 있는지 알아보기 위해서라도 꼭 시도해보기 바란다.

## 심리학 쪽지

- 신체상이란 우리가 자신의 외모에 대해 갖고 있는 시각이나 견해를 뜻하는데, 자신의 외모가 자기 눈에 어떻게 보이며 또한 다른 사람들의 눈에는 어떻게 보일 거라고 생각하는지를 말한다.

- 신체상은 무엇보다 어렸을 때 부모가 아이에게 말로, 몸으로, 분위기로 전해주었던 메시지를 통해 만들어진다.

- 우리의 몸은 우리의 마음을 비춰주는 거울과 같으며, 우리에게 정서적으로 어떤 일이 벌어지고 있는지에 대해 중요한 실마리들을 제공해준다.

- 정서적으로 학대받거나 방치당한 아이들은 대개 자신의 몸에 대해 잘 모르고, 자기 몸이 어떻게 느끼는지, 그것이 주는 메시지는 무엇인지 읽어낼 줄을 모른다. 이는 아이가 거부당하거나 굴욕 또는 박탈당하는 경험이 너무 고통스러운 나머지 스스로를 둔감하고 무감각하게 만들어버렸기 때문이다.

- 정서적 학대나 방치로 인한 상처를 치유하기 위해서는 먼저 자신의 감정과 몸의 감각들을 통해 스스로를 재발견하는 법을 배워나가야 한다.

## 내 몸은 나에게 무엇을 말해주려고 하는가?

1. 거울 앞에 서서 얼굴을 들여다보자. 거울 속의 얼굴은 나에 대해 뭐라고 말하고 있는가? 예를 들어, 슬퍼 보이는가? 아니면 화가 난 것 같은가? 걱정하는 얼굴인가? 수치스러운 얼굴인가? 어떤 얼굴인가?

_____

_____

_____

_____

_____

2. 거울에 좀 더 가까이 가보자. 그리고 눈 속을 가만히 들여다보자. 무엇이 보이는가? 두려움? 노여움? 슬픔? 수치심?

_____

_____

_____

_____

_____

3. 전신거울로 몸 전체를 가까이에서 바라보자. 평가하는 입장에서 가 아니라, 내 몸이 나에 대해 무슨 이야기를 하는지 귀 기울이는 입장에서 바라보자. 내 몸은 나에 대해 뭐라고 말하려 하는가? 화났다고 말하려 하는가? 슬프다고? 두려워한다고? 부끄러워한

다고? 혹시 스스로를 제대로 돌보지 않고 있다고 말하고 있지는 않는가? 부모님이 내게 그랬던 것처럼 나 역시 자신을 방치하고 있다고 말하고 있지는 않은가? 부모님이 내게 그랬던 것처럼 내가 나를 학대하고 있다고 말하고 있지 않은가?

_____

_____

_____

_____

_____

_____

4. 내 몸의 자세를 살펴보자. 똑바로 서 있는가 아니면 구부정한가? 한쪽 어깨가 다른 쪽보다 높지는 않은가? 이런 것들이 나에게 무엇을 말해주고 있다고 생각하는가?

_____

_____

_____

_____

_____

_____

## 나는 내 몸에 대해 어떤 메시지를 받았나?

1. 전신거울 앞에 서서 내 모습을 바라보자. 내 얼굴과 몸에 대해 좋은 느낌이 드는가 아니면 안 좋은 느낌이 드는가? 부정적인 느낌이 든다면 왜 싫은지 까닭들을 적어보자.

_____

_____

_____

_____

_____

2. 이번에는 얼굴 생김새를 하나하나 자세히 뜯어보자. 한 곳씩 바라보면서 스스로에게 '난 이 부분을 마음에 들어하나?', '이 부분은 가족 가운데 누구를 떠올리게 하지?' 라고 물어보며 생각나는 대답을 적어보자.

_____

_____

_____

_____

_____

3. 어렸을 때부터 지금까지 내 얼굴이나 몸과 관련해 부모님이나 형제자매 또는 친구들이나 애인들한테 받았던 메시지를 기억하는 대로 쭉 적어보자. 모욕적인 별명이나 말들 그리고 말이 아닌 태

도나 행동(예: 부정적인 표정을 지었다든지 칭찬이 없었다든지)으로 한 것도 모두 해당된다.

---

_____

_____

_____

_____

_____

_____

4. 위에서 적은 목록을 다시 읽어본 다음, 아직도 나에게 영향을 주고 있다고 생각하는 메시지 옆에 별표를 해보자.

5. 이 거울치료 과제를 하면서 불안하거나 당황스러웠을 수도 있다. 어떤 느낌이었든지 간에 느낀 것을 쭉 적어보자. 그 느낌들을 판단하거나 분석하려 하지 말고 그냥 쭉 적어보자.

---

_____

_____

_____

_____

_____

_____

# Part 2

부모가 비춰준 왜곡된
거울 깨뜨리기

4장

부모가 비춰준 왜곡된
거울 깨닫기

당신에겐 아무 문제가 없다. 당신에게 문제가 있다고
말하는 사람에게 문제가 있을 뿐이다.

—르네 잔스 힐

거울이 없어도 우리는 자신의 모습을 볼 수 있다. 내가 나를
대하는 방식, 사람들이 나를 인식하고 대하는 방식 그리고 내가 삶
을 대하는 방식에서 자신의 모습을 볼 수가 있다. 그러므로 자신에
대한 건강한 새 자기상을 만들어내려면 그에 앞서, 부모님의 행동
과 믿음 때문에 자신이 어떤 왜곡된 이미지를 갖게 되었는지부터 깨
달아야 한다. 그러고 나면 부모님이 비춰준 엉터리 거울을 거부하고
좀 더 정확한 거울로 바꿔나가는 작업을 시작할 수 있다.

부모가 비춰준 왜곡된 이미지를 깨뜨리는 과정에는 다음과 같은
내용들이 들어간다.

· 학대받거나 방치당했던 경험과 관련해 사실을 있는 그대로 보고

억눌린 감정을 풀어주기

· 학대나 방치의 책임을 마땅한 자리로 돌리고, 부모가 내게 투사
  했던 이미지들을 깨닫고 반사시키기
· 수치심을 정당한 분노로 바꾸기
· 내 안의 부정적인 핵심 믿음이 무엇인지 밝혀내고 그것에 반박하기

## 사실을 있는 그대로 보고 억눌린 감정 풀어주기 ● ● ●

우리는 이미 1부에서 부모의 어떤 행동들이 아이에게 정서적 학대나
방치가 되는지 그리고 그것이 아이의 자존감과 자기 인식에 어떤 영
향을 미치는지 살펴보았다. 어떤 사람들은 1부를 읽어나가면서 격렬
한 감정을 느꼈을지도 모른다. 자신이 그런 식으로 학대나 방치를 당
했다는 것 그리고 그 영향으로 인해 그동안 힘들었다는 사실을 받아
들이기가 상당히 고통스러웠을 수도 있다.

자신이 어렸을 때 어떤 대우를 받았는지 그래서 어떤 기분이 들었
는지 기억해내는 일이 말할 수 없이 고통스럽고, 자신을 학대하고 방
치한 사람에게 견딜 수 없이 화가 날 수도 있다. 그동안 애써 좋게 생
각하려고 했던 어린 시절의 기억들이나 부모님, 다른 가족들 또는 돌
봐주었던 소중한 사람들의 이미지가 나쁘게 바뀌면서 깊은 상실감을
느꼈을 수도 있다.

결국 어린 시절 자신에게 무슨 일이 일어났는지 그 진실과 마주할
때 우리는 비탄과 슬픔, 분노에 휩싸이게 된다. 하지만 이런 감정들
을 억지로 떨쳐버리려 애쓰지 말고 올라오는 감정들을 그대로 느끼

는 과정이 필요하다. 이제는 애써 눌러두었던 감정들이 밖으로 흘러 나갈 수 있도록 해주어야 한다.

심하게 잘못되고 부당한 대접을 받았던 우리 마음속의 '상처입은 어린 아이'를 위해 울어주고, 자신을 보호해주어야 했던 어른들이 어떻게 그 '어린 아이'를 학대하고 방치했는지에 대해 함께 분노해주어야 한다. 부모로 인해 갖게 된 부정적인 자기상을 깨뜨리고 낮아진 자존감을 끌어올리기 위해서는 그 최초의 상처로 돌아가야만 한다.

하지만 안타깝게도 학대받거나 방치당한 사람들은 그러한 고통을 그냥 덮어버리고 생각 속에서 몰아내려고 애쓴다. 너무 고통스럽기 때문이다. 하지만 그것은 결코 해결책이 되지 못한다. 정서적으로 학대받거나 방치당했던 경험들은 끊임없이 우리를 찾아와 정서적으로 피폐하게 만들고 교활하게 우리의 자존감을 깎아내릴 것이기 때문이다.

학대나 방치를 경험한 사람들은 분노와 고통에 매여 결코 그러한 감정에서 벗어나지 못한다. 그리고 분노의 화살을 자기 자신에게 돌린다. 그러면 마음은 불필요한또는 건강하지 못한 죄책감과 수치심이라는 총에 맞아 벌집이 되고 우울해진다.

그리하여 담배를 피우거나 심하게 과속하거나 싸움을 걸고 다니는 식으로 자기 파괴적인 행동을 일삼으며 스스로를 벌주는 사람이 되기도 한다. 그런가 하면 스스로를 자신의 감정에 무감각하게 만들어서는 과거의 고통과 분노에 다가가지 못하게 되기도 한다.

이렇듯 표현되지 못한 감정들은 종종 우리 안에서 잠자고 있다가 누군가 또는 무엇인가 우리에게 과거의 기억과 감정을 떠올리게 하면 다시 살아난다. 그럴 경우, 우리는 우울해지고 자기 비판적이 될 수도 있다. 아니면 진짜 화를 내야 할 과거의 대상그 당시에는 그런 감정을 표현하기 두려웠던 부모대신 엉뚱하게 현재 가장 가까운 사람들에게 화를 터뜨리게 될 수도 있다.

사실 우리 안에서 '부인denial의 장막' 을 걷어내는 것, 곧 고통스러운 현실과 생각과 감정을 무시해버리거나, 없다고 우기면서 억누르는 것을 멈추기란 두려운 일일 수 있다. 무엇보다 감당하기 힘든 부분은 '부인의 장막' 바로 밑에 숨겨져 있는 격렬한 감정들을 겪어야 하는 일일 것이다.

사실 이 격렬한 감정들을 다루는 데는 전문가의 도움이 필요할지도 모른다. 하지만 지금은 우선, 자신이 무엇을 느끼든지 그 감정을 그대로 느끼도록 해주자. 그리고 다음의 내용을 꼭 기억하자.

· 지금껏 눌러두고 부인했던 과거의 감정들을 다시 느끼게 될 때, 그것이 마치 지금 이 순간의 감정처럼 느껴질 수도 있다. 그럴 때는 스스로에게 '사실은 그러한 감정들이 현재의 감정이 아니라 어린 아이였을 때 느꼈던 감정들을 내 몸과 마음이 기억하고 있는 것일 뿐이야' , '나는 이미 그러한 어린 시절과 고통스러운 일들을 다 견뎌냈어' 라고 일깨워주면 도움이 된다.
· 감정을 깊이 느끼는 것은 스스로에게 도움이 된다. 신체적 고통이 함께 따라올 경우, 오히려 감정 속으로 깊이 들어가면 고통이 줄어들거

나 덜해지는 경향이 있다.

· 우리가 느끼는 감정이 강력하고 압도적일수록, 그것은 긍정적인 힘으로 작용해 치유 과정에 도움이 될 가능성이 높다.

· 과거의 감정이 다시 올라올 때 그러한 감정에 완전히 압도되도록 놔두지만 않는다면, 그러한 감정들은 우리가 부인denial에서 벗어나는 데 도움이 된다.

· 감추어진 과거의 감정을 느끼고 표현하도록 스스로에게 허락해주는 것은 과거의 상처를 치유하는 데 도움이 된다.

학대와 방치에 대한 내 감정들

이미 우리는 자신이 어렸을 때 어떤 식으로 정서적 학대를 받았는지 또는 방치되었는지를 살펴보았다. 이제는 그것에 대해 우리 자신이 어떻게 느끼는지를 살펴볼 필요가 있다. 그때 나는 어떻게 느꼈는지, 그러한 방치나 학대가 나에게 어떤 영향을 주었는지, 지금 그때의 기분을 생각하면 어떤 기분이 드는지, 그러한 경험이 장기적으로 나에게 어떤 영향을 주었다고 믿는지 스스로에게 질문할 필요가 있다.

이러한 질문에 스스로 대답하면서 감정들이 올라오면 억누르지 말고 그대로 느껴보자. 화, 분개, 두려운 마음, 끔찍함, 슬픔, 비탄, 죄책감, 수치심, 그 어떤 감정이라도 괜찮다. 아무런 감정이 느껴지지 않아도 괜찮다. 어린 시절에 학대나 방치를 경험한 사람들은 종종 자신을 보호하기 위해 감정에 무감각해진 경우도 많다.

만약 할 수 있다면 이러한 내용을 적어도 한 사람과 함께 나누는 것이 좋다. 어린 시절 방치나 학대를 경험한 사람들은 자신의 아픔과 고통에 대해 연민의 눈으로 바라봐주는 사람이 없는 경우가 대부분이다. 그러니 이제, 자신이 겪은 일들을 사랑하는 사람에게 이야기하고 그에게서 따뜻한 위로와 지지를 받는 것이야말로 치유의 과정에서 아주 중요한 단계라 할 수 있다.

《사랑의 매는 없다》를 쓴 앨리스 밀러Alice Miller와 같은 전문가들은 우리가 어른이 되었을 때 다른 사람에게 공감할 수 있으려면, 어린 아이였을 때 우리의 고통에 대해 공감해주고 이해하는 눈으로 바라봐주는 사람이 꼭 있어야만 한다는 사실을 발견했다. 연민이 없다면 다른 사람의 고통에 민감할 수가 없기 때문이다.

우리의 어린 시절에 대해 그리고 지금의 내 모습에 대해 진실을 알고 나면 그 진실을 자신의 회복을 위해 쓸 수 있다. 왜냐하면 치유라는 것은 내가 어떤 신체적·정서적 고통을 받았는지 그리고 어떠한 장기적인 영향으로 괴로워하고 있는지를 알아내고, 그 진실을 똑바로 바라보고, 마지막으로 그것을 받아들이는 과정 속에서 일어나기 때문이다.


## 학대나 방치의 책임을 내가 아닌 부모에게 돌리고, 부모의 투사를 거부하기 ● ● ●

앞서 스테판의 이야기를 한 적이 있다. 엄마는 스테판을 좋아하지 않았고 스테판은 차가운 가정에서 자라야 했다. 나는 스테판에게 부모님이 자신을 대한 방식에 대해 어떻게 느꼈는지 물어보았다. 사실 스테판은 엄마 아빠 모두와 친하지 않았다. 그런데도 스테판은 부모님에 대해 좋은 쪽으로든 나쁜 쪽으로든 아무 감정도 없는 것처럼 보였다.

"엄마와는 거의 안 보고 지내요. 몇 년에 한 번 정도 가족모임이 있을 때 겨우 얼굴 보고 인사하는 게 고작이죠. 엄마와 아무 연관도 되고 싶지 않아요. 아빠와는 표면적인 관계만 유지하고 있어요. 한 달에 두 번 정도 통화를 하지만 사실 중요한 이야기는 하나도 안 해요."

몇 달 동안의 상담 뒤, 스테판은 부모를 향한 분노에 좀 더 다가가기 시작했다. 하지만 그 분노를 받아들이지 못했다.

"내가 지닌 좋은 점과 나쁜 점은 모두 내 책임이에요. 부모님 책임이 아니라고요. 나는 거의 혼자 힘으로 컸어요. 내 모습이 누군가의 영향으로 인한 것이라는 사실은, 하물며 그게 부모님이라는 사실은 받아들이기 힘들어요."

정서적으로 학대받거나 방치당한 많은 사람들 역시 스테판처럼 느낀다. 그리고 부모를 비난하기보다는 스스로에게 책임을 돌린다. 하지만 자신을 방치한 부모와 그것이 자신에게 미친 영향에 대한 책임을 부모에게 돌리는 것은 부모를 비난하는 것과는 다르다. 비난은 비난하는 사람을 그 문제 속에 계속해서 가두어놓는 반면, 정당한 분노는 그 문제에서 벗어나도록 도와주기 때문이다.

부모에게 분노하기를 거부하는 사람들은 자기비난과 수치심, 우울감에 빠지게 된다. 그러므로 스스로에게 분노를 돌리기보다 부모를 향한 정당한 분노를 인정하는 쪽이 훨씬 건강한 것이다. 부모의 잘못된 대우에 대해 분노함으로써, 우리는 그러한 대우로부터 온 부정적인 메시지─지금까지도 자신에게 영향을 주고 있는 메시지를 거부할 수 있게 된다.

우리는 앞에서 투사의 개념을 이야기했다. 부모에게서 받은 부정적인 메시지, 비난 그리고 학대적인 대접은 사실은 부모가 싫어하고 거부했던 자신의 모습을 우리에게 투사한 결과일 가능성이 무척 높다. 예를 들어, 더스틴의 엄마는 더스틴에게 버릇이 없고 게으르다며 자라는 동안 끊임없이 비난했다. 방을 치우지 않는다고 잔소리했고, 더스틴이 학교 준비물이나 다른 필요한 것을 사기 위해 돈을 달라고 할 때마다 엄마는 더스틴에게 욕심이 많고 고마워할 줄 모른다고 비난했다.

상담을 통해 더스틴은 조금이나마 현실을 점검해가는 작업을 해나갔고, 엄마의 지나온 삶을 좀 더 알게 되었다. 그리고 그런 과정을 통해 더스틴은 자신이 게으르지 않았으며, 버릇없지도 않았다는 사실을 깨달을 수 있었다.

사실 더스틴은 어린 시절 대부분과 사춘기 동안, 엄마를 돈 문제로 괴롭히고 있다는 죄책감을 느끼면서 우울하게 보냈다. 그런데 엄마의 지나온 삶을 살펴보니, 엄마 역시 똑같은 문제로 비난을 받으며 자랐고 심하게 우울한 상태였음이 밝혀졌다.

한편 우리는 어린 시절에 겪은 학대나 방치가 우리 탓이 아니라는 것을 머리로는 알면서도 감정으로는 여전히 모른 채 스스로를 비난하고 있을 수도 있다. 우리가 어렸을 때 어떤 행동을 했던지 간에, 그것은 결코 방치나 학대의 정당한 이유가 될 수 없다. 부모가 우리에게 보였던 반응은 온전히 부모의 책임이다. 이것을 이해하는 것이야말로 치유에서 정말로 중요하다.

# 수치심을 정당한 분노로 바꾸기 ● ◆ ●

정서적으로 학대나 방치를 당했다면 의심할 여지없이 커다란 수치심으로 고통받을 수밖에 없다. 이러한 수치심을 없애기 위해서는 수치심을 정당한 분노로 바꿔줄 필요가 있다.

정당한 분노는 수치심을 밀어낸다. 학대한 사람을 향해 분노를 표현하는 것은 자신을 비판하는 것을 멈출 수 있도록 도와준다. 학대한 사람에게 화를 내는 것은 우리에게 아무 잘못이 없다는 것을 확인해주고, 분노의 핵심이 올바른 방향으로 곧 자기 자신이 아닌 바깥 대상으로 향하게 해준다.

또한 분노는 마음속의 수치심을 밀어내버릴 뿐만 아니라, '분리-개별화' 과정에도 도움이 된다. 분노는 사람들을 분리시킨다. 생각해보라. 누군가에게 화가 났을 때 우리는 보통 그 사람과 가까이 있고 싶지 않다.

실제로 몸이 주는 메시지에 주의를 기울인다면, 누군가에게 화가 났을 때 우리 몸이 그 사람에게서 돌아서거나 떨어지고 싶어 하는 것을 느낄 수 있을 것이다. 그 사람 옆에 앉아 있거나 그 사람이 건드리는 것이 불편하게 느껴질 것이다.

또한 분노는 우리에게 '변화하고 싶은 동기와 힘'을 주기 때문에 '분리' 과정에 도움이 된다. 그러므로 부모가 우리를 부당하게 대했다는 사실에 대해 우리가 분노할 수 있도록 스스로에게 허락해주자. 그럴 때 우리는 부모와 이어진 건강하지 못한 정서적 끈을 끊어버리는 것을 시작할 수 있는 용기를 갖게 될 것이다.

분노를 두려워 말자

사실 분노는 우리가 느끼는 감정 가운데 가장 위협적이고 무서운 것이다. 분노가 두렵기에 우리는 부모를 향한 정당한 분노를 표현하는 것이 꺼려질지도 모른다.

하지만 이러한 분노에 대한 두려움이 지금까지 우리를 과거에 가두어왔고, 상처 주는 사람에게 맞서는 것을 두려워하게 만들었고, 앞으로 나아가는 것을 두려워하게 만들었다는 사실을 깨달아야 한다. 분노에 대한 두려움을 이겨낼 수만 있다면 우리는 방치나 학대의 '희생자'가 아닌 '살아남은 자, 이겨낸 자'의 자리에 설 수 있을 것이다.

사실 분노라는 감정 자체는 나쁜 것이 아니다. 분노가 부정적인지 긍정적인지를 결정짓는 것은 우리가 그 분노를 어떻게 다루느냐에 달려 있다. 분노를 아무 잘못도 없는 사람에게 쏟아낸다면 그때 분노는 부정적인 것이 되고 만다. 분노를 마음속에 억누르고 자신을 향하게 한다면 그것 역시 부정적인 것이 된다.

그러는 대신, 분노를 풀어낼 건설적인 방법과 안전한 장소를 찾는다면 그때 분노는 우리 삶에 에너지를 주고, 동기부여를 해주며, 자기주장을 할 수 있게 해주고, 힘을 주고, 창조력을 주는 긍정적인 힘이 될 수 있다.

분노는 우리를 움직이게 하는 힘이자 에너지로서 우리에게 힘을 실어주어 무력하다는 느낌을 줄여준다. 분노를 발산할 때 우리는 신체적, 정서적 긴장이 사라지는 것을 경험할 수 있는데, 이러한 긴장은 우리의 에너지를 갉아먹는 것이지만 또 다르게 쓰이면 자기 자신을 변화시키는 동기부여의 에너지로 쓰일 수도 있다.

또한 분노는 우리가 부모님이나 다른 사람들과 경계선을 긋고 자기 자신을 지킬 수 있는 힘이 되기도 한다. 이렇듯 분노는 오히려 탈출구가 될 수도 있다.


## 부모가 심어준 '부정적인 핵심 믿음'을 명확히 밝혀내고 반박하기 ● ● ●

아이가 부모한테 '넌 좋은 애가 아니야'라는 말을 끊임없이 듣는다면 아이는 결국 부모의 말을 진실이라고 믿게 된다. 또 '넌 언제나 그 모양일 거야'라는 말을 듣는다면 틀림없이 그런 사람으로 자라 부모의 말이 맞았음을 증명하게 될 것이다.

이와 같이 정서적으로 학대받거나 박탈당한 아이들은 부모에게서 받은 부정적인 메시지를 마음속 깊은 곳에 쌓아두게 된다. 그러므로 이렇게 내면화된 부정적인 메시지들을 없애려면, 우리 안에 어떤 부정적인 메시지들이 있는지부터 명확히 밝혀내야 한다.

부모는 아이에게 다양한 방법으로 부정적인 메시지를 전달한다. 아이에 대해 지나치게 비판적인 부모들은 '넌 멍청해!', '넌 성공할 가망이 없어!', '너 때문에 창피해 죽겠다!'와 같은 말들을 하면서 아이의 마음에 부정적인 메시지를 전달한다.

또 어떤 부모들은 좀 더 애매하게 그리고 은근히 부정적인 메시지를 전달하기도 한다. 예컨대, 부모가 아이를 거부하거나 유기하고 그 결과 아이는 자신이 가치 없고 중요한 존재가 아니라고 또는 결점투

성이라고 믿게 될 수도 있다.

　내 경우에도 엄마는 나에게 부정적인 핵심 믿음을 심어주었다. 그
것은 '난 좋은 것을 받을 만하지 않아' 라는 것이었다. 어렸을 때 뭔
가 좋은 일이 생길 때마다 엄마는 내게 곧 나쁜 일이 일어날 거라고
경고하거나, 나를 속상하게 하는 말들을 하곤 했다.

　이런 메시지를 가장 확실하게 경험한 것은 중학교 3학년이던 15살
때였다. 중학교에서 처음 2년은 별로 좋은 시기가 아니었다. 나는 다
른 학군에서 옮겨와서 아는 사람이 많지 않았다. 집은 가난했고 엄마
가 내게 깔끔하게 하고 다니라고 가르쳐주지도 않았기 때문에 나는
실제보다 더 못생기게 보였다.

　그러나 3학년 때는 가정 시간에 조금 배운 것도 있었고, 다른 여자
아이들이 어떻게 입고 다니는지도 관찰했기 때문에 좀 더 잘 차려입
고 다니기 시작했다. 새 친구도 몇 명 사귀었고 한 친구와는 학교 식당
에서 둘만의 점심 식탁을 꾸미고 아늑한 쉼터로 삼을 수 있을 정도로
친구 관계도 좋았다. 게다가 성적도 좋았고 반에서 아이들에게 나름
대로 인정도 받았다. 두 명의 선배가 YWCA 클럽에 들어오라고 권했
을 때는 으쓱하기도 했다. 정말이지 모든 일이 잘 되어 가고 있었다.

　그러던 어느 특별한 날, 그날 나는 유난히 기분이 좋았다. 영어 선
생님이 반 아이들 앞에서 내가 쓴 학기말 리포트를 칭찬하면서 내 글
이 아주 훌륭하며 글 쓰는 직업을 갖는 것이 어떨지 진지하게 생각해
보라고 말했기 때문이다. 그때 정말 자랑스러웠던 기억이 난다. 더

구나 그 선생님은 내가 무척 존경하는 분이었고, 모든 아이들 앞에서 그 선생님의 칭찬을 받았다는 것은 내 인생에서 몇 번 경험해보지 못한 인정이었다. 게다가 그날 수업이 끝나고 나서는 YWCA 클럽에서 회장으로 뽑히기까지 했다.

너무나 감격한 나는 춤을 추듯 집으로 달려갔다. 선생님의 칭찬을 머릿속에서 몇 번이나 되새기면서, 클럽 회원들로부터 인정과 존경을 받았을 때의 그 따스하고 빛나는 느낌을 되새기면서….

그날은 마침 엄마가 쉬는 날이었기에 나는 이 두 가지 이야기를 빨리 들려주고 싶어 신나게 집으로 들어갔다. 그때 내 이야기를 듣고 엄마가 무슨 말을 했는지는 잘 기억나지 않는다. 그러나 틀림없는 것은 엄마가 나를 칭찬해주지도 않았고 좋은 말은 한 마디도 해주지 않았다는 사실이다.

그래도 나는 가장 친한 친구에게 전화를 걸어 학교에서 무슨 일이 있었는지 이야기하면서 그날 오후와 저녁까지 나 자신에 대해 행복한 기분을 만끽했다. 그런데 내가 어떻게 행동했는지 모르지만 엄마는 그것이 못마땅했던 모양이다. 내가 기억하는 전부는 엄마가 소파에 앉아 맥주를 마시다가 나에게 "넌 진짜 네가 뭐라도 된 것 같지?"라고 말했다는 것이다. 난 무슨 말이지 몰라 잠깐 머뭇거렸다.

"선생님이 칭찬해주고, 그 말도 안 되는 클럽에서 회장이 되니까 네가 대단한 사람이라도 된 줄 아는 모양이구나. 네가 진짜 누군지 엄마가 말해줄까?"

엄마는 조롱하듯 말했다.

"넌 사생아야! 내 삶을 망가뜨리고 원치도 않는데 태어난 애라고."

나는 엄마의 말을 제대로 이해하지 못했지만 엄청난 상처에 큰 충격을 받고는 그 자리에 굳어버린 듯 서 있었다. '사생아' 라는 말이 귓가에서 윙윙거렸다. 60년대 중반이었던 당시, 사생아라는 것은 무척 수치스러운 일이었다. 그때 상처를 주는 감정들이 짙은 먹구름처럼 나를 뒤덮으면서 기절할 것만 같았던 그 느낌이 지금도 생생하다.

그날 엄마가 처음으로 아빠와 내 출생에 관해 진실을 말해주었을 때 나는 소파에 주저앉고 말았다. 나를 임신했을 때 엄마는 아빠와 결혼한 상태가 아니었다. 사실 그때 엄마는 다른 남자와 법적으로 혼인한 상태실제로는 그 남자를 버리고 떠났지만였다. 엄마는 자신이 임신했다는 것을 알자마자 아빠에게 나에 대해 이야기하지 않고 마을을 떠나버렸다.

아무튼 그 순간, 내가 어떤 사람인가에 대한 생각은 전부 바뀌어버렸다. 그 전에도 나는 늘 내가 다른 아이들과 다르고 더 못하다고 생각했다. 아빠도 없고, 엄마도 다른 엄마들보다 훨씬 나이가 많고, 집도 무척 가난했기 때문이다. 그런데 이제 내가 부적절한 아이인 이유가 하나 더 생기고 말았던 것이다. 난 사생아였던 것이다. 원래부터 내 존재에 대한 죄책감과 엄마에게 환영받지 못하는 아이라는 느낌을 갖고 있었는데 이제 그것이 확실해졌던 것이다. 엄마한테 나는 원하지 않은 아이였고, 엄마의 삶을 망쳐놓은 아이였던 것이다.

말할 필요도 없이 그날부터 나에 대한 좋은 감정들은 완전히 사라져버렸다. 엄마가 내 뺨을 때린 것도 아닌데 그날 나는 완전히 깔아뭉개진 기분이었다. 이처럼 한순간에 정반대의 사건들이 연이어 일어난 것은 내게 깊은 영향을 주었다. 그 뒤부터 나는 성공 경험이나 기쁨 뒤에는 언제나 뭔가 나쁜 일이 뒤따라 일어날 것만 같은 두려움에 사로잡혀야 했다. 그 두려움은 오랫동안 나를 괴롭혔다.

그러다가 마침내 이러한 두려움을 떨쳐버릴 수 있게 된 날이 지금도 생생하게 기억난다. 약 15년 전이었다. 그날 나는 내담자들과의 상담 작업에 대해 뿌듯함을 느끼며 집으로 돌아가고 있었다. 문득 내 삶이 정말 잘 돌아가고 있다는 것을 깨달았다. 오랜 세월 동안 처음으로 여러 문제들에 눌리지 않고 살아가고 있었던 것이다. 그런데 갑자기 두려움이 밀려왔다. 이제부터 뭔가 나쁜 일이 생길 것만 같았다. 하지만 그때, 다른 감정이 천천히 내 의식 속에 스며들기 시작했고, 머릿속에서 어떤 목소리가 말하는 것이 들렸다.

'아니야, 어떤 나쁜 일도 생기지 않을 거야. 네가 지금 행복하다고 해서 나쁜 일이 뒤따라오는 건 아니야'

그 내면의 목소리 때문에 나는 두려움에서 자유로워질 수 있었고, 편안하고 행복한 마음으로 운전을 계속할 수 있었다. 하지만 그것이 끝이 아니었다. 그 뒤에도 나는 여러 가지 새로운 모습으로 나타나는 이런 문제들과 오랫동안 싸움을 계속해야 했다.

이를테면 몇 년 전 나는 두 주에 한 번씩 마사지를 받는 것으로 스스로에게 상을 주곤 했다. 그러나 근사하게 마사지를 받고 기분이 좋아진 다음에는 밤에 너무 많이 먹곤 한다는 사실을 깨달았다. 그 옛날 끔찍했던 날, 엄마가 내게 했던 것처럼 똑같이 나 자신을 괴롭혔던 것이다.

이처럼 부모가 전해주는 부정적인 메시지는 아이 마음속에 특정한 핵심 믿음이 자라나게 만든다. 내 경우, 엄마와의 경험을 통해 생겨난 핵심 믿음은 '내가 좋은 것을 받을 만한 사람이 못 된다' 는 것이었다.

결국 엄마가 말했던 것처럼, 나 역시 스스로에게 '넌 네가 어떤 사람이라고 생각하는 건데?' 라며 빈정거리며 말하고 있었던 것이다. 이처럼 핵심 믿음은 내가 어떤 사람인가에 대한 인식을 물들여버려서, 내게 좋은 일이라도 생기면 곧이어 어떤 식으로든 내가 그것을 파괴하도록 만드는 지경이 되고 말았던 것이다.

부정적인 핵심 믿음에는 어떤 것들이 있을까?

부정적인 믿음과 생각의 패턴은 우리가 의식적으로 이것을 변화시키려고 노력하지 않는 한 자기 정체성과 자기 인식에 계속해서 영향을 준다. 다음은 학대당하거나 박탈당한 사람들이 흔히 갖는 생각의 패턴들이다. 이 가운데 자신과 관계있는 부정적 믿음은 어떤 것인지 해당하는 내용에 모두 체크해보자.

1. 계속해서 좋은 상태로 남아있는 것이 과연 가능할까? 절대 믿을 수 없어. 좋은 일은 금새 끝나버리거나 사라져버릴 거야. 사람도, 인생도 믿을 만한 것이 못 돼. ＿＿＿

2. 내 삶, 내게 일어나는 일들을 다스릴 힘이 내겐 없어. 나는 그냥 일어나는 일들을 받아들이고 그 안에서 최선을 다하는 수밖에 없어. 내가 뭘 하든, 무슨 얘기를 하든, 부모님이 나를 학대하는 것을 막을 수 없었잖아. 내가 무슨 말을 하든, 무슨 행동을 하든 달라지는 건 하나도 없어. 그러니 뭣 때문에 그런 수고를 하겠어? ＿＿＿

3. 난 내 삶에 변화를 가져올 아무런 힘이 없어. 난 어린 시절에 당하는 입장피해자, 희생자이었고, 앞으로도 늘 그럴 거야. ___

4. 내가 겪은 고통과 문제들은 모두 내 탓이야. 내가 부모님을 화나게 할 짓을 하지 않았거나 일을 그르치지만 않았어도 그렇게 혼나지 않았을 거야. ___

5. 유일하게 내 자신이 좋게 느껴질 때는 내가 누군가를 도와주거나 누군가에게 무언가를 줄 때야. 내가 가치 있는 사람이 되는 방법은 남을 돕는 것밖에 없어. ___

6. 난 내 주장을 할 수가 없어. 그러면 사람들이 나를 싫어하게 될 테니까. 만약 내가 원하는 것을 말하게 되면 사람들은 나를 이기적인 사람이라고 생각할 거야. ___

7. 절대 아무한테도 내가 상처받았다거나 실망했다거나 화났다거나 하는 말을 해서는 안 돼. 그 사람을 화나게 하거나 상처 줄 수도 있으니까. 그 사람이 그렇게 느끼게 된다면 그건 모두 내 책임이야. ___

8. 절대로 집안에서 있었던 일들을 사람들한테 말하면 안 돼. 그건 배신이야. 비밀을 지켜야 마땅하고 절대 말하면 안 되는 거야. ___

9. 난 내 지각을 믿을 수가 없어. 내 생각이나 믿음을 말할 때마다 부모님이 그건 틀리다고 말했어. ___

핵심 믿음은 자존감의 밑바탕이 된다. 핵심 믿음은 폭넓은 영역에 영향을 미치며 자신이 무엇을 할 수 있고, 무엇을 할 수 없는지를 정해준다. 다시 말해, 핵심 믿음은 우리가 삶을 살아가는 규칙들의 기초를 이룬다.

일반적으로 부정적인 핵심 믿음은 '우리가 할 수 없는 일들'을 정해준다. 예컨대, '저 일자리는 생각도 하면 안 돼. 나는 능력이 없으니까 아무도 날 고용하려고 안 할 거야'라고 생각하게 만드는 것이다. 반면에 긍정적인 핵심 믿음은 자신의 능력을 확신하기에 스스로를 격려해준다. 예컨대, '나는 이 과정을 통과할 수 있어. 난 똑똑해. 잘 집중하면 어려운 개념들도 다 배울 수 있어'라고 생각하게 한다.

또한 부모가 아이에게 주는 부정적인 메시지는 아이로 하여금 자기 자신과 다른 사람들에 대해 비합리적인 기대를 갖게끔 만들기도 한다. 내 경우, 사람들의 인정 특히 엄마한테 인정받기를 필사적으로 원했다. 하지만 엄마는 나를 인정해주지 않았다. 그 결과 나는 인정받지 못한 이유가 내가 정말로 뛰어나게 잘하지 못했기 때문이라고, 정말로 뛰어나게 잘하면 인정을 받을 수 있을 거라고 믿게 되었다. 그런데 이 믿음은 나로 하여금 스스로에 대해 비합리적인 기대, 터무니없이 높은 기대치를 갖게 만들었다. 그 결과, 좋은 사람이 되고 성공하기 위한 내 노력이 내 눈에는 늘 부족하고 모자라게만 보였다.

이처럼 마음속에 자리한 잘못된 믿음과 비합리적인 기대를 몰아내기 위한 첫 번째 단계는 어떤 잘못된 믿음과 비합리적인 기대들이 있는지 분명하게 알아내는 것이다. 아직 자신의 잘못된 믿음과 비합리적인 기대가 어떤 것인지 확실히 모르겠다면 이 장의 거울치료 과제가 도움이 될 것이다.

자신의 핵심 믿음을 바꾸는 일은 굉장한 시간과 노력이 들지만 분명 그럴 만한 가치가 있는 일이다. 핵심 믿음을 바꾸게 되면 자신과 세상에 대한 시각을 바꿀 수 있다. 이것은 정서적으로 학대하는 부모가 보여주었던 요술 거울, 그래서 우리의 모습을 일그러지고 뒤틀리게 보여준 거울을 버리고 제대로 된 거울로 대신하는 것과 같다. 거울을 바꾸면 자신이 작은 괴물로 보이는 대신 정상적인 크기와 비례를 가진 사람으로 보일 것이다.

### 심리학 쪽지

- 낮은 자존감과 볼품없는 신체상은 정서적 학대와 방치, 억압을 통해 전달된 부모의 부정적인 메시지 때문에 생긴다.

- 자기비판에서 벗어나는 유일한 길은 내가 누구인지, 내가 어떤 사람인지 진실을 아는 것이다. 마음 깊은 곳에서 자신이 가치 없고 중요하지 않은 존재라고 믿는다면, 그러한 믿음이 어디에서 생겨났는지, 왜 그러한 믿음이 사실이라고 여기는지를 밝혀내야 한다.

- 분노라는 감정 자체는 나쁜 것이 아니며 잘 다루면 오히려 약이 된다. 분노는 우리 삶에 에너지를 주고 변화하고자 하는 동기부여를 해주며, 자기주장을 할 수 있게 해주고, 무력감을 줄여주고, 창조력을 주는 긍정적인 힘이 된다.

# 내 몸은 나에게 무엇을 말해주려고 하는가?

1. 어렸을 때 부모님이 나를 어떻게 대했는지 생각해보자. 그리고 그것이 기초가 되어, 내가 자신과 삶에 대해 어떤 잘못된 믿음과 비합리적인 기대를 갖게 되었는지 생각해보자. 다음 문장을 완성해보면 좀 더 분명히 이해하는 데 도움이 될 것이다.

아빠가 <u>예: 나를 무시했을 때, 나를 비판</u> 했을 때,
그것은 내가 <u>예: 중요하지 않다고, 능력이 없다고</u> 믿게 만들었다.

아빠가_____했을 때,
그것은 내가_____믿게 만들었다.
아빠가_____했을 때,
그것은 내가_____믿게 만들었다.
아빠가_____했을 때,
그것은 내가_____믿게 만들었다.


엄마가_____했을 때,
그것은 내가_____믿게 만들었다.
엄마가_____했을 때,
그것은 내가_____믿게 만들었다.
엄마가_____했을 때,
그것은 내가_____믿게 만들었다.

2.부모님이 나를 어떻게 대했는지 어린 시절의 경험에 기초해 내가
   갖고 있는 비합리적인 기대는 어떤 것들이 있는지 적어보자.

_____

_____

_____

_____

_____

_____

3.나를 학대하거나 방치한 부모에게 받은 상처와 분노를 표현하는
   편지를 써보자. 생각들을 검열하지 말고 마음속에 떠오르는 대
   로 속상하고 억울하고 섭섭하고 화나고 상처받은 모든 것들을 적
   어보자. 편지는 부칠 것이 아니니 편한 마음으로 쓰면 된다.

_____

_____

_____

_____

_____

_____

# 혼잣말 일기

혼잣말 일기는 화나거나, 슬프거나, 우울하거나, 죄책감을 느낄 때마다 마음속에서 들리는 말들 또는 내면의 독백을 적는 것이다. 물론 처음에는 부정적인 생각들이 너무 깊이 배어 있어 그런 생각이 드는지조차 잡아내기가 어려울 것이다. 하지만 자존감을 깎아내리는 상황이 생겼을 때, 그 상황과 그 상황에서 드는 감정과 생각을 하나하나 살펴보는 식으로 쓰면 한결 쉬울 것이다.

쓰는 방법은 먼저 그 상황을 묘사하고(예: 사업상 모임에 갔는데 아무도 내게 말을 걸어오지 않았다), 그 다음 마음에서 들리는 소리나 혼잣말(예: 넌 너무 뚱뚱해서 아무도 너한테 말 걸고 싶어 하지 않아)을 쓰는 것이다. 그런 다음 그 상황 때문에 어떤 감정을 느꼈는지(예: 창피하다, 슬프다) 쓰면 된다. 다음의 예를 보면 쉽게 이해가 갈 것이다.

날짜 – 9월 25일

상황 1 : 상사가 내 보고서를 좋아하지 않았다.

혼잣말 : 나는 너무 멍청해. 난 늘 일을 그르쳐.

감　정 : 무능함

상황 2 : 열쇠를 두고 차 문을 잠갔다.

혼잣말 : 바보 같으니라고, 머리가 몸에 붙어있길래 다행이지 안
　　　　그러면 그마저도 잃어버리고 다닐 걸!

감　정 : 쓸모없음

상황 3 : _____

혼잣말 : _____

감  정 : _____


상황 4 : _____

혼잣말 : _____

감  정 : _____


상황 5 : _____

혼잣말 : _____

감  정 : _____


상황 6 : _____

혼잣말 : _____

감  정 : _____


상황 7 : _____

혼잣말 : _____

감  정 : _____

5장

부모에게서 정서적으로 분리될 때
좋은 부모가 될 수 있다

계획대로라면 나는 '그녀'가 되어야 했다. '그녀'의 딸인 나는 '그녀'의 삶을 따라 아내가 되고 어머니가 되도록 배웠다. 내 손목과 발목에는 '그녀'가 가졌던 두려움과 한계가 고스란히 실려 있다. 내 몸은 처음에는 '그녀'의 몸을 따라 만들어졌고, 그 다음에는 내 감정들을 둘러싼 '그녀'의 말들을 따라 만들어졌다.

―루이즈 M. 와이즈차일드

어릴 때 정서적으로 학대받거나 방치당한 사람들이 어른이 되어서도 여전히 부모가 심어준 부정적인 믿음을 계속해서 받아들이는 까닭은 무엇일까? 그 주된 이유 가운데 하나는 그들이 여전히 부모에게 정서적으로 매여 있고, 개별화 과정을 끝마치지 못했기 때문이다. 여기서 개별화란 가족과 부모로부터 떨어져 별개의 독립된 개인이 되어 가는 과정을 뜻한다.

정서적 방치나 학대를 당한 사람들은 어렸을 때 받지 못했던 것들을 받고 싶은 간절한 욕구 때문에 어른이 되어서도 부모나 가족으로부터 분리되지 못하는 경우가 많다. 그런데 슬픈 사실은, 어릴 때 받지 못했던 것들은 어른이 되어서도 결코 받을 수 없다는 사실이다.

이런 사람들 가운데는 부모와는 다른 사람이 되려고 애쓰며 살아왔을 수도 있고, 꽤 오랫동안 부모와 떨어져 혼자 살아온 사람도 있을 수 있다.

하지만 그것이 부모로부터 정서적으로 분리되었다는 뜻은 아니다. 개별화 곧 부모로부터 정서적으로 분리된다는 것은 나이를 먹는다고 저절로 되는 것도 아니고, 오랫동안 집을 나가 따로 산다고 되는 것도 아니다.

## 정서적 분리와 개별화 ● ● ●

건강한 가정에서는 정서적 분리가 자연스럽게 그리고 서서히 일어난다. 아이들은 2살에서 4살 사이에 처음으로 자신이 부모와 분리된 별개의 존재라는 것을 발견하게 된다. 그러면서 이때부터 정서적 분리가 조금씩 시작된다. 이 시기에 아이들은 독립성과 의존성을 동시에 갖게 되는데, 이때 아이가 버림받는다는 느낌 없이 부모로부터 떨어지는 경험을 할 수 있도록 해주어야 한다. 그런데 이것이 쉽지만은 않다.

마리는 저녁에 가족들과 둘러앉아 텔레비전을 보는 것보다 혼자 노는 것을 더 좋아했다. 그래서 자기 방에서 많은 시간을 보냈다. 그런데 엄마는 이 때문에 마음이 상했다. 마리가 그러는 것이 꼭 엄마인 자기 때문인 것만 같고, 정서적으로 숨 막히게 하는 부모들이 흔히 그렇듯이 엄마로서 딸한테 거부당하는 느낌이 들었기 때문이다. 엄마는 마리가 저녁에 자기 방으로 들어갈 때마다 쌀쌀맞은 태도를 보였다. 그런 엄마의 모습에서 마리는 부모와 떨어져 혼자 있는 것은 좋은 일이 못 된다는 메시지를 받았다.

어떤 부모들은 아이가 부모에게 의존할 때에만 안심이 되고, 아이가 독립하려는 신호를 보낼 때마다 못하게 하는 경우도 있다. 이것은 특히 정서적으로 심하게 숨 막히게 하거나, 정서적 근친상간을 하는 부모의 경우에 더욱 그렇다.

예를 들어 아이가 걷기 시작하거나 바깥 세계를 탐험하기 시작할 때, 건강한 부모는 아이의 작은 성공 하나하나에도 박수를 쳐주고, 그에 어울리는 지지와 격려로 반응을 해준다. 그러나 정서적으로 건강하지 못한 부모는 이를 무시하거나 부모에게서 떨어져 세상을 탐험하려는 아이의 시도와 노력을 막아버린다.

청소년기가 되면 아이는 성장이 빨라지고 독립하려는 욕구가 강해진다. 이 시기에 대부분의 청소년들은 극단적으로 반항적이며, 부모의 충고와 가치관 때로는 규율까지 거부하고 자기만의 방식으로 살고 싶어 한다. 자기 삶에서 뜻대로 되지 않는 모든 일에 대해 부모를 탓하면서, 설명할 수 없는 이유로 부모에게 화를 내기도 한다. 하지만 이러한 과정은 건강한 것이다. 청소년이 부모에게서 분리되어 자신만의 정체성을 발견하는 데 있어 분노가 도움이 되기 때문이다.

그러나 안타깝게도, 방치당하거나 학대받은 아이들은 청소년기를 건강한 방식으로 보내지 못한다. 부모를 너무 두려워하거나 부모한테 거부당하는 것이 너무 겁난 나머지 부모의 가치관을 거스르지 못하는 경우가 흔하다. 또한 부모의 인정과 사랑을 얻으려고 애쓰는 데 너무 사로잡힌 나머지 부모로부터 분리되어 자신의 정체성을 발달시키려는 노력도 못하게 되고 만다.

만약 자신이 아직 부모로부터 정서적으로 분리되지 않았고 개별화 과정을 완수하지 못했다면 어떻게 해야 할까? 어떻게 하면 부모가 보여준 왜곡된 거울을 올바른 거울로 바꿀 수 있을까? 부모에게서 정서적으로 분리되기 위해서는 다음과 같은 과정이 필요하다.

· 어렸을 때 받지 못했던 지지와 격려를 내가 나에게 해주기
· 표현하기 두려웠던 분노를 표현하기
· 채워지지 않은 욕구들을 인정하기
· 그러한 욕구를 부모에게 기대할 시기는 지나갔다는 사실을 마음으로 받아들이기
· 부모 밑에서 겪은 모든 고통과 거부, 유기 그리고 배반에 대해 충분히 슬퍼하고 가슴 아파하기

또한 개별화에는 부모와의 관계를 의식적인 방법으로 해결해서 이 관계가 다른 사람들 곧 배우자와 자녀들에게까지 되풀이되지 않도록 하는 것도 해당된다. 어렸을 때 학대나 방치를 경험한 사람들이 부모와 연결되어 갖는 잘못된 행동방식 가운데 하나가 그 관계를 무의식적으로 되풀이한다는 것이다.

만약 이미 부모가 된 사람이 자신의 부모가 자기에게 했던 행동을 자기 아이에게 그대로 하고 있다면, 그 사람은 여전히 부모로부터 분리되지 못한 채 살고 있다는 뜻이다. 독립된 집에서 독립된 가정을

꾸리고 살면서도 정작 자신의 삶 대신 부모의 삶을 사는 것과 마찬가지란 이야기다.

## 밀착 ● ● ●

어릴 때 부모한테 학대받거나 방치당한 사람들은 그러한 사실을 인정하는 것을 무척 힘들어한다. 그런 부모에게 분노하는 것도 힘들어한다. 왜 그럴까? 그것은 진실을 그대로 받아들이기가 너무 힘들기 때문이기도 하지만, 또 하나는 부모에게 너무 밀착되어 있기 때문이다.

밀착은 심리학에서 건강하지 못한 상태로 다른 사람에게 기대는 것을 가리키는 말인데, 많은 사람들이 다음과 같은 방식으로 부모에게 밀착된 채 살아간다.

· 부모가 나를 어떻게 대했는지 인정하지 않고 계속 부인하며 지낸다.
· 아무 비판이나 의문 없이 부모의 가치관과 믿음을 그대로 받아들인다.
· 부모의 행동을 그대로 따라하고 부모를 똑닮은 사람이 된다.
· 부모와 정반대인 사람이 되려고 애쓴다.
· 부모를 절대 화나게 하거나 실망시키지 않으려고 열심히 노력한다.
· 부모를 화나게 하거나 부모와 충돌할 일을 일부러 한다.
· 부모와 건강한 경계나 한계선을 긋지 않는다.

그렇다면 이러한 밀착에서 어떻게 벗어날 수 있을까? 이제부터 소개할 방법들이 도움이 될 것이다.

## 독립 선언하기

부모의 행동이 우리의 삶에 미친 부정적인 영향에 대해 진실을 똑바로 보기 시작하는 순간, 우리는 독립 선언을 시작한 것이다. 부모에 대해 느끼는 정당한 분노를 표현함으로써 우리는 이러한 깨달음에 힘을 실어줄 수 있고, 그럴 때 정서적 분리의 과정은 속도를 내게 된다. 부모에게 맞서서 '아니요'라고 말하는 것아마 인생에서 처음으로 역시 독립을 선언하는 한 방법이다. 이렇게 행동할 때 우리는 힘이 나고 기운이 날 수도 있다.

그러나 '우리가 독립을 선언하는 것'과 '부모가 우리에게 정서적으로 영향을 미쳤다는 사실을 부정하는 것'은 다른 것이다. 우리의 성격이 형성되는 데 있어 부모의 역할을 부정하게 되면 우리 모습의 일부를 부정하게 될 위험이 있고, 자식이 부모의 성격이나 특성을 닮는 것은 틀림없는 사실이기 때문이다.

어떤 사람들은 어머니나 아버지와는 다른 사람이 되려고 필사적으로 애쓰며 인생의 대부분을 보낸다. 그런데 어이없는 사실은, 부모와 달라지려고 애쓰는 사람들은 부모를 그대로 따라하는 사람들만큼이나 부모에게 정서적으로 밀착되어 있다는 사실이다. 왜냐하면 부모와 달라지려고 애쓰는 그 노력이 사실은 진정한 '자기 자신'이 되는 것을 가로막고 있기 때문이다.

이런 사람들은 부모와 다른 사람이 되려고 애쓰는 데 너무 많은 에너지를 쏟기 때문에 자신이 누구인지 발견하는 데 쓰일 에너지를 빼앗기고 만다.

## 건강한 한계와 경계선 긋기

지금까지 부모에게 통제받고 조종당하며 살았거나 부모에게 너무 기대며 살아왔다면, 부모에게서 떨어져나오기 위해 경계선과 한계를 정할 필요가 있다. 물론 부모에게 '아니요'('아니요! 부모님이 하라는 대로 하지 않을 거예요', '아니요, 부모님이 되라는 사람이 되지 않을 거예요' 등)라고 말하기 시작할 때 고통스러워하고 실망하는 부모의 모습을 봐야 하는 일은 힘든 일일 것이다. 또는 우리가 독립적이고 자율적인 모습으로 서려고 할 때, 부모가 '그래? 그럼 이제 너랑은 끝이야!' 라고 말할까봐 두려운 마음이 들 수도 있다.

실제로 자녀가 부모와의 관계에서 한계와 경계선을 긋기 시작할 때, 처음에는 부모가 크게 화를 낼지도 모른다. 부모에게 자신의 뜻대로 자신의 삶을 살겠다고 이야기할 때, 부모는 오히려 자녀를 모욕하고 증오하고 위협할지도 모른다. 하지만 이러한 반응 때문에 멈춰서는 안 된다.


## 학대한 부모에게 진실을 직면시키기 ● ● ●

어린 시절 부모한테 학대받거나 방치당한 사람들은 부모와 마무리 지어야 할 풀지 못한 숙제unfinished business가 있기 마련이다. 예컨대, 다음과 같은 것들이 있을 수 있다.

· 자신의 분노를 표현하고 떠나보내기
· 학대한 사실을 부모에게 직면시키기

- 관계를 풀기
- 용서하기

## 분노를 떠나보내기

해결하지 못한 과제 가운데 가장 흔한 것이 바로 분노하는 마음이다. 자신을 학대하거나 방치한 부모에게 원망과 분노를 느끼는 것이 자연스럽고 정상적인 것이라 해도, 우리가 그러한 부모로부터 정서적으로 분리되기 위해서는 이러한 분노를 떠나보낼 수 있어야 한다. 누군가에게 화가 나 있는 상태일 때, 우리는 그 사람에게 안 좋은 쪽으로 정서적으로 매여 있는 것과 마찬가지기 때문이다.

분노는 올바르게 풀어내면 자연스럽고 건강한 감정이지만, 비난은 소모적이고 부정적인 경험이다. 우리가 누군가를 비난할 때 우리는 계속해서 문제 속에 갇혀 있게 되지만, 분노를 건설적으로 발산하는 것은 오히려 문제를 이겨낼 수 있도록 도와준다.

## 학대한 사실을 부모에게 직면시키기

어린 시절 학대받거나 방치당했던 사람이 부모가 했던 행동을 부모에게 똑바로 직면시키는 것은 여러 가지로 유익하다. 이것은 건강하지 못한 감정의 끈을 잘라버리고, 자신을 괴롭히던 관계들을 풀도록 또는 끝낼 수 있게 도와준다. 그리고 우리 자신만의 힘을 되찾을 수 있게 된다.

부모와 직면하는 과정을 통해 우리는 더 이상 부모가 우리를 겁주고 통제하고 함부로 대하도록 내버려두지 않겠다는 것을 스스로에게 증명하게 되고, 그러면서 자신이 무력하지 않고 힘이 있음을 깨닫게 된다. 또한 부모에게는 부모 자신의 잘못된 점을 바로잡고 이제부터 자녀를 올바로 대할 수 있는 기회를 주는 일도 된다.

부모가 한 행동을 부모에게 직면시킨다는 것은 진실이 무엇인지 확실히 이야기하고, 나에게 상처 준 부모에게 맞서 부모가 어떻게 상처 주었고, 그래서 내가 어떻게 느꼈는지를 말할 수 있는 좋은 기회이기도 하다. 이것은 부모를 공격하는 것도, 부모와 멀어지라는 말도 아니다. 물론 말다툼을 뜻하는 것도 아니다. 이러한 직면의 목적은 부모를 변화시키려고 하는 것도, 부모에게 잘못을 인정하라고 요구하기 위한 것도 아니다.

직면은 또한 분노를 발산하는 것과도 다르다. 물론 부모와 직면할 때, 여러 감정들과 함께 분노가 표현될 수도 있다. 하지만 일반적으로는 부모와 직면하기에 앞서, 먼저 자신이 갖고 있는 상당량의 분노를 긍정적인 방법으로 발산하는 것이 중요하다. 그래야만 부모와 직면할 때 자신의 감정을 힘 있고 분명하게 자신감 있는 태도로 전달할 수 있고, 갑자기 감정이 폭발하거나 주체할 수 없게 되는 일도 피할 수 있기 때문이다.

그러므로 부모와 직면하기에 앞서 '분노 편지'를 꼭 쓰기 바란다. 분노 편지를 쓰면서 우리는 부모에게 직면시켜야 할 내용들도 조금씩 정리할 수 있다. 직면시킬 내용을 적어보거나 녹음기에 대고 말해보거나 그냥 소리 내어 말하면서 연습해도 좋다. 친구나 상담자와 함께 연습할 수 있으면 더욱 좋다. 다음은 학대하거나 방치한 사람이 엄마라고 가정했을 때이다.

· 나를 방치하거나 학대했던 엄마의 행동들을 쭉 이야기하거나 적는다.

· 그러한 행동의 결과로 내가 어떻게 느꼈는지 설명한다.

· 그러한 행동이 아이였을 때 그리고 성인이 된 지금 나에게 어떤 영향을 미쳤는지, 내 삶이 어떻게 영향을 받았는지 쭉 이야기한다.

· 그때 내가 엄마에게 원했던 것이 무엇이었는지 모두 이야기한다.

· 지금 내가 엄마한테 무엇을 원하는지 쭉 이야기한다.

직면을 실제 행동으로 옮기는 데에는 여러 가지 방법이 있다. 직접 만나서 이야기할 수도 있고, 전화나 편지, 이메일로 할 수도 있다. 직접 만나는 것이 가장 좋은 방법이긴 하지만 때로는 거리 때문에 또는 아직 만날 마음의 준비가 되어 있지 않아 여의치 않을 수도 있다. 자신의 상황에 맞는 방법을 고르되, 그 방법이 잘 될 거라고 믿어야 한다. 실제로 부모와 대면하기로 결정하기 전에 다음 내용을 생각해보자. 다음은 학대하거나 방치한 사람이 엄마라고 가정했을 때이다.

1. 나를 지지해줄 누군가와 함께 가고 싶은지 아닌지 결정하라. 혹시라도 폭력이 일어나거나 자제력을 잃게 될까봐 걱정된다면 제 3자가 필요할 수도 있다.

2. 직면에 있어 몇 가지 기본 규칙을 세우고, 이것을 엄마에게 어떤 식으로 표현할 것인지 결정하라. 예컨대, 이런 식으로 말할 수 있을 것이다. "내 말에 대답하시기 전에 먼저 내 이야기를 다 들어주셨으면 좋겠어요", "내 이야기가 끝날 때까지 중간에 말씀하시거나 내 말을 막지 말아 주셨으면 좋겠어요", "내가 하는 말에 대해 변명하

거나 정당화하려거나 합리화하려고 하지 말아주세요. 그냥 들어주세요. 나중에 엄마에게도 말씀하실 기회를 드릴게요"

3. 엄마가 2번에서 말한 기본 규칙을 따르겠다고 했더라도, 직면 도중이나 직면이 끝나고 난 뒤 엄마가 아래와 같은 반응을 보일 수도 있다. 그러므로 그럴 경우 어떻게 할지 미리 생각해두어야 한다.

· 부인하기 – "기억이 안 나는구나", "그런 적 전혀 없어", "네가 과장하고 있는 거야", "거짓말이야"

· 비난하기 – "넌 해 달라는 게 너무 많았어", "널 통제하려면 그럴 수밖에 없었어", "네가 자초한 거야", "왜 그때 말하지 않았니?"

· 합리화 – "난 최선을 다 했어", "삶이 너무 힘들었어", "술을 끊으려고 했는데 그럴 수가 없었어", "네 아빠를 떠나기가 두려웠어. 어떻게 우리 힘으로 살아갈 수 있었겠니?"

· 자기연민 – "이것 말고도 난 너무 힘들어", "내가 얼마나 힘들었는지 넌 몰라", "이걸 감당하기에는 내가 너무 늙었구나"

· 죄책감 일으키기 – "널 위해 애쓴 보답이 이거니?", "넌 뭘 해줘도 만족하지 않았어", "네가 어떻게 나한테 이럴 수 있니?"

4. 직면하기 전과 후에 함께 이야기를 나누고 지지해줄 만한 사람을 꼭 마련하라.

5. 직면이 더 이상 효과적이지 않거나, 소용없거나, 안전하지 않다고 느껴지면 언제든지 끝낼 준비를 하라. 위협을 느끼거나 자제력을 잃어버릴 것 같은 두려움을 느낄 경우, 엄마가 자기변호에 급급해 이야기

를 진심으로 들어주지 않을 경우, 또는 직면이 말다툼이 되어 버렸을 경우에는 직면을 끝내야 한다.

이때 부모님이 갑자기 자신의 잘못을 깨닫고 하염없이 사과하리라는 헛된 기대는 하지 말아야 한다. 오히려 자꾸만 진실을 부인하거나, 생각이 안 난다고 우기거나, 오히려 자녀 탓을 하거나, 되려 부모가 더 분노할 거라는 사실을 짐작하고 임해야 한다.

중요한 것은, 학대한 부모에게 진실을 이야기하는 것이고, 부모에게 그 말에 대해 생각할 시간을 주는 것뿐이다. 부모가 그 자리에서 사과하지 않았다고 해서 우리가 말한 것을 부모가 진지하게 받아들이지 않았다거나 나중에도 사과하지 않을 거라고 짐작할 필요는 없다.

그리고 직면이 어떤 식으로 끝나든, 자신이 부모를 직면시킬 용기를 냈다는 사실만으로도 성공적이었다고 생각하라. 이러한 직면은 '나의 인간관계에서 힘의 균형에 변화가 시작되었음'을 뜻하는 하나의 상징이자, '나의 개별화 과정에서 큰 의미가 있는 행동'이기 때문이다. 그러니 마음껏 축하해주고 칭찬해주자.

## 학대한 사람과의 관계 풀기 ● ● ●

해결되지 않은 채 묻어둔 관계는 꺼내놓고 치유할 기회를 주지 않는 한 계속해서 우리를 괴롭히며 삶에 부정적인 영향을 미친다. 자신을 학대한 사람과의 관계를 풀기 위해서는 용서나 화해, 일시적 분리별거나 이혼과 같은 과정이 필요할 수도 있다.

## 용서하기

용서가 사람을 자유롭게 한다는 것은 의심의 여지가 없다. 용서는 몸과 마음, 영혼을 치유한다. 그러나 용서가 옳은 일이기 때문에 또는 용서해야 한다는 압력에 못 이겨 하는 것이어서는 안 된다. 또한 부인denial의 다른 형태로 용서를 이용해서도 안 된다.

진정한 용서는 자신에게 일어난 일을 사실 그대로 똑바로 보고, 그 일에 대한 자신의 감정이 무엇인지 충분히 느끼고, 그러한 감정들을 풀어내게 될 때에만 일어난다. 그러므로 자신이 누군가에 의해 상처받았다는 사실을 인정하기도 전에 그 사람을 용서하는 것은 너무 성급한 행동이다.

만약 아이에게, 학대나 방치를 당하면서 느꼈던 감정과 고통을 있는 그대로 느끼기도 전에 그런 행동을 한 부모를 용서하라고 요구한다면, 용서의 과정은 아이의 입을 다물게 만드는 또 다른 무기가 되고 말 것이다.

빨리 용서하라고 가르치는 어른들도 마찬가지다. 많은 경우 우리는 용서할 줄 모르는 사람이 더 못난 사람이라고 세뇌를 받으며 자란다. 그리하여 용서에 대해 엉터리로 알고 있는 경우가 많다. 자신에게 상처 준 누군가를 용서하는 것이, 상대방이 자신에게 한 일에 대해 '그래도 괜찮은 일' 이라고 또는 '상처가 되지 않았다고 말하는 것' 과 똑같다고 여기는 것이다.

그러나 용서는 그렇게 해도 괜찮다는 뜻이 아니다. 단지 우리가 그 일로 인해 더 이상 힘들어하지 않겠다는 뜻일 뿐이다. 궁극적으로 용서는 우리 자신을 위해 하는 것이다.

## 화해하기

학대한 사람을 용서하기는 했지만, 함께 지내는 것이 마음에 편치 않을 수도 있다. 어린 시절 학대를 겪은 사람들은 더 이상의 학대로부터 자신을 지키기 위해 부모나 가족들을 만나지 않고 사는 경우도 많다. 특히 학대한 사람과 이미 대면을 해보았지만 별로 좋은 결과를 얻지 못한 경우 더욱 그럴 것이다.

만약 어린 시절 학대했던 아버지가 그때와 마찬가지로 여전히 우리를 학대하거나 이제는 우리의 자녀까지 위협한다면 계속해서 아버지와 떨어져 지내거나 관계를 끊어야 할지도 모른다.

하지만 아버지가 고통을 이해하려고 얼마간의 노력과 자신의 행동에 책임을 지려는 의지를 보여주었다면, 그것이 얼마만큼이든 간에 그 관계에는 희망이 있을 수 있다. 아버지와의 관계에서 한계와 경계선을 그으려고 시도할 때, 아버지가 열린 마음으로 대한다면 역시 희망이 있다. 다만 화해하기에 앞서, 먼저 스스로에게 질문을 던져보아야 한다. 예컨대, 학대한 사람이 아버지였다면 이렇게 질문하면 된다.

· 다시 아버지와 가까이 지내더라도 내가 그동안 회복한 것들이 무너지지 않을 만큼 나는 충분히 강해졌는가?
· 나는 아버지와 함께 있어도 정서적으로는 분리된 상태를 유지할 수 있을까?
· 다시 학대받지 않도록 적당한 한계와 경계선을 그을 수 있을 만큼 나는 충분히 강해졌는가?

- 사실은 난 아직 준비가 되지 않았는데 화해하라는 압력을 받고 있는 것은 아닌가?
- 아버지는 화해할 준비가 되어 있는가? 아버지는 내가 화낸 것에 대해, 그동안 찾아뵙지 않은 것에 대해 또는 아버지의 학대에 대해 겉으로 이야기를 꺼낸 것에 대해 아직도 화가 나 있는 것은 아닌가? (만약 그럴 경우, 내가 얼마나 용서하고 싶은지와 상관없이, 아버지에게는 치유와 용서를 위해 좀 더 시간이 필요할 것이다.)

위의 질문에 자신 있게 대답할 수 없다면 화해를 시도하기까지 좀 더 기다릴 필요가 있다.


## 정서적 분리로 인한 고통과 혼란스러움에 마주하기 ✿ ✿ ✿

정서적 분리에는 종종 정서적 고통이 함께 따르곤 한다. 부모가 자신에게 했던 행동에 대해 진실을 똑바로 보는 것, 부모가 심어준 믿음과 가르침에 의문을 갖는 것, 부모에게 맞서 자신의 입장을 말하는 것, 이제는 더 이상 부모의 말에 동의하지 않는 것 모두 고통스러운 일일 수 있다.

또한 분리될 때 우리는 상실감을 느끼게 된다. 그러한 상실이 자신을 위해 필요한 것이라 해도 여전히 고통스러울 수밖에 없는 것이 사실이다.

정서적 분리는 또한 마음속에서 충돌과 갈등을 빚어낸다. 자신을 위하고 스스로에게 솔직해지는 것이 필연적으로 부모의 소망과 믿음을 거역하는 결과가 된다는 것을 깨닫게 될 것이다. 그러면 마치 부모를 배신하는 것 같은 느낌이 들지도 모른다.

학대한 부모에게 보상받고 싶은 마음과 반대로 복수하고 싶은 마음이 서로 충돌하면서 갈팡질팡할지도 모른다. 이런 상황에서 부모가 심어준 부정적인 메시지와 자기 마음속의 진짜 메시지를 구별하는 일은 특히 어려울 것이다.

게다가 정서적 분리를 위해서는 학대한 부모를 가해자와 피해자라는 2가지 입장에서 볼 수 있어야 하고, 그 두 가지 사이에 균형을 가질 수 있어야 한다. 부모가 했던 잘못된 행동을 사실 그대로 보고, 그런 부모에 대한 분노를 억누르지 않고 스스로 느끼도록 허락하는 것도 중요하지만, 동시에 그런 부모 역시 어렸을 때 잘못된 대우를 받은 피해자라는 것을 이해할 줄 알아야 한다는 뜻이다.

다만 다른 점이라면, 부모가 어렸을 때 겪은 일은 부모의 책임이 아니지만 부모가 우리에게 했던 행동은 틀림없이 부모에게 책임이 있다는 사실이다.

정서적 분리라는 과정을 거치는 동안, 우리는 어린 시절 우리가 잃어버렸던 것과 놓쳐버렸던 것들이 생각나면서 계속해서 마음이 아파 올 것이다.

하지만 이것은 치유를 위해 중요한 부분이다. 우리의 부모 역시 분명 어린 시절에 상실을 경험했지만 그것에 대해 마음 아파하지 못했다. 그래서 자신이 당한 행동을 우리에게 되풀이했던 것이다.

그러므로 우리가 어린 시절의 상실에 대해 충분히 슬퍼하게 되면 다른 사람들, 무엇보다 우리의 자녀를 학대하려는 욕구가 줄어들게 된다.

심리학 쪽지

· 학대나 방치를 당한 경험이 있는 사람들은 어렸을 때 받지 못한 것을 받고 싶은 필사적인 욕구 때문에 부모에게 밀착된 채로 남아있는 경향이 있다.

· 참된 용서란 상대방이 저지른 일들을 그냥 덮어두거나 그 일이 나에게 상처가 되지 않았다고 말하는 것이 아니다. 오히려 그것이 내게 어떤 영향을 주었는지를 정확히 알고, 충분히 그에 따른 감정을 느끼고 발산할 때 가능하다.

· 부모에게서 정서적으로 분리될 때 우리는 부모가 했던 행동들을 우리의 배우자나 아이들에게 되풀이하지 않을 수 있다.

· 부모에게 학대했던 사실을 직면시킬 때 우리는 자신이 무력하지 않고 힘이 있음을 깨달을 수 있다.

# 부모의 믿음 vs 나의 믿음

1. 내가 부모와 닮았다고 생각되는 점들, 부모의 가치관이나 믿음 중에 내 생각과 같은 점들을 적어보자.

_____

_____

_____

2. 내가 부모와 다르다고 생각되는 점들, 부모의 가치관이나 믿음 중에 내 생각과 다른 것들을 적어보자.

_____

_____

3. 위에서 적은 내용들을 보면서 어떤 느낌이 드는가? 닮은 점이 너무 많아 기분이 나쁜가? 또는 부모와 다른 모습이 자랑스러운가?

_____

_____

4. 부모의 가치관과 믿음 가운데 어떤 것들이 나를 자기 방치나 자기학대로 이어지게 하는지 생각해보자.

_____

_____

_____

# 부모와 정서적으로 분리되기

1. 나는 부모에게서 정서적 분리가 어느 정도 이루어졌다고 생각하는지 적어보자.

_____

_____

_____

2. 이러한 상태로 지낸 기간이 얼마나 되는가? 앞으로 좀 더 부모에게서 정서적으로 분리되려면 무엇이 더 필요하다고 느끼는가?

_____

_____

_____

3. 부모에게서 정서적으로 분리되려고 시도할 때, 가장 불안하거나 두렵게 느껴지는 점 또는 어렵게 느껴지는 점은 무엇인가?

_____

_____

_____

_____

_____

**6**장

나를 비난하고 질책하는
마음속 목소리에서 벗어나기

자기 머릿속에 주둔한 적과 싸우는 것은 힘든 일이다.

—셸리 켐튼

어릴 때 정서적으로 학대받거나 방치당한 사람들은 끊임없이 자기 자신을 평가하고, 차갑게 심판하며, 스스로에 대해 비합리적이고 터무니없는 기대와 기준을 세우는 등 많은 공통점을 보인다.

안타까운 사실은 이러한 경향이 부모가 그들을 대한 방식 때문에 생긴 직접적인 결과이긴 하지만, 그렇다고 해서 단순히 부모로부터 정서적으로 분리된다고 해서 이러한 경향이 저절로 없어지지는 않는다는 것이다. 오히려 이러한 경향은 어린 시절의 학대나 방치의 서글픈 유산으로 계속 남게 된다. 코니는 자신을 이렇게 묘사했다.

"난 교육받은 여성인데도 늘 자신이 무능하고 멍청한 사람처럼 느껴져요. 끊임없이 나를 다른 사람과 비교하면서 결국 열등감을 느끼게 되죠. 거침없이 자기주장을 하는 사람들, 남들이 어떻게 생각할지 별로 신경 쓰지 않는 사람들을 볼 때면 언제나 감탄하죠. 나는 혹시라도 말을 잘못 하는 바람에 사람들이 내가 얼마나 바보 같은 사람인지 알아차리게 될까봐 늘 걱정하거든요. 사람들은 내가 지식이 풍부하고 일도 정말 잘한다며 감탄하며 이야기하지만, 난 그런 말 안 믿어요. 그저 내가 안쓰러워서 기운 나게 해주려고 하는 말로만 들려요. 친한 친구든 그게 누구든 간에 사람들이 칭찬해주는 말을 받아들일 수가 없어요. 사람들이 뭐라고 말하건 내 기준에서 보면 난 늘 모자라거든요."

코니의 마음속에는 자신의 모든 행동을 지배하는 강력한 마음속 비판자가 있어서 편안한 마음으로 삶을 즐길 수가 없었던 것이다.

내 마음속 비판자는 얼마나 강할까?

다음 문항들을 읽으며 해당되는 곳에 V표를 해보자. 마음속 비판자의 목소리가 얼마나 우리 자신을 괴롭히고 있는지 살펴보는 데 도움이 될 것이다.

1. 나는 내 행동, 외모, 능력, 지나간 일들을 평가하는 데 많은 시간을 보낸다. ___
2. 나는 자신에 대해 아주 높은 기준을 갖고 있다. ___
3. 내가 가진 자신에 대한 판단 기준에 따라 사는 것이 힘들다. ___
4. 나는 내 실수에 대해 용납하는 법이 거의 없다. ___
5. 내가 한 말이나 행동이 옳았다고 보는지 잘못되었다고 보는지에 따라 내가 어떤 사람인가에 대한 느낌이 달라지곤 한다. ___

6. 내가 나 자신이나 다른 사람들의 기준을 만족시켰는지 아닌지에 따라 내가 어떤 사람인가에 대한 느낌이 종종 달라지곤 한다. ＿＿＿

7. 내가 뭔가 잘못했다고 걱정하면서 많은 시간을 보낸다. ＿＿＿

8. 머릿속에서 자신을 비판하는 목소리가 계속해서 따라다니며 괴롭힌다. ＿＿＿

9. 끊임없이 나 자신을 다른 사람과 또는 다른 사람들의 성공과 비교한다. ＿＿＿

10. 나는 종종 다른 사람들의 성공이나 성취를 부러워한다. ＿＿＿

## 마음속에서 나를 비난하는 목소리 ● ● ●

부모가 아이를 잘 돌봐주고 격려해줄 경우, 아이의 마음속에서는 '건강한' 마음속 비판자(흔히 초자아, 심판자라고 한다)가 발달하게 된다. 이때 마음속 비판자는 지켜야 할 규율과 결과를 말해준다. 자신의 가치 체계에 어긋나는 행동을 하려고 할 때, 마음속 비판자는 아이에게 불안 신호를 느끼게끔 하는데, 실제로 어긋나는 행동을 하게 되면 죄책감을 느끼게 하거나 때로는 우울하게도 만든다.

이렇듯 건강한 마음속 비판자는 스스로에게 벌을 줌으로써 자신의 도덕 체계에 따라 행동하게끔 한다. 그리고 이런 경우, 마음속의 불안이나 죄책감, 우울은 적당한 선 안에서 유지되는데, 그 이유는 그들의 양심이 부모의 합리적인 태도를 모델로 하여 만들어졌기 때문이다.

이처럼 마음속 비판자가 건강한 수준에서 기능하게 되면 부모와 좋은 관계를 유지하면서 함께 지낼 수 있고, 자신이 안전하고 보호받고 있다고 느낄 수 있다. 그리고 자신이 무력하지 않고 힘이 있다는 것도 느낄 수 있다.

그런데 학대받거나 방치당한 사람들의 경우는 마음속 비판자가 합리적이지 못하다. 누구나 마음속에 자신을 비판하는 목소리가 있기 마련이지만, 이런 사람들은 마음속의 비판자가 극단적으로 악의적인 경향이 있다.

자신을 공격하고 심판하는 부정적인 내면의 목소리를 가리켜 심리학자들은 병적인 비판자pathological critic라고 부른다. 커다란 목소리로 끊임없이 이야기하는 이 마음속 비판자는 사람들의 정신건강에 엄청난 해악을 끼치는데 그 어떤 상처나 박탈보다도 더 독이 된다.

이 마음속 비판자가 하는 주된 일 가운데 하나는 우리에게 도저히 이룰 수 없는 목표를 바라보게끔 부추기는 것이다. 절대로 마음 편히 쉬거나 만족감을 느끼지 못하게 하면서 완벽한 모습에 도달해야 한다며 끊임없이 우리를 괴롭히는 것이다.

또한 '그렇게 하지 마!' 같은 말로 끊임없이 우리에게 경고를 보내기도 한다. 그러한 요구는 끝이 없고, 그 결과 우리에게 남는 것은 '난 충분히 잘하고 있지 못하고, 앞으로도 계속 그럴 거야'라는 느낌 뿐이다.

뿐만 아니라 마음속 비판자는 끊임없이 우리 자신을 다른 사람과 비교하게 만든다. 예를 들어 어떤 기준에서 보면 우리가 잘하고 있을 때가 있다. 하지만 그 순간에도 비교해보면 늘 우리보다 더 잘하는 사람이 있기 마련이다. 그런데 마음속 비판자는 언제나 이러한 비교가 단순한 비교로 끝나지 않고, '누가 더 나은가? 누가 더 잘하는가?'라며 가치를 결정짓는 쪽으로 향하게 만든다.

셀리아는 끊임없이 자신을 다른 사람들과 비교하면서 심한 고통을 겪었다. 그녀는 친구들과 어울려 놀 때 조용히 있으면서 다른 사람들의 이야기를 듣는 편이었다. 그런데 친구들이 자기 아이나 최근에 이뤄낸 일들에 대해 이야기할 때면, 셀리아는 자신을 친구들과 비교하면서 완전히 실패자가 된 느낌에 빠지곤 했다.

친구네 아이들은 자기 아이에 비해 너무 잘하고 있었고, 친구들도 모두 직장에서 승승장구하는 것 같은데 자기만 만날 똑같은 일에 처박혀 있는 것 같았다. 집으로 돌아오는 길이면 셀리아의 마음속 비판자는 그녀에게 정말 나쁜 엄마라고, 학위를 딸 때까지 좀 더 학교에 다녔어야 했다며, 그리고 수많은 일들에 대해 그녀를 비난했다. 그래서 집에 도착할 무렵이면 그녀는 깊은 우울감에 빠져 있었다.

## 마음속 비판자 확실히 알기 ● ● ●

슬픈 사실은 우리가 삶에서 무엇을 이루었느냐, 얼마나 많은 성공을 경험했느냐, 얼마나 잘생기고 아름답느냐 또는 우리가 자존감을 높이려고 얼마나 노력했느냐는 중요하지 않다는 것이다. 끊임없이 우리를 비난하거나 그때그때마다 우리의 성취를 깎아내리는 강력한 마음속 비판자가 있다면, 우리의 자존감은 언제나 낮은 채로 남아있을 것이기 때문이다.

따라서 행복해지고 자존감을 높이려면 먼저 마음속 비판자를 잠재워야 한다. 그 첫 번째 단계는 마음속 비판자를 제대로 아는 것이다. 우리 안의 마음속 비판자가 하는 일들을 살펴보면 대개 다음과 같다.

· 우리가 어떻게 행동해야 하는지에 대한 규율을 만든 다음, 우리의 욕구가 그 규율을 어기려고 할 때마다 '틀렸어', '넌 나빠' 라고 소리친다.
· 잘되지 않거나 잘못 되고 있는 일에 대해 우리 탓을 한다.
· 우리를 '바보', '못난이', '약해 빠진 녀석' 같은 별명으로 부르며, 이런 말들이 사실이라고 믿게끔 만든다.
· 우리를 남들과 비교하면서 모자란 점을 찾아낸다.
· 불가능에 가까울 만큼 완벽에 가까운 기준을 세운다.
· 최고가 되라고 말하고 최고가 아니면 아무것도 아니라고 말한다.
· 아주 작은 실수에도 우리를 괴롭힌다.
· 우리의 실패나 결점은 자꾸 되새기면서, 우리의 성취나 장점은 일깨워주지 않는다.
· 우리가 '늘' 관계를 망친다고, 시작한 일을 '결코' 못 끝낸다고 또는 '만날' 바보 같은 소리만 한다며 우리의 약점을 부풀린다.

마음속 비판자는 다름 아닌 부모의 목소리다

마음속 비판자의 목소리는 아주 교활한데다 그 목소리가 바로 우리 자신인 것처럼 아주 깊이 스며들어 있기 때문에 그것이 미치는 파괴적인 영향을 깨닫기란 쉽지 않다. 자신을 비난하는 생각이나 목소리가 들릴 때 '이 목소리는 마음속 비판자구나' 라고 의식적으로 알 수도 있지만, 마음속 비판자는 습관처럼 작동하기 때문에 깨닫지 못하는 경우가 훨씬 더 많다.

보통 우리는 수치심을 느끼는 스트레스 상황에 있을 때에만 마음속 비판자를 깨닫는 경우가 많다. 예컨대, 실수를 했을 때 '바보 같으니!', '또 그랬어? 제대로 좀 못 해?' 라는 마음속 목소리가 그것인데, 직장이나 학교에서 중요한 발표를 하기 전에 '더 준비했어야지! 이제 바보 취급당할 거야' 또는 '네가 얼마나 쫄았는지 다들 알 거야' 라고 말하는 소리가 마음속에서 들릴 수도 있다.

앞에서 이야기했듯이, 거울을 들여다볼 수가 없고 심각한 우울증으로 괴로워했던 마리안은 자신의 마음속 비판자를 이렇게 묘사했다.

"내 머릿속에는 집요한 목소리가 있어요. 들리는 말은 온통 '네가 다 망쳤어, 넌 제대로 하지 못했어, 넌 실패자야' 같은 말뿐이에요."

설령 우리가 이런 말들이 마음속 비판자의 공격이라는 것을 알아차린다고 해도, 그 말이 지극히 타당하고 정당하게 들릴 수도 있다. 하지만 결코 그렇지 않다. 그것은 우리가 자신을 비난하는 데 익숙해져 있고 자존감이 낮기 때문에 그렇게 느낄 뿐이다.

또한 마음속 비판자는 종종 그 자체가 우리 자신의 목소리인 것처럼, 그리고 무엇이 옳고, 무엇이 필요하고, 무엇이 어떤 의미를 갖는지에 대한 생각들이 우리 자신한테서 나온 생각인 것처럼 보이게 만든다. 그러나 속아서는 안 된다. 그 목소리는 우리의 진짜 목소리가 아니다. 우리 안에 살고 있는 다른 누군가의 목소리다. 그것은 바로 우리를 질책하고 비난하던 부모의 목소리다.

이것을 좀 더 분명히 확인하기 위해서는 부모님이 나를 위해 무엇을 원했는지 그리고 나에게서 무엇을 원했는지 생각해보는 시간이 필요하다. 부모님은 내가 어떤 사람이 되기를 원했고 그 이유는 무엇이었는지, 부모님은 그러한 바람을 나에게 어떤 식으로 전달했고, 그러한 바람은 나에게 어떤 영향을 미쳤는지 살펴보는 것이다. 그리고 내 마음속 비판자가 나의 엄마나 아빠처럼 행동하는 면이 있는지도 살펴보아야 한다. 다시 말해, 내가 자신을 대하는 방식과 부모님이 나를 대하는 방식에 비슷한 점이 있는지 살펴보는 것이다.

## 마음속 비판자한테서 벗어나기 ● ● ●

마음속 비판자가 무엇인지 확실히 알게 되었다면 마음속 비판자에게서 벗어나는 두 번째 단계는 마음속 비판자한테 공격당하고 있는 동안 자신의 모습을 자세히 관찰하는 것이다. 사실 쉬운 일은 아닌데, 그 순간에 머무르면서 동시에 자기 몸과 감정이 마음속 비판자의 공격에 어떻게 반응하는지 집중해서 봐야 하기 때문이다.

### '마음속 대화'를 바깥으로 꺼내기

우리가 약한 존재라거나 발가벗겨진 기분이 드는 상황일 때 마음속 비판자는 왕성하게 활동한다. 일단 마음속 비판자가 활동하게 되면, 수치심의 소용돌이는 저절로 돌아가게 되어 있다. 그러므로 마음속에서 일어나는 대화를 바깥으로 꺼내는 것이 꼭 필요하다. 마음속 대화를 밖으로 꺼내면 이 대화를 우리가 의식할 수 있게 될 뿐 아니라, 마음속 대화가 우리에게 미치는 영향력도 줄일 수 있다.

사실 많은 사람들이 자기도 모르는 사이에 마음속에서 자기를 비난하는 대화를 하고 있다. 다음은 자신을 비난하는 마음속 대화를 밖으로 끄집어내기 위한 방법으로, 게슈탈트 치료법을 적용한 것이다.

- 눈을 감고 편안히 앉는다. 그리고 이렇게 상상해보자.

  '나는 거울을 보고 앉아 있고, 그런 내 모습이 거울에 보인다.'

  그런 다음, 거울에 비친 자신이 어떤 모습으로 앉아 있는지 살펴보자. 나는 어떤 옷을 입고 있는가? 어떤 표정을 짓고 있는가?

- 이제 마치 다른 사람에게 이야기하듯 거울에 보이는 내 모습에 대해 비판해보자. 이왕이면 소리 내어 이야기하는 것이 좋다. '넌_____ 해야 해!' 또는 '넌_____하면 안 돼!' 라는 식으로 이야기하면 쉬울 것이다. 뭐든 생각나는 대로 다 이야기하되, 그렇게 몇 분 동안 나 자신을 비난해보자. 이때 특히 목소리에 집중해보자.

- 이제는 거울 속의 사람과 자리를 바꾸었다고 상상해보자. 그리고 조금 전 비판당했던 거울 속의 사람이 되어 그 비판에 대해 대답해보자. 나는 뭐라고 대답하고 있는가? 대답하면서 어떤 느낌이 드는가?

- 그런 다음, 다시 역할을 바꾸어 거울 속의 사람을 비판해보자. 다시 비판자의 입장에서 대화를 계속해나가면서 자신이 무슨 말을 하는지, 어떤 식으로 말하는지, 목소리 톤은 어떤지 그리고 무엇을 느끼는지 의식해보자.

- 각 역할을 할 때 신체적으로나 감정적으로 어떤 느낌이 드는지도 잘 살펴보자. 비판하고 있는 목소리가 누군가의 목소리와 비슷하게 들리지는 않는가?

· 조용히 앉아 대화하면서 일어난 모든 일들을 되새겨보자. 자신의 감정이나 깨닫게 된 것을 적고 싶을 수도 있다. 예컨대, 이 과정을 해나가면서 어쩌면 자신에게 변화하라고 자꾸만 요구하는 힘세고 비판적이며 강압적인 자신의 일부와, 그리고 그러한 비판에 대해 변명하고 사과하고 말을 딴 데로 돌리려고 하는 자신의 일부가 서로 다투는 것을 경험했을 수도 있다.

그리고 그것이 마치 부모와 자신의 관계처럼 보일 수도 있을 것이다. 늘 나를 '더 나은' 사람으로 바꾸기 위해 부모로서 나를 다스리고 싶어 하는 부모와, 계속해서 이러한 것을 피하려고 하는 자녀로 말이다. 그리고 내게 너무 많은 것을 요구하고 비판하던 목소리가 다름 아닌 늘 내게 요구하는 게 많았던 부모나, 나를 지배하는 어떤 권위적인 누군가의 목소리처럼 들린다는 것을 알아차렸을지도 모른다.

## 마음속 비판자에게 맞서기

우리가 계속해서 마음속 비판자의 부정적인 메시지에 공격당하고 있는 한 자존감이 자라날 기회는 없다. 마음속 비판자를 잠재우는 가장 강력한 방법 가운데 하나는 마음속 비판자가 하는 말에 그냥 수긍하는 것이 아니라 적극적으로 말대답을 하며 반박하는 것이다.

그런데 이 방법을 이야기해주면 대부분의 사람들은 아주 불편해한다. 이것은 마음속 비판자가 주로 부모의 메시지에 의해 생겨났고, 실제로 부모의 목소리처럼 들리기 때문에 마음속 비판자에게 말대답한다는 것이 부모에게 대드는 것처럼 느껴지기 때문이다. 무엇보다 여전히 부모에게 위협받고 있는 사람이라면 더욱 그럴 것이다. 만약 마음속 비판자에게 대드는 것이 두렵게 느껴진다면 그럴 만한 용기와 힘이 날 때까지 기다렸다가 천천히 시작하면 된다.

다음의 말들은 마음속 비판자를 조용히 시키는 데 아주 효과가 좋다고 증명된 말들이다.

- 닥쳐! 그만해!
- 그런 말은 독이야. 그만해!
- 그만 내려와!
- 그런 말 같지도 않은 소리 그만해!
- 그건 거짓말이야!
- 그건 엄마가 했던 거랑 똑같은 거짓말이야!
- 난 너 안 믿어!
- 더 이상은 안 당해!

마음속 비판자가 나타나면 바로 잡아버려야 한다. 마음속 비판자가 우리를 약하게 만들고 상처주기 전에 말이다. 마음속 비판자에게 소리를 질러보자. 우리의 분노에 놀라 마음속 비판자가 사라지도록 말이다.

만약 마음속 비판자가 되받아 소리친다면, 훨씬 더 크게 소리치자. 실제로 소리 내어 고함지르는 것이 필요할 수도 있다. 마음속 비판자를 욕하는 것은 그야말로 건강한 것이며, 스스로 힘이 있다는 느낌이 생길 수도 있다. 마음속 비판자의 목소리가 들릴 때마다 이런 식으로 해보자. 어느덧 공격이 사그라드는 것을 실제로 경험하게 될 것이다.

## 비판을 넘어 나를 파괴할 때 ● ● ●

나는 어릴 때부터 자기도취적인 엄마 밑에서 자라면서 비난과 거부라는 몽둥이로 몰매를 맞으며 자라왔다. 그러면서 엄마의 부정적인 메시지와 평가를 나 자신의 것으로 믿게 되었다. 이렇듯 다른 사람의 가치관이나 생각을 자신의 것으로 받아들이게 되는 것을 전문적인 말로 내사內射,introject라고 한다. 그리고 이러한 부정적인 내사를 쉽게 말하면 강력한 마음속 파괴자inner saboteur가 생긴 것이라 할 수 있다.

건강한 부모는 아이가 잘못 했을 때도 대체로 아이를 받아준다. 아이의 나쁜 행동에 대해서는 혼을 내지만 아이 자체를 거부하지는 않는다. 하지만 자기도취적인 부모들은 그렇지 않다. 아이 자체를 거부해버린다.

그 결과, 아이의 내면에서는 부정적인 마음속 비판자 곧 마음속 파괴자가 발달하게 된다. 다름 아닌 부모의 거부하는 모습이 아이의 마음속에 자리 잡는 것이다.

부정적인 내사 곧 마음속 파괴자는 우리의 마음속에서 건강한 감시자로서 활동하는 것이 아니라, 벌주고 처벌하려는 원수로 활동한다. 그리하여 우울, 죄책감, 수치심 그리고 내면의 갈등을 일으키게 해 우리의 마음을 갈갈이 찢어놓는다. 부모가 우리를 괴롭힌 것과 똑같은 방법으로 우리 자신을 괴롭히는 것이다.

이 잔인한 마음속의 목소리를 피해서 달아날 길도, 숨을 곳도 없다. 그러나 이 목소리를 잠재울 방법은 있다. 주의 깊게 살펴보면 마음속 파괴자의 영향력을 뿌리 뽑고 그러한 부정적인 메시지에 반박하는 것이 가능하다.

마음속 파괴자는 우리가 필사적으로 부모의 사랑을 필요로 하는 어린 아이일 때 처음으로 우리의 현실 속으로 들어온다. 부모가 비판적이거나 사랑이 없을 때, 그들의 차가운 눈과 화난 입은 우리의 마음속 파괴자가 되어 속에서부터 우리에게 상처를 주기 시작한다.

그리고 점점 자라면서 마음속 파괴자는 우리를 제한하기 시작한다. 우리의 '참된 나'가 이를 거부하려 해도 늘 참패를 당하고 만다. 마음속 파괴자는 보호와 한계를 통해 우리를 안전하게 해주는 양심과는 달리 우리에게서 안전을 빼앗아간다. 그런데도 우리는 마음속 파괴자의 말을 들음으로써 부모의 사랑을 다시 얻을 수 있게 될 것이라 믿기도 한다.

이러한 잔인한 목소리는 우울증이 생기게 만들 수 있다. 사람들이 우리에게 하는 칭찬을 무시해버리도록 만들거나, 사람들이 보이는 애정을 믿지 못하게 만들 수도 있다.

마음속 파괴자는 우리에게 터무니없이 높은 요구를 하고, 무능하고 가치 없다고 말하면서 우리의 변화하려는 노력을 막고, 우리가 하려는 일마다 실패하게 만들 수도 있다.

그러면서 우리는 헛된 희망에 매달리게 된다. 언젠가는 부모의 사랑을 받을 수 있을 것이라는 희망에 말이다. 이러한 희망 때문에 우리 내면의 어린 아이는 '어린애 같은 짓'을 계속하게 된다. 설탕에 중독되거나, 늑장부리거나, 늘 지각하거나, 어린 시절의 욕구와 쾌락에 빠져들거나 하면서 성인으로서의 삶을 망가뜨리고 있는 것이다.

### 부정적 내사 곧 마음속 파괴자를 확실히 아는 방법

부정적 내사 곧 마음속 파괴자는 우리를 공격하고 구속하던 부모의 목소리가 우리 마음속에 자리를 잡은 것이기 때문에, 우리가 아닌 또 다른 어떤 실체가 우리를 공격하는 것처럼 느껴지게 된다. 마음속 파괴자는 "넌 실패작이야!", "왜 해보시지?"와 같은 말로 우리를 비웃고 비난한다.

하지만 마음속 파괴자가 꼭 부정적인 메시지처럼 우리가 듣거나 알아볼 수 있는 형태로만 오는 것이 아니다. 오히려 우리가 즐거움이나 사랑, 인정 또는 성공을 경험할 때마다 우리 마음속에서 어떤 일이 일어나는지 주의 깊게 관찰함으로써 마음속 파괴자의 영향력을 알 수 있다. 왜냐하면 우리가 이런 기분 좋은 감정을 느낄 때 마음속 파괴자가 위협을 느끼며 고개를 내밀기 때문이다.

마음속 파괴자는 우리를 무능하게 만들고, 행복에서 멀어지게 하고, 심지어 우리를 없애버리고 싶어 한다. 우리가 뭔가 좋은 것을 느끼거나 경험하는 것도 못견뎌한다.

인정받는 것 같은 행복감을 느끼거나 자연스럽고 유쾌한 기쁨을 경험할 때 또는 성취했다는 자랑스러움을 느낄 때 우리 안에서 무슨 일이 일어나는가? 마음속 파괴자는 그 순간을 망칠 방법을 찾고 있다.

우리가 사랑받고 인정받는 듯한 긍정적인 경험을 하고 있을 때, 마음속 파괴자는 우리로 하여금 가까운 사람에게서 분노나 불만을 살 만한 행동을 하게끔 만들곤 한다.

예컨대, 새로 만난 남자친구에게 사랑받는 느낌이 든다고 하자. 이 순간 마음속 파괴자는 우리가 사랑받는다고 느끼는 것을 싫어한다.

그래서 남자친구와 말다툼을 하게 만들거나 다른 남자들에게 애교를 부려 남자친구를 화나게 만들도록 하는 것이다. 다음은 마음속 파괴자를 알아보는 데 도움이 되는 몇 가지 방법이다.

· 기쁨, 즐거움, 사랑, 인정, 또는 성공을 경험할 때 나에게 무슨 일이 일어나는지 눈여겨본다.
· 이런 긍정적인 느낌이 들 때마다 너무 많이 먹거나, 너무 술을 많이 마신다거나 또는 다른 식으로 뭔가에 빠져들게 되는지 특히 눈여겨본다.
· 사랑받고 있거나 인정받고 있다고 느낄 때마다 말다툼을 시작하거나 사람들을 밀어내지는 않는지 눈여겨본다.

쉐럴의 엄마는 자기도취적인 사람으로 쉐럴을 전혀 사랑하지 않았다. 엄마는 쉐럴을 가졌을 당시 남편과 헤어질 생각을 하고 있었기 때문에 아기를 원하지 않았다. 그런데 쉐럴이 태어났고 엄마는 그런 딸을 싫어했다. 엄마는 사람들 앞에서 딸을 웃음거리로 만드는 일이 많았다. 쉐럴이 만 2살이 되었을 때 엄마는 드디어 남편을 떠나기로 결심했다. 그리고 자리를 잡을 때까지만 이웃 부부에게 쉐럴을 맡기기로 했다. 하지만 부모 중 누구도 쉐럴을 찾지 않았고 그렇게 5년이 지났다.

쉐럴이 만 7살이 되었을 때 어느 날 엄마가 찾아와서는 쉐럴을 데려 가겠다고 했다. 쉐럴은 여지껏 부모로 믿고 있던 아빠와 엄마를 떠난다는 것에 가슴이 찢어졌다. 그런데 쉐럴의 엄마가 갑자기 딸을 데려가고 싶어 했던 까닭은 베이비시터가 필요했기 때문이라는 사실이 밝혀졌다. 쉐럴의 엄마는 재혼해서 어린 아들 둘이 생겼고, 일하러 가려면 아이들을 돌봐줄 사람이 필요했던 것이다.

이제 쉐럴은 누군가에게 가까워졌다고 느낄 때마다아주 잠시라 해도 곧바로 그 사람을 비난하거나 상처주고 모욕하는 말을 하면서 밀어 냈다. 바로 그녀의 마음속 파괴자가 하는 일인 것이다.

## 마음속 파괴자와 싸우기

부정적 내사 곧 마음속 파괴자와 싸울 때 우리는 짓밟힌 느낌이 들면 서 너무 애쓴 나머지 기진맥진해 버리기도 한다. 그리고 절대 이기지 못할 것처럼 느껴지기도 한다. 어쭙잖게 한 발짝 앞으로 나갔다가, 두 발짝도 아니고 열두 발짝쯤 뒤로 물러나버린 꼴이 되곤 한다. 마 음속 파괴자의 끊임없는 비난을 무시하려고 애쓰지만, 결국 그 과정 에서 더 무력함을 느끼면서 굴복하기 쉽다. 하지만 꼼꼼하고 계획 있 게 생각하고 노력한다면 마음속 파괴자의 입에 재갈을 물릴 수 있다.

- 첫 번째 단계는 마음속 파괴자를 내 목소리가 아닌 외부의 어떤 존재 라고 정의하는 것이다. 마음속 파괴자를 자신의 일부로 생각하는 한, 우리는 언제나 불리한 입장에 서게 된다. 대신 그것을 우리에게 무리 하고 터무니없는 것을 요구하는 외부의 존재로 바라보면 우리에게 유리해지기 시작한다.
- 마음속 파괴자를 내가 아닌 다른 존재로 생각한다는 것은 쉽지 않다. 왜냐하면 우리가 무의식중에 마음속 파괴자를 자기도취적인 부모 또 는 지나치게 통제하던 부모의 한 측면으로 보기 때문이다. 다시 말

해, 부모에 대한 의리 때문에 그렇게 하기가 어려울 수도 있다는 말이다. 더구나 자기 자신을 가장 우선으로 두고 소중하게 여기도록 교육받지 못한 사람들이라면 더욱 그럴 것이다.

하지만 우리 안에서 마음속 파괴자를 없애고, 우리의 진짜 가능성을 확인하기 위해서는 홀로서기를 해야 한다. 그리고 우리가 어릴 때도 부모특히 자기도취적인 부모가 채워주지 못한 욕구들을 지금에 와서 채워줄 수는 없다는 사실을 받아들여야 한다. 어린애 같은 행동과 공상, 막연한 환상 그리고 부모님이 우리의 욕구를 채워주길 바라는 무의식적인 집착을 떠나보내야 한다.

· 다음 두 가지 사실을 깨달아야 한다. ①부정적인 내사 곧 마음속 파괴자는 우리 부모의 가치관을 이용하고 있는 것이며, ②자기도취적이거나 정서적으로 학대하는 부모의 가치관은 우리를 행복하게 해줄 수 없다는 사실이다.

나는 늘 마음속에 내가 아닌 다른 누군가가 있는 듯한 느낌이 들곤했다. 살면서 지금까지 그 목소리를 두 번 들은 적이 있다. 부정적 내사자 곧 마음속 파괴자가 거칠고 깊은, 괄괄한 목소리로 말을 하고 있었다. 덕분에 그 목소리가 내 것이 아니라는 것이 아주 분명해졌다.

처음 그 목소리를 들은 때를 결코 잊을 수가 없다. 그때 나는 이제야말로 살을 뺄 준비가 되었다고 느끼면서 길을 걷고 있었다(나는 9살 때부터 살과의 전쟁을 하고 있었다). 내가 스스로에게 '이제 진짜 준비가 되었어. 정말 살을 뺄 거야'라고 조용히 말하고 있을 때 나는 인도 끝에

다다랐다. 인도에서 걸음을 떼고 찻길로 내려서는 순간, 내 머릿속에서 '씨×! 너 살 빼게 놔두지 않을 거야!' 라고 말하는 목소리가 들렸다. 정말 끔찍했다. 이 목소리가 사실은 나의 자기도취적인 어머니를 나타낸다는 것을 깨닫기까지는 그러고도 몇 년이 더 걸렸다.

나는 부정적 내사자 곧 마음속 파괴자가 내가 아닌 외부의 존재이고, 그것이 내 안에 자리를 차지하고 들어와 있을 뿐이라는 사실을 정기적으로 나 자신에게 일깨워주었다. 그런 식으로 생각함으로써, 나는 마음속 파괴자에게 맞서고 반박할 때 내 일부를 공격한다는 느낌을 지울 수 있었다.

나는 마음속 파괴자에게 더 이상 나를 조종하도록 놔두지 않겠다고 큰 소리로 선언하는 것부터 시작했다. 대화는 이런 식이었다.

"너도 알았으면 좋겠는데, 난 이 싸움에서 이길 거야. 더 이상 네가 나를 조종하게 놔두지도, 내 행복을 파괴하게 가만 두지도 않을 거야!"

이 말을 할 때, 실제로 내 안에서 강한 힘이 솟아오르는 느낌이 들었다. 그런데 이런 태도로 마음속 파괴자를 대하기로 결심했다면 그 결과에도 대비해야 한다. 이런 선언을 하고 나면 마음속 파괴자도 온 힘을 다해 맞설 것이기 때문이다. 내 경우는 바로 다음 주에 나타났다.

나는 내담자가 약속까지 바꿔놓고는 늦게 도착해 몹시 짜증이 났다. 그제야 내가 지난 한 주 내내 운전을 엉망으로 하고 있다는 사실을 깨달았다. 나는 뚜렷한 이유도 없이 차도를 벗어나기 시작했고, 한번은 주의를 제대로 기울이지 않아 앞차를 들이받을 뻔하기도 했다. 그리고 요즘 내가 아무데나 부딪히고 다닌다는 것도 깨달았다.

바닥에 떨어진 것을 주우려고 몸을 숙였다가 일어나면서 머리를 박고, 탁자에 엉덩이를 부딪히고, 발가락을 찧었다. 나는 이 모든 일이 마음속 파괴자가 한 일이라는 것을 한 주가 다 지나서야 깨달았다.

나는 마음속 파괴자에게 큰 소리로 외치는 것을 계속했고, 몸매 관리와 내 몸과의 교감을 위해 수영도 계속 다녔다. 아주 천천히 나는 파괴자가 약해지기 시작했다는 것을 알 수 있었다. 아직도 가끔씩 마음속 파괴자가 비열한 고개를 쳐들기도 하지만 이제 나는 그에 맞설 준비가 되어 있고, 어떻게 대처해야 하는지 알고 있다.


## 비난하고 조롱하는 목소리를 긍정적이고 지지해주는 목소리로 바꾸기 ◦ ◦ ◦

안타깝게도 마음속 비판자나 파괴자에게 맞서 반박하거나 닥치라고 외치는 것만으로는 그러한 목소리를 영원히 잠재울 수가 없다. 잠깐은 도움이 되겠지만 결국 다시 들려오게 되어 있다. 궁극적으로 해야 할 일은, 그 목소리를 다른 목소리 곧 부정적 메시지 대신 긍정적 메시지를 들려줄 수 있는 목소리로 바꾸는 것이다. 돌봐주고 지지해주는 목소리로 말이다. 그 목소리를 어떻게 만들어내는지에 대해서는 뒤에서 자세히 다룰 것이다.

우선 지금은, 비판하는 목소리를 '우리의 참된 가치에 대한 긍정적인 깨달음'으로 바꾸는 데 집중하자. 물론 쉬운 일은 아니다. 왜냐하면 지금까지 살아오면서 '나의 가치는 나의 행동에 달려 있다'고 믿으며 살아왔을 것이기 때문이다.

이제는 '나'를 뭔가를 이뤄낼 때마다 한 방울씩 채워지는 빈 그릇으로 보지 말고, 내가 인간으로서 본래 갖고 있는 가치를 깨달아야 한다. 우리가 우리의 모습 자체로 이미 충분하다는 사실을 받아들일 수 있어야 한다는 뜻이다. 무언가를 이뤄내야만 가치 있는 존재가 되는 것은 아니다. 그런데 마음속 비판자는 우리에게 타고난 가치란 것은 없으며, 사람은 가치 있는 존재가 될 수 있는 가능성이 있을 뿐이지 가치 있게 태어나지 않았다고 믿게끔 만들려고 한다.

하지만 우리는 이미 태어날 때부터 엄청난 선함과 지혜, 강인함을 갖고 태어났다. 다만 이것을, 우리가 이미 갖고 있는 이것들을 되찾기만 하면 되는 것이다.

## 연민과 자기 수용

스스로에 대해 연민을 갖게 될 때, 우리는 병적인 마음속 비판자를 본질적으로 잠재울 수 있다. 연민은 자존감의 본질이다. 자신에 대한 연민을 가질 때, 자신을 있는 그대로 받아들일 수 있다. 스스로를 기본적으로 좋은 사람이라고 여기게 되고 실수를 해도 용서하게 된다. 또 자신에 대해 알맞은 기대를 하고 성취 가능한 목표를 세우게 된다.

연민은 하나의 삶의 기술이다. 이미 이런 기술을 지니고 있다면 더 발전시킬 수 있고, 아직 갖고 있지 못하다면 배울 수도 있다. 마음속 비판자가 우리가 한 일에 대해 또는 어떤 것을 하지 않았다고 우리를 비난할 때 스스로에게 이렇게 말하며 맞서보자.

"난 최선을 다하고 있어!"

"이 상황에서는 이게 내가 할 수 있는 전부야."

스스로에 대해 연민을 보여주는 법을 배우게 될 때, 우리는 또한 스스로의 가치를 새롭게 깨닫게 된다. 실수할 때마다 '넌 뭐가 문제니?' 또는 '넌 바보 멍청이야!' 라고 말하는 마음속 비판자의 목소리에서 완전히 벗어날 수 없을지는 모르지만, 그와 대등한 또는 더 강하게 '난 최선을 다했어!', '난 있는 그대로도 괜찮은 사람이야!' 라고 말해주는 목소리를 만들고 키워나갈 수 있을 것이다. 건강한 마음속 목소리를 강화시키는 방법들은 3부에서 자세히 배울 것이다.

---

### 심리학 쪽지

- 부모의 정서적 학대는 아이의 마음속에 부정적인 심판자 또는 병적인 비판자를 만들어낸다.

- 마음속 비판자는 우리 자신의 목소리가 아니라, 우리를 무시하고 비난했던 부모의 목소리가 우리 안에 자리 잡은 것이다.

- 스스로에 대해 연민을 갖게 될 때 우리는 병적인 마음속 비판자를 잠재울 수 있고, 자신을 있는 그대로 받아들일 수 있다. 연민은 우리가 배워야 할 하나의 삶의 기술이다.

## 돌봐주는 마음속 목소리 만들어내기

1. 먼저 방해받지 않는 조용한 시간과 장소를 고르자.

2. 천천히 심호흡을 하며 내면에 집중해보자.

3. 그런 다음 최근에 마음속 비판자한테 공격받았던 상황을 떠올려 보자. 어떤 상황이었는지, 마음속에서 어떤 말들이 들려왔는지 가만히 떠올려보자. 또는 평소 자주 경험하는 자기 공격의 말을 떠올려도 좋다. 이제 그 상황과 내용을 적어보자.

_____

_____

_____

_____

_____

_____

4. 이런 상황에서, 이런 공격의 말들에 나는 어떤 감정이 드는지 가 만히 느껴보자. 그것을 적어보자.

_____

_____

_____

_____

_____

5. 다시 내면에 집중하면서, 3번의 상황에서 마음속 비판자가 아닌 '돌봐주는 마음속 목소리'를 끌어내보자. 이 목소리는 나를 소중히 여기고, 내가 어떤 사람이든 상관없이 받아주고 인정해주는 따뜻하고 다정한 목소리다. 그 목소리라면 위의 상황에서 나에게 뭐라고 말해주었을지 천천히 생각해보자.

처음에는 돌봐주는 목소리에 익숙하지 않아서 잘 떠오르지 않을 수 있다. 연습한다는 마음으로 시도해보자. 그런 다음, 스스로에게 이야기하듯 직접 말해보거나 적어보자.

_____

_____

_____

_____

_____

_____

_____

_____

_____

_____

# Part 3

## 참된 나를 보여주는
## 새로운 거울 만들기

7장

참된 나를
발견하기

우리 뒤에 놓인 것들과 우리 앞에 놓인 것들은 우리 안에 놓인 것들에 견주면 아주 작은 것에 지나지 않는다.

—에머슨

자존감을 높이고 자신에 대해 더 좋은 감정을 가지려면 자신이 누구인지를 깨달아야 한다. '사람들이 말한 나라는 사람'이나 '부모님을 기쁘게 하기 위해 되어야 했던 내 모습'이 아닌 '진짜로 나란 사람'이 어떤 사람인지를 발견해야 한다.

사실 내가 누구인지를 말해줄 수 있는 사람은 아무도 없다. 내가 어떤 사람인지를 알고 '참된 나'를 발견할 수 있는 사람은 오직 나 자신뿐이기 때문이다.

부모가 붙여준 잘못된 꼬리표, 비뚤어진 인식, 부정적인 투사는 우리 자신에 대해 엉터리 이미지를 만들어냈다. 이제 그 거짓된 이미지를 버리고, 진짜 자기를 발견하고 만들어가야 한다.

여기서 '발견'이라고 표현한 까닭은 대다수의 사람들이 부모의 거울과 상관없는 진정한 자신의 모습을 모른 채 살아가고 있기 때문이다. 물론 왜곡된 거울을 깨뜨린다고 해서 진짜 이미지가 저절로 떠오르는 것은 아니다. 자신의 진정한 모습을 비춰보려면 자기 내면을 더 깊이 살펴보는 노력이 필요하다.

한편 어렸을 때 정서적으로 유기나 방치를 당했던 사람들은 자신의 정체성에 대해 또렷한 감각이 없는 경향이 있다. 마치 거울 옆을 지나갈 때 얼핏 자신의 모습이 보이긴 하지만 금방 사라지고 마는 것처럼 말이다. 그러나 그 이미지가 얼마나 덧없게 느껴지건 또는 얼마나 실체가 없는 것처럼 느껴지건 간에 틀림없이 자기self는 존재한다.

'참된 자기'를 찾기 위해 우리는 부모의 판단과 기대의 파편들 속을 뒤져야 할 수도 있고, 거울 안을 더 깊숙이 들여다봐야 할 수도 있다. 그러나 시간이 짧게 걸리건 오래 걸리건 충분히 집중하고 노력한다면 참된 자기를 발견하는 것은 어렵지 않다.

나는 누구인가?

어떤 사람들은 마음속에 갈등이 가득해 자신의 참된 모습을 알지 못한다. 스테파니가 그랬다.

"내가 누군지 진짜 모르겠어요. 내가 누구인지가 자꾸 바뀌어요. 한 번은 이렇게 행동했다가 다음 번에는 완전히 다르게 행동하는 나를 발견해요."

사람은 누구나 어떤 사람과 함께 있는지, 어떤 상황에 있는지에 따라 행동이 어느 정도 달라지기 마련이다. 하지만 어떤 상황에서든지 일관되는 요소가 있어야 한다. 그러나 스테파니와 같은 사람들은 좋은 사람이 되려고 너무 애쓰는 나머지, 그 순간 함께 있는 사람에 따라 자신의 모습을 여러 가지로 바꾸게 되고, 그 결과 일관된 자신의 진짜 모습을 찾기가 어려워진다.

자신의 참모습을 발견하기 위해서는 스스로에 대한 관심과 노력이 필요하다. 다음의 방법들이 자신을 자세히 살펴보고 자신이 어떤 사람인지 정의내리는 데 도움이 될 것이다.

- 한 주 동안 나를 자세히 관찰하자. 나의 행동, 감정, 머릿속을 지나가는 생각들을 의식적으로 관찰하자. 혼자 있을 때 어떤 기분이 드는지, 언제 불안한지 언제 편안한지, 언제 자신감이 느껴지는지 언제 무능하게 느껴지는지, 나는 욕구를 어떤 식으로 채우는지 등을 적어보자.
- 내 성격의 특징들을 적어보자. 예컨대, 정직하다(때로는 지나칠 만큼), 충실하다, 남을 쉽게 믿지 못한다, 다른 사람들이 나를 어떻게 생각할지 걱정하고 지나치게 염려한다, 쉽게 기분이 상한다, 나에 대한 생각에 몰두하는 편이다, 집착한다, 자상하다, 지적이다, 충동적이다, 완벽주의자다 등이 있을 수 있다. 자신을 더 세심히 관찰할수록 적을 내용도 더 많아질 것이다.
- 다른 사람이나 나 자신에게 숨기고 싶은 나의 진짜 모습이 있는지 살펴보자. 다른 사람과 함께 있을 때와 혼자 있을 때 달라지는 행동이 있는지도 살펴보자.
- 내가 관찰한 것과 이미 스스로에 대해 진실이라고 알고 있는 것을 바탕으로 나 자신에 대한 글을 써보자. 나의 신체적, 사회적, 지적, 정서적, 영적인 면까지 모든 면을 생각하면서 써보자.

# 내 몸, 내 감정과 다시 닿기 ● ● ●

고통, 분노, 두려움, 죄책감, 기쁨, 사랑을 비롯해 우리의 모든 감정을 되살리는 가장 효과적인 방법은 바로 '몸'에 집중하는 것이다. 심지어 우리가 무의식적으로 감정을 억누르고 있는 순간에도 우리 몸은 그 감정을 기억하고 있다. 이것을 몸의 기억이라 하는데, 우리 몸은 어린 시절에 방치나 비난, 거부당했던 순간, 정서적으로 질식할 것 같던 순간에 어떤 느낌을 받았는지 모두 기억하고 있다. 그러므로 이제는 끊어졌던 자신의 몸과 다시 소통하면서 어린 시절의 모든 고통을 표현하고 뿜어낼 수 있도록 해야 한다.

우리 몸은 이유가 있어서 아프고, 피가 나고, 따끔거리고, 긴장한다. 몸은 우리에게 무언가를 말하려고 한다. 우리가 어떤 정신적 외상trauma을 겪었는지를 일깨워주려고 하는 것이다. 그러므로 몸에 귀기울이고, 우리 몸이 말하고자 하는 메시지에 관심을 기울여보자.

또한 자신이 어떤 사람인지를 발견하는 가장 효과적인 방법 가운데 하나는 자신의 '감정'에 집중하는 것이다. 실제로 '자각 또는 깨어있음self-awareness'을 자신의 기분과 그 기분에 대한 자신의 생각을 알고 있는 상태라고 정의하기도 한다.

자신의 감정을 관찰할 때는 중립적인 입장에서, 예민하지 않게, 그리고 판단하지 않는 자세로 바라보아야 한다. 자신의 감정에 빠져들지 않으면서 자신이 느끼는 감정이 무엇인지 볼 수 있으려면, 자신의 경험으로부터 조금 뒤로 물러나 바라보는 것이 도움이 된다.

그 순간에 자신이 느끼는 감정이 무엇인지 정확히 아는 것은 EQ감성지수의 핵심이며 자기 이해에 아주 중요하다. 자기 감정을 확실히 아는 사람은 삶에서 어떤 결정을 내릴 때 자기가 느끼는 것이 무엇인지 확신할 수 있기 때문에 삶을 더 잘 이끌어나갈 수 있다.

## 감정을 닫아버린 사람들

불행하게도 어릴 때 방치당하거나 학대받은 사람들은 어떤 상황에서 자신이 느끼는 감정이 무엇인지를 정의내리기 어려워하는 경향을 보인다. 이것은 어린 시절 정서적 외상이나 방치로부터 살아남기 위해 자신의 감정을 닫아버려야 했거나 아니면 실제로는 그렇게 느끼지 않는 감정을 느끼는 척하며 살아와야 했기 때문일 수도 있다.

이런 사람들에게 감정이란 겁나고 두려운 것이다. 왜냐하면 어린 시절 부모가 자신에게 고함치고, 못살게 굴고, 때린 것은 모두 감정이 솟구쳤을 때였기 때문이다. 그리고 부모가 그들을 조롱하거나 벌주거나 유기한 것은 부모가 화나거나 울기 시작할 때였기 때문이다.

그러므로 학대나 방치를 경험한 사람들은 대부분 자신의 진짜 감정을 부인하거나 억누르게 된다. 심지어 굉장히 감정적이고, 폭발적이고, 성질이 불 같아 보이는 사람들조차도 자신의 내면에 더 상처받기 쉬운 감정들이 있다는 사실을 부인한다. 뿐만 아니라 감정에 압도되거나 휘둘리는 경향도 많이 보인다.

감정에 너무 압도된 나머지 감정 자체와 원수가 되어 버리기도 하는데, 다른 사람을 학대하거나 반대로 학대당하는 행동 패턴, 약물 남용이나 자살 경향과 같은 역기능적인 행동들이 사실은 견딜 수 없이 고통스러운 감정을 달래기 위한 하나의 시도일 때가 종종 있다.

많은 사람들은 감정을 다스리는 방편의 하나로 자신의 감정이 무엇이든 그 감정 자체를 느끼지 않으려고 애쓴다. 자신의 감정이 하나도 중요하지 않은 가정에서 자란 직접적인 결과다. 이런 사람들은 행복하지 않을 때도 억지로 웃어야 했고, 화가 날 때에도 문제를 일으키지 말고 착하게 굴어야 했고, 잘못이 없다고 느끼면서도 용서해 달라고 빌어야 하는 환경에서 자란 것이다.

이렇듯 자신의 '진짜 감정을 드러내는 것은 위험하다'고 믿으며 살아왔기 때문에 이제는 규정하기 어려운 감정들로 뒤범벅이 된 어른이 된 것이다.

그리하여 자신의 진짜 감정이 느껴질 때면 소스라치게 놀라거나 아니면 감정이 일어날 때 완전히 압도되어 버리는 것이다. 그러면서 자신의 감정을 다른 사람에게 투사하기도 한다.

어린 시절의 학대와 방치 때문에 생기는 흔한 결과 가운데 하나는 정신적 마비psychic numbing 정신적 무감각, 심리적 불감 상태라고도 한다다. 이것은 아이들이 정신적 외상을 준 상황에 대해 자신의 감정을 아예 차단해버리거나, 상황과 감정을 분리하는 식으로 반응하는 것을 말한다. 마치 몸과 정신이 분리되어 다른 곳에 가 있는 것이나 마찬가지다.

이렇게 꽁꽁 얼어붙은 감정을 다시 경험하게 되기까지는 시간이 걸린다. 그러나 일단 무감각해진 감정들이 다시 자유로워지게 되면, 그것들은 우리에게 필요한 정보들을 제공해주어 삶에서 올바른 결정을 내리고 적절한 행동을 할 수 있도록 도와줄 것이다.

그러려면 먼저 감정에 '좋은 감정', '나쁜 감정'이라고 이름붙이는 것부터 멈춰야 한다. 그리고 감정 자체를 자기 자신과, 자신의 상황 그리고 환경에 대해 가르쳐주는 중요한 메시지로 바라보는 자세를 가져야 한다.

내가 느끼는 것이 어떤 감정인지 어떻게 알까?

우리 몸이야말로 우리가 겪고 있는 감정이 무엇인지를 말해주는 가장 정확한 지표가 된다. 감정의 변화는 심장 박동이나 체온의 변화, 근육의 긴장이나 이완과 같은 신체 변화를 가져오기 때문이다. 가장 중요한 변화는 얼굴 근육의 변화다. 얼굴 근육의 변화는 사실상 감정을 불러일으키는 데 중요한 역할을 한다.

예컨대, 우리는 다음과 같이 온몸으로 슬픔을 느낀다. 찡그리고, 입 꼬리를 내리고, 눈을 내리깐다든지, 구부정한 자세를 한다든지, 낮고 조용하고 느리고 단조로운 목소리로 말한다든지, 가슴이 무겁다든지, 목이 답답하다든지, 침을 삼키기가 힘들다든지, 눈가가 촉촉해지거나, 눈물을 흘린다든지, 흐느끼거나, 눈물을 멈출 수가 없다든지, 피곤하고 지치고 에너지가 바닥났다고 느낀다든지, 가슴이나 배에 고통을 느끼거나, 공허함을 느낀다든지 하는 것 모두 온몸으로 슬픔을 느끼는 것이다.

기쁨 역시 온몸으로 나타난다. 저절로 웃음이 나면서 신나고, 신체적으로 에너지가 넘치고, 활발해지고, 살아있다고 느끼고, 소리 내어 웃고 싶고, 따뜻한 빛이 나를 감싸는 것 같고, 열린 마음과 사랑이 넘치는 것 같은 기분이 들고…. 이렇듯 우리는 온몸으로 기쁨을 느낀다.

또한 우리의 행동을 관찰해도 그 순간 어떤 감정을 느끼고 있는지 알 수 있다. 예컨대, 어떤 행동들은 슬픔을 느끼고 있다는 것을 알려주는데 슬픈 것들에 대해 이야기하고, 자꾸만 앉거나 누워 있고, 기운이 없고, 느리게 발을 질질 끌면서 걷고, 얼굴을 찌푸리거나 수심에 잠겨 있거나 변덕스럽게 굴고, 사회적인 접촉을 피하고, 말수가 적어지거나 아예 말을 하지 않는 것 따위가 그렇다.

반대로 기쁨을 느낄 때는 싱글벙글 웃고, 소리 내어 웃고, 생기발랄하거나 명랑하고, 다른 사람들에게 상냥하고, 방방 뛰어다니고, 열렬하고 흥분된 목소리로 말하고, 말수가 많아진다.

## 나쁜 감정이란 없다

많은 사람들이 두려움, 분노, 슬픔, 죄책감, 수치심 같은 감정을 나쁜 것이라 생각한다. 그러나 감정을 어떤 중요한 일이 일어나고 있다고 말해주는 신호나 메시지로서 바라본다면 부정적인 감정이란 없다.

감정을 부정적인 것으로 만드는 것은 우리가 그 감정을 어떻게 다루느냐 그리고 그 감정에 어떤 의미를 주는가에 달려 있다. 예컨대, 사람들은 자신이 느끼는 감정들을 다음과 같이 부정적인 방식으로 다룬다.

· 감정을 느끼는 것 자체를 아예 피하려고 애쓴다(억압).
· 감정이 그렇게 심하지 않은 척하며 감정을 부인하려 한다(최소화).
· 그런 감정을 느끼게 만든 것에 대해 다른 사람을 비난한다.
· 그 감정을 다른 사람에게 투사함으로써 자신의 감정을 부인한다.

이러한 4가지 방식은 우리로 하여금 감정이 보내고 있는 신호를 받지 못하게 만들어 감정으로부터 아무런 배움을 얻지도 못하게 하며, 알게 된 것을 자신에게 도움이 되도록 쓰지도 못하게 만든다.

더 중요한 것은 우리가 감정을 느끼는 것을 피하려고 할 때 우리는 자신의 중요한 일부를 부인하는 셈이며, 우리가 누구인지에 대한 감각을 잃어버리게 될 위험이 있다는 사실이다.

## 감정을 통해 나에 대해 배우기 • • •

우리는 감정을 통해 자신에 대해 배우고 알 수 있다. 이때 핵심은 자신의 감정을 억누르지 않고, 판단하지도 않으며, 일부러 딴 데 신경을 쓰는 식으로 감정을 회피하지도 않으면서 그 감정을 온전히 경험하는 것이다. 이것을 깨어있는 상태라고 부른다.

마음속에서 올라오는 감정과 싸우거나 감정과 벽을 쌓는 대신, 감정에 깨어있을 때 우리가 누구인지에 대해 더 많이 발견할 수 있게 된다.

### 감정을 판단하지 않는 것이 왜 중요할까?

우리가 느끼는 감정에 대해 나쁘다고 판단하게 될 때마다 당연히 그 결과는 죄책감, 수치심, 불안 또는 분노와 같은 감정들이 뒤섞이면서 고통은 더 심해지고 견디기 힘든 것이 된다.

하지만 고통스러운 감정을 느꼈을 경우, 그러한 감정을 느낀 것 자체에 대해 불안해하지도, 죄책감을 느끼지도 않으려고 노력해보면 오히려 고통스러운 상황이나 감정을 훨씬 더 잘 견딜 수 있게 된다는 것을 발견하게 될 것이다.

이것은 우리가 화가 났을 때 화가 났다는 사실 때문에 더 화가 나거나, 우울하다는 사실 때문에 더 우울해지는 경우를 생각해보면 쉽게 알 수 있다. 그렇다면 어떻게 하면 자신의 감정을 판단하지 않으면서 관찰할 수 있을까?

· 어떤 식으로든 판단이나 평가하지 말고 단순히 감정을 관찰하자. 몸의 어느 곳에서 그 감정이 느껴지는지, 그 감정으로 인해 몸에서 어떤 변화가 느껴지는지를 그냥 관찰하자. 느껴지는 감정에 대해 '좋다/나쁘다', '즐겁다/괴롭다' 식으로 이름 붙이지 않으려고 노력하자.

· 그 감정을 느낄 때 마음속에서 어떤 생각이 스치는지, 그것이 나와 어떤 관계가 있는지 주목하자. 그 감정이 내게 도움이 된다거나 건강한 것이라고 생각할 경우, 그 생각 자체는 인정하되 감정 자체는 판단하지 말자. 반대로 그 감정이 내게 해롭다거나 건강하지 못하다고 생각될 경우에도 그 사실은 인정하되 감정 자체는 판단하지 말자.

· 어느 순간 감정을 판단하고 있는 내가 보일 경우, 그런 나에 대해서도 판단하지 말자. 그저 판단을 멈추고 이 과정을 계속하면 된다.

## 내 감정이 뭔지 알아야 감정을 변화시킬 수 있다 ● ● ●

자신의 감정을 아는 것과 그것을 바꾸기 위해 행동하는 것은 차이가 있지만 사실 이 둘은 함께 움직이기 마련이다. 어떤 상황에서 우리가 느끼는 감정이 무엇인지 인식하기 시작할 때, 우리는 그 감정을 바꾸려는 의지와 능력도 갖게 되는 것이다.

뉴햄프셔 대학의 심리학자로 EQ라는 용어를 처음 사용한 존 메이어John Mayer는 사람들이 자신의 감정을 챙기고 다루는 방식에 따라 서로 다른 유형으로 분류될 수 있다는 것을 발견했다.

· 감정에 깨어 있는 사람들

이런 사람들은 현재 자신이 느끼는 기분과 감정을 알고 있다. 사실 이렇게 자신의 감정을 또렷하게 알고 있다는 것은 이들이 지닌 성격적 특성들의 기반이 되기도 하는데 예컨대, 자율성, 자기만의 영역과 한계선이 확실함, 건강한 마음, 삶을 긍정적으로 바라보는 경향 따위가 그렇다.

안 좋은 기분에 빠질 때 이들은 그 감정에 잠기거나 집착하지 않고 다른 유형의 사람들보다 더 빨리 그 감정에서 벗어난다. 간단히 말해 이들은 자신의 감정에 깨어있기에 감정을 다루기가 수월한 것이다.

· 감정에 휘둘리는 사람들

이런 사람들은 종종 자신의 감정에 압도당하고, 그 감정에서 벗어날 수 없다고 느낀다. 마치 자기가 감정을 다스리는 것이 아니라 감정이 자기를 다스리는 것처럼 말이다. 이들은 자신의 감정을 잘 알지 못하고 동시에 변덕스러운 경향이 있다. 그리고 자신의 감정에 빠져 어찌 할 바를 모른다. 또한 자신이 감정을 통제할 수 없다고 느끼기 때문에 안 좋은 기분에서 벗어나려는 노력도 거의 하지 않는다.

· 감정을 그냥 받아들이는 사람들

이런 사람들은 종종 자신의 감정을 분명히 알고는 있지만 쉽게 그 감
정을 받아들이고, 바꾸려는 노력은 하지 않는 경향이 있다. 이들은 두
가지 유형으로 나뉘는데 첫째, 대개 기분이 좋은 상태라 그것을 바꾸
려는 동기가 거의 없는 경우이고 둘째, 안 좋은 기분을 쉽게 느끼지만
어쨌든 그것을 받아들이고 그러한 감정에 대해 분명히 알고 있는 경
우다.

이들은 아무리 기분이 안 좋고 고통스러워도 기분을 바꾸기 위해
애쓰지 않는다. 이러한 행동 유형은 종종 자포자기한, 우울한 사람들
에게서 볼 수 있다.


## 나의 본질 발견하기 ● ● ●

신체적, 정서적 차원에서 자신이 누구인가를 발견하는 것도 중요하
지만 그와 더불어 신체적 특징과도 상관없고 정서적 특징이나 성격
유형으로도 정의되지 않는 또 다른 면의 우리 자신이 있다는 사실을
발견해야 한다.

그것은 지금까지 우리가 살아온 삶이나 환경 때문에 생긴 결과도
아니며, 신념이나 견해에 영향을 받지도 않는 '나' 라는 사람의 본질
을 경험하는 것이다.

이러한 부분은 '나' 라는 사람의 궁극적인 본질이기 때문에 종종
참된 본성, 존재 또는 본질이라고 부르기도 한다. 본질은 영원하고
변하지 않는 것으로, 내가 누구인지를 정의할 때 핵심이 되는 부분

을 뜻한다.

일반적으로 사람들은 나의 몸, 인생사, 정서적 특징과 같은 것들이 변하지 않는 나의 일부이고, 이것이 나를 남들과 구별하여 정의해주는 부분이라 생각한다. 하지만 실제로 이런 것들은 극히 일부분일 뿐이며 단지 나의 외면만을 정의해줄 뿐이다. 게다가 부모에게서 받은 부정적인 메시지 때문에 나의 본질은 숨겨지고 덧씌워져 본질을 깨닫지 못하기도 한다.

그러므로 나 자신의 본질과 다시 연결되기 위해서는 나의 내면속으로 그리고 부정적인 부모의 메시지 아래로, 마음속 비판자의 아래로 그리고 스스로를 비판하는 말들 아래로 깊이 들어가야 한다.

본질 또는 참된 본성은 모든 사람에게 고유하게 나타나며, 그 고유함과 특별함은 태어나면서부터 이미 '내 안'에 있는 것이다. 그것은 이룩해서 얻는 것이 아니기에 빼앗길 수도 없다. 그것은 외모나 직업, 성공에 좌우되지도 않는다. 하지만 우리는 자신의 참된 본성과 교감하지 못하거나 심지어 그것이 있다는 사실조차 잊어버리고 살아가곤 한다.

본질이 존재한다는 것을 믿는다는 것은 우리에게 부모한테서 배우고 받아들인 것 이상의 능력과 가능성이 있다는 것을 믿는다는 뜻이다. 본질 또는 참된 본성은 인간으로서 가장 진실한 삶을 살기 위해 꼭 필요한 특성들로 이루어진다.

이러한 특성을 몇 가지만 들어보면 정직함과 기쁨, 연민, 의지, 강인함, 깨달음, 평화 같은 것들이다. 본질적인 특성은 습관이나 취향, 교육보다 더 깊은 곳에 자리하고 있으며, 누구에게나 깊은 무의식 속에 묻힌 잠재력으로서 존재한다.

사람의 궁극적인 가치는 신체적인 외형이나 지능, 재능 또는 물질적 성공 같은 특징에 달려있지 않다. 오히려 궁극적인 가치는 존재한다는 경이로운 사실, 마음 깊숙한 곳에서 본질적으로 선하고 현명하고 강한 존재라는 사실에 뿌리를 두고 있다. 이제부터라도 의식적으로 '나의 본질'을 존중해주는 연습을 해나가자.

## 이상화된 자기상이 우리를 불행하게 한다 ● ● ●

어린 시절 우리는 부모한테 사랑받고 인정받으려면 어떻게 해야 하는지 무엇이 요구되는지를 배웠다. 그 결과 자신에 대해 이상적이지만 비뚤어진 인식에 매달리게 되었다. 그리고 그 '이상적인 자기'는 우리가 어떤 사람이 되어야 하는가에 대한 마음속 이미지가 되어 버렸다. 그런 모습이 되어야만 아무 탈이 없고, 사랑받을 수 있고, 인정받고, 가치 있는 존재가 될 수 있다고 믿게 된 것이다.

그런데 현실은 그렇지 않다. 아이였을 때는 이상적인 모습이 되려고 애쓴 것이 부모의 인정을 가져다주었을지 몰라도 마음속 평화를 가져다주지는 못했다. 끊임없이 자신의 모습을 이상적인 모습과 비교하게 되면서 불안이 생기고 진이 빠지게 된다.

이상에 도달한다는 것 자체가 불가능한 일이기에 우리는 실패할 수밖에 없고, 늘 자신이 부족하고, 충분히 잘하지 못한다는 것을 발견하게 된다. 그 결과, 더욱 수치심과 죄책감을 느끼게 된다. 이상적인 모습이 가치 있을지는 몰라도, 그것이 우리 자신을 끊임없이 거부하게 만드는 꼴밖에 되지 않는다면 그래도 과연 그것이 좋은 것인지 의문해볼 필요가 있다.

심리학 쪽지

- 어렸을 때 학대받거나 방치당한 사람들은 어렸을 때 경험한 감정이 너무나 고통스러운 것이었기 때문에 감정을 억누르거나 스스로를 감정과 차단해 감정 자체를 느끼지 않으려고 애쓰게 된다. 그러다보니 나중에는 어떤 상황에서 자신이 느끼는 감정이 무엇인지 정의내리지 못한다. 그러나 자신이 느끼는 감정을 변화시키고 싶다면, 그 감정이 무엇인지부터 알아야 한다.

- 자각, 다시 말해 깨어있다는 것은 그 순간 자기가 느끼는 감정이 무엇인지 그리고 그 감정에 대한 자신의 생각이 무엇인지를 알고 있는 상태를 뜻한다.

- 자신의 감정이 무엇인지 잘 모를 때 가장 좋은 방법 가운데 하나는 자기 몸을 관찰하는 것이다. 몸은 그야말로 온몸으로 감정을 표현하며 우리에게 알려주려고 애쓰는데, 심지어 우리가 억눌러 두어 잊어버린 감정들까지 모두 기억하고 있다.

이상화된 자기상에서 벗어나 있는 그대로의 나를 껴안기

1. 아래 왼쪽 칸에는 나의 모든 긍정적인 특징, 능력, 재능, 잘하는
   영역을 쭉 적고, 오른쪽 칸에는 부정적인 특징, 성격, 한계, 나쁜
   습관들을 쭉 적어보자.

2. 이제 긍정적인 목록을 다시 읽어본 다음 그것들을 진심으로 받아들이자. 내가 진짜로 이런 좋은 점들을 갖고 있다는 사실에 마음껏 자부심을 느끼자.

3. 이번에는 부정적이거나, 이상적인 모습에 미치지 못하는 모습을 적은 목록을 다시 읽어보자. 객관적이 되려고 노력하면서 자신을 비난하지 말고 그냥 그런 모습들을 인정해주자. 예컨대, 이렇게 말하는 것이다.

"내게 조급하고 비판적인 면이 있는 것은 사실이야. 운동 신경이 많이 부족한 것도 그렇고."

4. 이상적이지 못한 모습 가운데 내가 더 노력하기를 원하는 것과 그냥 받아들여야 할 모습을 정해보자. 예를 들어 스스로에게 이렇게 말하는 것이다.

"내가 그렇게 조급하고 비판적이지 않았으면 좋겠어. 그런 면을 고치도록 노력할 거야. 운동 신경이 없는 것에 대해서는 그냥 내가 운동 잘하는 사람이 될 수 없다는 것을 받아들여야 할 것 같아."

5. 1번에서 적은 나의 가장 좋은 점들과 긍정적인 특성들을 다시 한 번 읽어보자. 그런 다음 소리 내어 읽어보자. 읽을 때 어떤 느낌이 드는지 생각해보자. 장점에 대해 수줍게 느껴진다면 이번에는 더 크고 더 힘찬 목소리로 읽어보자. 읽으면서 내가 얼마나 대단한 사람인지 자부심을 갖자.

# 8장

아이였을 때 받지 못한 것들,
이제 내가 나에게 주기

자신이 가치 있는 존재라는 느낌 곧 '나는 귀한 사람이야'라는 것은 정신건강의 본질이며 자기 훈련의 바탕이 된다. 왜냐하면 사람은 자신이 귀하다고 생각할 때 필요한 모든 것을 동원해 스스로를 돌보기 때문이다. 자기 훈련은 자기를 돌보는 것이다.

—M. 스콧 펙

우리가 온전한 사람으로 자라기 위해서는 인격이 만들어지는 시기인 갓난아기 시절과 유아기 그리고 아동기에 참된 수용-받아들여짐을 경험할 수 있어야 한다. '부모가 나를 진심어린 눈으로 바라보는구나', '부모의 눈에 나는 사랑스럽고 소중한 존재구나'라는 것을 느낄 수 있어야 한다.

건강한 부모는 아이가 상처받았을 때 진심으로 걱정해준다. 아이의 상처를 돌봐주고, 사랑이 가득한 목소리로 아이에게 말을 걸어주며, 아이가 당한 상황을 이해하고 있다는 것을 말과 행동으로 아이에게 알려준다. 그러면 아이는 부모의 말과 행동이라는 거울을 통해 자신이 받아들여지고 있고 이해받고 있다는 것을 느끼게 된다.

이렇듯 부모가 아이에게 보여주는 공감과 연민은 아이로 하여금 자신이 본질적으로 사랑받을 만하고 가치 있는 존재라는 것을 느끼게 해준다.

그러나 만약 아이가 이러한 공감적 반응을 받지 못한다면, 아이는 사랑받는다고 느끼지 못하게 되고, 자신에 대한 연민도 가질 수 없게 된다. 안타깝게도, 지나치게 비판적이거나 자기도취적인 부모 또는 너무 많은 것을 요구하는 부모 밑에서 자란 아이들은 부모의 왜곡된 거울 때문에 자신의 본질적인 가치를 보지 못한 채 자라게 된다.

이번 장에서는 어렸을 때 놓쳤던 많은 것들, 이를테면 부모의 공감해주는 반응이라든가 적절한 돌봄, 잘 반응해주는 양육과 같은 것들을 스스로에게 제공해주도록 돕는 데 집중할 것이다.


## 내가 나에게 '공감해주는 거울' 되어주기 ● ● ●

어린 시절 정서적으로 학대받은 사람들은 부모의 무시하는 눈길 또는 감시하는 눈길을 받으며 자랐을 가능성이 높다. 그런 지배 아래 자라면서 때로는 자신이 현미경 아래 놓인 벌레 같다고 느꼈을지도 모른다. 또 때로는 한쪽 구석에 버려진 아이 같다는 느낌을 받았을 수도 있다. 그 결과, 자신의 결점을 찾는 버릇이 생기고 비판적이고 거부하는 눈으로 자기 자신을 바라보게 되었을 것이다.

부모의 감시는 아이의 자발성을 무기력함으로 바꾸어 놓는다. 감시하거나 비판하는 부모의 눈길을 느낄 때, 아이는 자유롭게 세상을 탐험하고 그러면서 자신이 좋아하는 일이 무엇인지를 발견해가는 것이 아니라, 부모한테 비난받을 일을 피하기 위해 스스로의 행동을 제한하고 가두는 법을 익히게 된다.

따라서 자신의 이러한 경향에 맞서고 비뚤어진 자기상을 바로잡기 위해서는 먼저 자신을 있는 그대로 받아들이려는 노력이 필요하다. 자기 자신을 뭔가 잘못한 게 없나 찾으려고 혈안이 된 모난 눈이 아닌, 연민의 마음이 담긴 둥글둥글하고 서글서글한 눈으로 바라봐주는 노력이 필요하다는 것이다. 다음 방법들은 비판적인 모난 눈을 연민 어린 서글서글한 눈으로 바꾸는 데 도움이 될 것이다.

· 실수를 할 때나 뭔가에 실패할 때마다 마음속 비판자가 혹독하게 야단치도록 가만 놔두는 것이 아니라, 자신에게 '난 최선을 다했어', '나도 사람이고, 사람은 누구나 실수하는 거야'라고 이야기 해주자. 이것은 자신의 행동에 대해 변명하는 것과 다르다. 이것은 단지 우리 모두가 아무리 열심히 노력하더라도 실패할 수 있다는 사실을 연민 어린 마음으로 받아들이는 것이다. 자신을 비난하고 깔아뭉갤 때보다 이렇게 스스로에게 상냥하고 이해심 많은 태도로 이야기할 때, 더 열심히 해야겠다는 동기를 훨씬 더 강하게 느끼게 될 것이다.

· 실수하거나 어떤 목표를 이루는 데 실패할 때마다 스스로에게 '내 가치는 내가 무엇을 이루느냐에 좌우되는 것이 아니다'라고 그리고 '나는 타고난 가치와 소중함을 가진 존재'라는 것을 일깨워주자.

· 실패할 때마다 목표가 적절한 것이었는지 스스로에게 물어보자. 나의 현재 모습과 상황을 고려할 때, 목표가 너무 높았던 것은 아닌가? 자신에게 좀 더 합리적인 기대를 갖는 것부터 시작하자. 이루는 것이 가능하고, 이루었을 때 자존감이 높아질 수 있는 목표를 세우자.

# 돌봐주는 마음속 목소리 만들기 ● ● ●

### −스스로에게 엄마 되어주기−

스스로에게 긍정적이고 공감적인 반응을 제공해주는 기본 방법 가운데 하나는 '돌봐주는 마음속 목소리'를 만들어내는 것이다. 돌봐주는 마음속 목소리를 만들어내면 마음속 비판자의 목소리도 한결 누그러들고, 마음속 비판자가 균형을 이루는 데에도 도움이 된다. 돌봐주는 마음속 목소리를 만들어낸다는 것은 어린 시절 갖지 못했던 공감해주는 부모의 목소리를 이제 우리가 스스로에게 들려주는 것을 뜻한다.

그렇다면 어떻게 하면 돌봐주는 마음속 목소리를 만들어낼 수 있을까? 어떻게 하면 비판적인 부모의 목소리가 채우고 있는 자리를 호의적이고 따뜻하게 반응해주는 목소리로 바꿔놓을 수 있을까? 정원을 가꾸려면 씨앗이나 모종을 심는 과정이 필요하듯이, 먼저 아래와 같이 우리 안에 돌봐주는 목소리를 심는 작업이 필요하다.

- 나의 내면으로 들어가 의식적으로 나 자신과 친밀한 교감을 만들어내는 것부터 시작하자. 단지 할 수 있는 한 자주 스스로에게 '난 지금 어떤 기분이지?'라고 물어주는 것부터 시작하면 된다.
- 마음속에서 자상하면서도 강인한 목소리를 불러내보자. 그 목소리는 내 내면의 타고난 강인함, 선량함, 지혜와 깊이 연결되어 있다. 돌봐주는 목소리를 아무리 찾으려고 해도 잘 안 된다면, 자신이 알고 있는 자상하면서도 강인한 사람(예: 상담자, 후원자, 친한 친구)의 목소리를 떠올려보자.

· 스스로를 비난하고 있거나 심하게 대하고 있는 나를 발견할 때마다 의식적으로 이것을 '돌봐주는 목소리'로 바꿔보자.

· 내가 더 잘하게 된 일이나 내가 한 좋은 일에 대해 정기적으로 스스로를 칭찬해주는 연습을 하자.

### 돌봐주는 목소리를 만들기가 어렵다면

앞서 로레인의 이야기를 했다. 로레인의 어머니는 로레인이 뭘 하든 만족하는 법이 없었다. 안타깝게도 로레인은 자라면서 어머니의 비판적인 태도를 받아들이게 되었다. 어머니의 가혹한 목소리는 늘 그녀의 마음속에서 메아리쳤다.

로레인과 상담을 시작했을 때, 나는 마음속 비판자의 목소리에 집중하고, 그것을 돌봐주는 마음속 목소리로 바꾸어나가는 연습을 시작하라고 했다. 하지만 로레인은 그것을 너무나 힘들어했다.

"돌봐주는 목소리를 찾을 수가 없어요. 비난하는 엄마의 목소리밖에 안 들려요."

하지만 더 많은 시간이 지난 뒤 그녀는 이따금 내 목소리가 들린다고 했다.

"가끔 어떤 일을 해야 하나 말아야 하나 망설일 때 선생님의 목소리가 들렸어요. 그 일이 나 자신을 돌보는 것이 되느냐고 물어보는 목소리였어요. 어떤 때는 선생님이 저한테 부드럽게 말하는 목소리가 들리기도 했어요. 제가 정말 상처받고 있다는 것을 알게 될 때 선생님이 부드럽게 대해주시던 것처럼 그렇게요."

로레인은 마음속에서 돌봐주는 목소리를 발달시킬 수 있을 때까지 우선 내 목소리를 활용했다. 이처럼 받아들여지고 관심 받고 사랑받는다는 것을 느끼게끔 해주는 사람이 있다면 그 사람의 목소리를 이용하는 것도 좋은 방법이다. 아니면 어린 아이나 애완동물에게 말할 때 내는 목소리를 이용해보는 것도 좋다최근의 한 연구에서는 다정하고 톤이 높은 목소리에 아기들이 가장 잘 반응한다는 사실이 밝혀졌다.

## 건강한 한계선 만들어주기 ● ● ●

### -스스로에게 아빠 되어주기-

돌봐주는 마음속 목소리이것은 건강한 사랑과 양육을 제공해주는 어머니를 상징한다를 만들어내는 것만큼이나 자신에게 건강한 한계선이것은 강인한 아버지를 상징한다을 제공해주는 것 역시 중요하다. 어머니가 돌봄을 뜻한다면 아버지는 안전, 틀, 한계를 뜻한다. 역사적으로 어머니는 1차적으로 자녀를 돌보는 것에 책임이 있었고, 아버지는 가르치는 역할을 해왔다.

그러나 부모가 아이를 제대로 돌볼 의지나 능력이 없을 경우, 아이에게 한계선을 정해주는 것 역시 제대로 해주지 못하기가 쉽다. 그런데 명확한 한계와 기대치가 없을 경우 아이는 혼란스럽거나, 길 잃은 느낌이거나, 어쩔 줄 몰라 하거나, 불안해하게 된다. 올바른 한계와 도덕적 지도를 받지 못한 아이들이 충동적이고 공격적이 되거나, 아니면 반대로 두려워하고 수동적이 되는 경향이 강하다는 것은 이미 널리 알려진 사실이다.

다음은 적절한 한계선과 관련해 스스로에게 질문해보면 좋은 내용들이다. 각 문항에서 '부모님'은 엄마나 아빠를 뜻한다

- 부모님이 나에게 가졌던 기대는 적절했는가?(너무 어렵지도, 너무 쉽지도 않았는가?)
- 부모님의 기대가 나에게 분명하게 전달되었는가? 아니면 부모님이 내게 무엇을 기대하는지 알아내기 위해 끊임없이 혼자 짐작을 해야 했는가?
- 부모님이 개인적인 한계를 정하는 것과 관련해 나에게 좋은 역할 모델이 되었는가?
- 부모님이 먹는 것이나 술 마시는 것, 일하는 것, 쇼핑하는 것 등 어느 것에서든 도가 지나친 것을 자주 보았는가?
- 부모님이 올바른 영양이나 적절한 휴식이나 수면, 또는 여가 활동을 스스로에게 허용하지 않는 것을 자주 보았는가?
- 나는 현재 스스로에게 합리적인 기대를 갖고 있는가?
- 나는 스스로에게 박탈적이 되지 않으려고 또는 지나치게 관대하지 않으려고 애쓰는 편인가?

어떻게 하면 스스로에게 건강한 한계를 정해줄 수 있을까?

부모가 아이의 행동에 건강한 한계를 정해주지 못할 때, 아이는 스스로에게 너무 관대하거나 아니면 반대로 너무 엄격해지는 경향을 갖게 된다. 자신에게 너무 관대해지면 너무 태평스러운 나머지 행동하기를 망설이고, 할 일이 있을 때마다 늑장을 부리거나 포기해버려 늘 자신이나 다른 사람들을 실망시키게 된다.

반대로 스스로에게 너무 엄격해지면 보통 사람의 한계를 넘어서는 기준을 자신에게 강요하고 무자비하게 자신을 몰아붙이는 완벽주의자가 되고 만다.

그렇다면 어떻게 하면 건강한 한계를 정해주는 마음속 아버지를 만들어낼 수 있을까? 어떻게 스스로에게 건강한 한계를 정해줄 수 있을까?

아이에게 효과적인 한계를 정해주기 위해서는 부모가 늘 아이를 관찰하고 아이에 대해 잘 알고 있어야 한다. 아이에게 부모의 가르침이 필요한 때는 언제인지, 반대로 스스로 깨닫는 것이 필요한 때는 언제인지 구별할 수 있어야 한다.

또한 아이에게 분명하게 '안 돼'라고 말해야 할 때와, 반대로 좀 더 너그러워져야 할 때를 구별할 줄 알아야 한다. 그래야만 건강한 한계를 정해줄 수 있다.

그리고 이제는 우리가 스스로에게 그래줄 필요가 있다. 이것은 자신에게 끊임없이 관심을 기울이고 자신의 감정과 행동을 관찰하는 것을 뜻한다. 왜냐하면 그래야만 자신에게 돌봐주는 목소리가 필요한 때가 언제인지, 한계를 정해주는 목소리가 필요한 때가 언제인지 알 수 있기 때문이다.

그렇지 않으면 정작 격려가 필요할 때 오히려 자신에게 너무 엄해지거나, 반대로 제한과 한계가 필요할 때 자신에게 너무 관대해지고 말 것이다.

예를 들어 밤에 너무 늦게까지 깨어 있고 그래서 다음날 아침에 기진맥진하는 편이라면, 자신에게 적절한 한계를 정해주고 있지 않은 것이다. 그렇다면 이것을 바꾸기 위해 어떻게 해야 할까?

첫째는 그 행동과 행동의 결과를 깨닫는 것이다. '거울일기'에 밤에 너무 늦게 잔 다음날 아침 그리고 그날 온종일 어떤 기분이 드는지 기록해보는 것이다.

다음 단계는 그 행동을 바꿔 나가기로 결심하는 것이다. 이를테면 처음 한 주 동안은 평소보다 15분만 더 일찍 잠자리에 들고, 다음 주에는 다시 그보다 15분 더 일찍 잠자리에 들기로 결심하는 식이다. 그리고 잠자리에 드는 시간이 15분씩 앞당겨질 때마다 느껴지는 에너지나 태도의 변화를 거울일기에 적어 나가는 것이다. 이 과정을 합리적이고 건강한 취침 시간을 갖게 될 때까지 계속해나가면 된다.

### 건강한 한계를 정해주는 것이 나를 사랑하는 것이다

자신에게 한계를 정해주는 것이 자신을 사랑하고 돌봐주는 행위라는 말이 이해하기 힘들 수도 있다. 특히 한계가 늘 박탈처럼 느껴졌거나 부모가 늘 벌주기 위해서 한계를 정해주었던 경우라면 더욱 그럴 것이다.

하지만 '자기 훈련은 자기 돌봄이다'라는 말처럼, 적절한 한계를 정해주는 것은 자기 자신에 대한 사랑이다. 이러한 사실을 꾸준히 스스로에게 일깨워주면 한계를 정해주는 것에 대한 저항감을 이겨내는 데 도움이 될 것이다.

앞서 이야기했듯이, 적절한 한계뿐만 아니라 스스로에게 합리적인 기대치를 설정하는 것 역시 강한 마음속 아버지를 만들어내는 데 있어 중요한 측면이다. 스스로에게 합리적인 기대, 다시 말해 너무 가혹하지도 너무 느슨하지도 않는 기대치를 세우는 것이다. 그렇지 못할 경우, 스스로에게 실망하게 될 수밖에 없거나 반대로 너무 느슨하게 지내는 바람에 자신의 참된 잠재력에 이르지 못하게 된다.

합리적인 기대란 자신의 과거, 현재 상황 그리고 현재 자신의 모습에서 볼 때 도달할 수 있는 것이어야 한다. 예를 들어 어린 시절에 정서적으로 학대받은 사람이라면, 현재 낮은 자존감과 강한 마음속 비판자 그리고 건강하지 못한 수치심으로 괴로워하고 있다는 것은 당연하고 타당하며 충분히 그럴 만하다.

그런데 그 정서적 학대로 인한 상처를 하룻밤 사이에 극복하겠다는 것은 비합리적이고 터무니없는 기대다. 하지만 이 책을 읽고 거울 치료 과제를 성실히 해나가면서 정서적 학대로 인한 손상을 많은 부분 이겨나가겠다는 생각은 합리적인 기대라고 할 수 있다.

## 삶에서 균형 찾기 ● ● ●

### ‒잘 반응해주는 부모 되어주기‒

부모는 정말로 선한 뜻에서 아이를 대하는데도 부모의 그러한 양육 방식이 오히려 균형감을 잃는 꼴이 되는 경우도 흔하다. 이런 부모들은 아이에게 박탈적이거나 아이의 욕구를 무시하고 아무것도 해주지 않는 것 아니면 너무 허용적이 되어 모든 응석을 다 받아주는 모습을 보인다.

이러한 양육 방식의 원인은 부모 자신이 어떻게 길러졌는가로 거슬러 올라간다. 예를 들어 그들의 부모가 지나치게 자녀를 정서적으로 숨 막히게 하고 자녀에게 몰두해 있었다거나, 아니면 자녀와 지나치게 거리를 두고 동떨어지게 살았다든지.

박탈적인 것과 너무 허용적인 것은 사실 동전의 양면이라고 할 수 있다. 어렸을 때 아무것도 받지 못한 부모는 자신이 배운 양육 방식대로 자기 아이에게도 아무것도 해주지 않게 되거나, 반대로 자기 부모와 똑같은 실수를 하지 않으려는 마음 때문에 아이의 모든 응석을 다 받아주게 되는 것이다.

우리의 목표는 이 두 극단 사이에서 균형을 이루어내는 것이다. 곧 스스로에게 너무 박탈적이지도 너무 관대하지도 않은 균형을 찾는 것이다. 이 중간 지점을 '반응적이다responsiveness' 라고 한다.

잘 반응해주는 부모는 아이의 욕구를 민감하게 알아차린다. 아이에게 깊은 관심을 기울이고, 아이의 욕구가 무엇인지 알게 되면 채워주려고 노력한다. 그러므로 사실은 아기가 배가 고파서 우는 것인데 엉뚱하게 기저귀만 갈아준다거나, 안아달라고 우는 것인데 먹을 것을 주는 따위의 반응을 보이는 일이 거의 없다.

잘 반응해주는 부모는 아이의 진짜 욕구가 무엇인지 잘 알아차리고 채워주기 때문에, 아이를 방치했다던가 하는 것에 대한 미안함 때문에 아이의 응석을 모두 받아준다거나 할 필요가 없다. 그리고 부모 스스로 아이의 진짜 욕구에 잘 반응해주었다는 것을 알고 있으므로 아이에게 뭔가 잘못했다는 느낌 때문에 괴로워하지도 않는다.


잘 반응해주는 부모가 아이의 욕구를 잘 알아차리듯이, 이제는 우리가 우리 자신의 욕구가 무엇인지 잘 인식하고 이에 민감해질 필요가 있다. 우선 자신의 진짜 욕구가 무엇인지 제대로 알아야 그것을 채워줄 수 있기 때문이다.

내가 무엇을 필요로 하는지 어떻게 알 수 있을까?

안타깝게도 자신의 진짜 욕구를 발견하는 것은 쉽지 않다. 특히, 지나치게 관대했거나 반대로 박탈적이었던 부모 밑에서 자란 경우 더욱 그렇다. 이들은 어른이 되어서도 자신을 어떻게 돌봐야 하는지를 모른다. 부모가 그들의 욕구를 자주 무시했기 때문에 자신도 계속해서 자신의 욕구를 무시하는 경우가 많다.

어느 상황에서든 자신의 욕구 또는 필요가 무엇인지 알아차리는 한 가지 방법은 자신의 감정을 알아보는 것이다. 이는 욕구와 감정이 연결되어 있기 때문이다. 세심하게 관심을 기울여보면 우리 감정이 우리의 욕구가 무엇인지를 말해줄 것이다. 다음은 자신의 감정과 자신의 욕구를 잘 연결 짓는 데 도움이 되는 방법들이다.

- 하루에 여러 번 마음속으로 들어가 나 자신에게 기분이 어떤지 물어보면서 나의 상태를 알아보자.
- 내가 느끼는 감정이 무엇인지 알았으면, 그에 따르는 욕구는 무엇인지 찾아보자. 스스로에게 '내가 뭘 원하지?'라고 물어보자. 너무 자세하거나 복잡하게 대답하면 오히려 혼란스러워지므로 가장 단순하게 대답해보자. 예컨대, 배가 고프다면 음식을 원하는 것이고, 죄책감을 느낀다면 사과하고 싶은 것이다.
- 어쩌면 감정은 한 가지인데 거기에 여러 가지 욕구가 관련되어 있을 수도 있다. 예를 들어 외롭다고 느낄 경우 자신의 진짜 욕구는 친구에게 전화를 거는 것일 수도 있고, 파트너의 따뜻한 포옹이 필요한 것일 수도 있고 또는 자신과의 교감이 필요한 것일 수도 있다.

· 나의 진짜 욕구를 알았으면 그 욕구에 대한 반응도 제대로 해주어야 한다. 예컨대 "난 슬퍼. 그러니 초콜릿을 먹어야 해", "난 화났어. 그러니 그를 때려야겠어" 같은 경우, 욕구에 진정으로 반응해주었다고 할 수 없다.

우리의 타고난 지혜를 써서 좀 더 합리적이고 진정으로 자신에게 도움이 되는 해결책을 찾아야 한다. 그러려면 스스로에게 "좋아, 내가 진짜로 원하는 게 뭐지?"라고 물어보자. 그러면 "나 자신을 표현하는 것(예: 글을 쓰거나 노래하기)", "신체적인 것(예: 걷거나 뛰기)", "계획 짜기" 또는 "교훈 얻기(예: 다음번에는 ~할 거야)" 같은 대답이 있을 수 있다.


## 나는 나를 얼마나 잘 돌보고 있을까? ● ◆ ●

다음 질문들은 스스로를 돌보는 능력과 스스로에게 한계를 정해주는 능력을 알아보기 위한 것이다. 해당하는 문항에 ∨표 하면 된다.

1. 나는 어느 때든지 내 기분을 알고 있다. ___

2. 나는 대부분 내 감정에 무감각하다. ___

3. 나는 내 욕구를 알아차리고 채울 수 있다. ___

4. 나는 내 욕구를 알아차릴 수 없고 그래서 욕구를 채울 수도 없다. ___

5. 나는 다른 사람들에게 도움을 청할 수 있다. ___

6. 나는 사람들과 떨어져 혼자 있기 때문에 도움을 청할 수가 없다. ___

7.나는 합리적인 기대(너무 높지도, 너무 낮지도 않은)를 세울 수 있다. ____

8.내가 자신에게 세우는 기대는 종종 너무 높거나 너무 낮다. ____

9.나는 마음이 안정되어 있다. ____

10.나는 대부분의 시간에 공허하고 무감각하고 어쩔 줄 모르는 느낌
   이 든다. ____

11.내 '마음속 목소리'는 자상하고 따뜻하다. ____

12.내 '마음속 목소리'는 비판적이고 많은 것을 요구한다. ____

13.삶이 힘들 때 나는 내면으로부터 스스로를 달래줄 수 있다. ____

14.삶이 힘들 때 나는 음식이나 술, 마약 또는 다른 외부의 해결책으
   로 자신을 달랜다. ____

15.나는 과거의 고통을 느끼고 그것을 떠나보낼 수 있다. ____

16.나는 내 과거에 대한 괴로운 감정을 외면한다. ____

17.나는 신체적으로 활동적이다. ____

18.나는 신체적으로 활동적이지 않다. ____

19.나는 건강한 식습관을 갖고 있다. ____

20.나는 건강한 식습관을 갖고 있지 않다. ____

21.나는 몸과 마음, 영혼을 회복하기 위한 시간을 갖는다. ____

22.나는 나 자신을 더, 더, 더 하라며 계속해서 몰아붙인다. ____


홀수 문항에는 체크한 것이 거의 없고 짝수 문항에는 대부분 체크
했다면, 자신을 잘 돌보는 능력과 스스로에게 적절한 한계를 정해주
는 능력이 부족하다고 볼 수 있다.

정서적 학대와 방치를 겪은 사람들은 종종 스스로의 감정과 단절

되어 있거나 무감각하기 때문에 어떤 상황에서 자신이 실제로 필요로 하는 것이 무엇인지 모를 수 있다.

예컨대, 배고픔이라는 감정에 무감각해지면 몸이 에너지를 필요로 할 때도 음식을 먹지 않는다. 또한 슬프거나 외로울 때도 울지 않거나 이야기할 상대를 찾지 않게 된다. 이것은 어렸을 때 '내가 채워지길 원했던 것'과 '내게 채워진 것'이 서로 달랐기 때문이다.

아이가 사랑을 느낄 수 있으려면 먼저 사랑받는 것이 필요하다. 이것은 자기 자신에 대한 사랑도 포함한다. 우리가 자신을 사랑하지 않는다면 스스로를 돌보려는 마음도 생기지 않는다. 그러다보니 정서적으로 학대받거나 방치당한 사람들은 자기 자신을 잘 돌보려고 하는 마음을 가진 사람들을 만날 때면 놀라운 눈으로 그들을 바라본다.

'어디서 저런 마음이 나올까?'

'왜 저 사람들은 자기 건강이나 자기 모습에 저렇게 마음을 쓸까?'

그러고는 자기 안에 무엇인가가 심각하게 빠져 있다는 것을 사무치게 느끼게 된다. 케이크 한 조각을 거절할 수 있고, 출근 전에 운동하기 위해 아침 6시에 일어날 수 있고, 학대하는 배우자를 떠날 결심을 할 수 있게 만드는 그런 마음. 그것이 자신에게 없다는 것을 느끼게 되는 것이다. 그것은 바로 자기를 사랑하는 마음이다.

방치당하거나 학대받으며 자란 성인들 가운데는 스스로를 가치 없는 사람으로 여기기 때문에 자신을 돌보지 않는 경우도 많다. 이것은 아이들이 그들이 당하는 방치와 학대가 자신의 탓이라고 생각하는 경향과 비슷하다.

아이들은 '내가 나쁘기 때문에 엄마가 날 그렇게 대하는 거야'라거나 '내가 사랑받을 만하지 못하니까 무시당하는 거야'라고 스스로에게 말하면서 자신이 받는 대우를 합리화하는데, 이런 아이들은 어른이 된 뒤 친구들이나 친척들, 연인이 자기를 함부로 대해도 그 역시 자신의 탓이라 믿으면서 참아내는 경우가 많다.

## 건강한 방식으로 자신을 달래주는 법 배우기 ✳ ◆ ●

자기 돌봄의 또 다른 부분은 자신을 달래줄 수 있는 힘이다. 잘 반응해주는 엄마는 아기가 울 때 재빨리 반응한다. 아기를 안아주고 부드러운 목소리와 손길로 달래준다. 아기에게 필요한 것이 무엇인지, 배가 고픈 건지 기저귀가 젖은 건지 아니면 그저 안아주고 달래주길 바라는 것인지를 확인한다.

그러면 아기는 엄마의 이러한 공감적 반응을 통해 무의식 속에서 자신이 필요로 하는 것을 필요한 때에 얻을 수 있으며, 모든 것이 괜찮아진다는 것을 배운다. 그리고 이처럼 자신이 적절하게 반응을 받고, 돌봄을 잘 받을 거라는 무의식적인 경험은 곧 자기 자신을 달래줄 수 있는 힘으로 이어진다.

또 다른 엄마와 아기의 경우를 상상해보자. 이 엄마는 산만하고 참을성이 모자란다. 엄마는 아기가 아무것도 할 줄 모르며 그래서 엄마인 자신이 그때그때 아기의 필요를 채워주어야 한다는 사실이 두렵고, 그런 자신이 부족하고 못나게 느껴진다. 그리하여 아기에게 차분하고 자신 있게 반응해주지 못하고, 불안하고 초조하게 반응함으로써 아기에게 안전하지 않다는 느낌을 전해준다.

그러면 아기는 달래주는 손길을 통해 안심하게 되는 것이 아니라 오히려 더 불안해진다. 아기는 불안할수록 더 보채고, 덩달아 엄마도 더욱 불안해진다. 이제 아기는 엄마의 보살핌에 도저히 안심할 수 없기 때문에 먹을 것을 주어도, 보송보송한 기저귀로 갈아주어도 여전히 불안해하고 보채게 된다.

만약 엄마가 아기를 이런 식으로 또는 맞지 않는 방식으로예: 오랫동안 혼자 놔둔다거나, 짐작할 수 없는 반응을 보여준다거나 하는 식으로 계속 대한다면 아기는 자신을 효과적으로 달래줄 줄 모르는 어른으로 자라나기 쉽다. 뭔가 도전을 해야 하거나 불확실한 상황에 놓일 때마다 균형을 잃고 괴로워할 것이다.

이런 사람들은 아기 때의 초기 경험을 통해 '잘 안 될 거야', '내 욕구는 채워지지 않을 거야', '세상은 안전한 곳이 못 돼'라는 생각을 키워나가기 쉽다물론, 이미 태어날 때부터 비공감적인 반응에 더 민감하고 쉽게 상처받는 아기들도 있다.

만약 자신이 삶에서 어려움이 생길 때마다 심각하고 통제할 수 없는 괴로움을 자주 느꼈다면 그리고 그 괴로움이 너무 강해 공허함과 깊은 절망을 자주 경험했다면, 그것은 갓난아기였을 때 부모가 당신의 욕구나 필요에 대해 부드럽게 달래주는 방식으로 대해주지 않았기 때문일 것이다. 또한 그것은 갓난아기였을 때 굉장한 혼란스러움부모님이 싸우는 소리를 자주 듣는다든지이나 부모의 방치 또는 분노를 경험했음을 뜻할 수도 있다.

하지만 다행스러운 것은 초기 경험들이 그렇다 해도 스스로를 달래주고 진정시키는 법을 배울 수 있다는 것이다. 또한 자신의 욕구에 귀 기울이고 이를 존중하는 법도 배울 수 있다.

그리고 스스로를 달래주는 능력을 발달시키게 되면 우리는 실수를 했을 때에도 자기 자신을 사랑할 수 있게 되며, 우리의 몸이 쉼과 영양분을 원한다는 신호를 보낼 때 이를 무시하지 않게 될 수 있다.

이렇듯 자신을 달래주는 능력은 '돌봐주는 마음속 목소리'를 만들어내는 것과 함께 시작된다. 괴로운 상황에 놓여 있다는 것을 깨달았을 때 심하게 두려워하고 무슨 일이 벌어질지 불안해하며 집착하는 대신, 스스로에게 조용하고 자상한 목소리로 말을 걸어보자. 마음속으로 이야기해도 좋고 혼자 있다면 소리 내어 말해도 좋다.

"괜찮아, 넌 잘 이겨낼 수 있어."

"이번에도 잘 견뎌낼 거야."

비판받는다고 느껴지거나 마음속 비판자가 공격의 말을 쏘아대려고 할 때도 스스로에게 '완벽하지 않아도 괜찮아', '그냥 있는 그대로의 너로도 충분히 괜찮아. 완벽하지 않은 모습도, 그 어떤 모습도 말이야'라고 말해주며 스스로를 달래주는 연습을 해보자.


## 부모가 나를 대했던 방식으로 나를 대하는 나 ● ◆ ●

정서적 학대나 방치를 당한 사람들은 부모가 자기를 대했던 방식과 똑같이 자기 자신을 대한다. 부모가 그랬듯이 자기 자신을 통제하고, 부모가 그랬듯이 스스로에게 수치심을 주거나 방치하는 것이다. 박탈당하는 것에 너무 익숙한 나머지 자신을 여러 가지로 계속해서 박탈시키고, 유기당하는 것에 너무 익숙한 나머지 자신을 계속해서 유기하고 만다.

그러므로 자기 돌봄에서 가장 중요한 한 부분은 어렸을 때 부모님이 나를 대했던 방식대로 내가 나를 대하고 있는 모습들을 모두 찾아내는 것이다. 다음의 방법들이 내가 자신을 어떻게 대하고 있는지 살펴보는 데 도움이 될 것이다.

· 부모님이 나를 돌보는 것을 어떤 식으로 소홀히 했는지 생각나는 모습을 모두 적어보자. 여기에는 부모님이 정서적으로나 신체적으로 나에게 박탈시킨 것들도 포함되며 또한 부모님이 나에게 지나치게 관대했던 모습들도 해당된다. 이 글을 쓰고 있는 나의 경우 다음과 같았다.

- 엄마는 내 위생을 돌보지 않았고, 어떻게 해야 하는지(예: 이 닦는 것이나 씻는 것, 머리 빗는 것 따위) 가르쳐주지도 않았다.

- 엄마는 내가 어릴 때 우스꽝스럽게 옷을 입혔고, 내가 스스로 옷을 입을 수 있는 나이가 되었을 때 어떤 식으로 옷을 입어야 하는지 가르쳐주지 않았다.

- 엄마는 내게 얼마만큼 먹어야 하는지에 대해 아무런 한계를 정해주지 않았다.

- 엄마는 내가 학교에 가기 전에 아침밥을 준비해주려고 일어나지도 않았고, 아침밥을 먹을 수 있게 준비해놓지도 않았다.

- 엄마는 내가 밤에 너무 늦게까지 자지 않고 있어도 그냥 내버려두었다.

- 엄마는 굉장히 많은 시간 동안 나를 혼자 내버려두었다.

· 그런 다음 적은 내용을 자세히 살펴보고, 부모님이 나를 대한 방식과 지금 내가 스스로를 대하는 방식 사이에 어떤 관계가 있는지 살펴보자. 어른이 된 내가 스스로를 방치하거나 멋대로 내버려두는 모습들을 모두 적어보는 것이다. 이 글을 쓰고 있는 나의 경우는 다음과 같았다.

— 나는 너무 많이 먹는 경향이 있다. 빼앗길 것 같거나 모자랄 것 같은 마음이 들어서 그러기도 하고, 습관적으로 그러기도 한다.

— 나는 밤에 너무 늦게까지 깨어 있다.

— 나는 아침에 일어나기가 힘들고, 아침밥을 거의 먹지 않는다.

— 나는 엄마가 그랬던 것처럼 앉아서 잡지를 읽거나 TV를 보는 경향이 있으며, 최근에서야 수영을 하고 자전거를 타기 시작했다.

— 나는 다른 사람들과 떨어져 혼자 있는 편이다. 친구에게 전화를 걸거나 친구들과 놀러갈 약속을 별로 하지 않는다.


우리는 부모에게서 배운 대로 스스로를 박탈하고 내버려두는 방식을 되풀이할 필요가 없다. 자신이 아이였을 때 받지 못한 것들에 대한 보상으로 스스로를 멋대로 하도록 내버려두고 싶은 마음이 들 수도 있지만, 그것은 어린 시절의 박탈을 보상해주지 못한다. 어렸을 때 받지 못한 것들을 채워줄 수 있는 유일한 길은 내가 나에게 '반응해주고 돌봐주는 부모'가 되어주는 것이다.

## 심리학 쪽지

• 아이가 유아기 때부터 자신이 가치 있는 존재라는 것을 알기 위해서는 부모가 아이에 대해 긍정해주고 공감해주는 거울이 되어야 한다.

• 정서적으로 학대받거나 박탈당하며 자란 사람들이 스스로에게 어린 시절에 받지 못했던 것들을 받게 해주려면, '돌봐주고 잘 반응해주는 마음속 어머니'와 '건강한 한계선을 정해주는 마음속 아버지'를 만들어내야 한다.

• 우리가 스스로를 달래주는 능력을 발달시키게 되면 실수를 했을 때에도 자기 자신을 사랑할 수 있게 되고, 우리의 몸이 쉼과 영양분을 원한다는 신호를 보낼 때 이를 무시하지 않게 된다.

## 나는 나를 어떻게 대하고 있는가?

1. 부모님이 나를 돌보는 것을 어떤 식으로 소홀히 했는지 생각나는 모습을 모두 적어보자.

---

---

---

---

2. 어른이 된 내가 스스로를 방치하거나 또는 멋대로 내버려두는 모습들을 모두 적어보자.

---

---

---

---

3. 1번과 2번에서 적은 내용을 자세히 살펴본 다음, 부모님이 나를 대한 방식과 지금 내가 스스로를 대하는 방식 사이에 어떤 관계가 있는지 생각해보자.

---

---

---

---

# 나의 욕구를 채워주겠다고 약속하기

1. 내가 부모님에게 받고 싶었지만 받지 못한 것들을 생각해보자. 예컨대 부모님의 격려를 원했는가? 칭찬을 원했는가? 애정을 좀 더 받고 싶었는가? 부모님에게 받기를 원했지만 받을 수 없었던 것들을 생각나는 대로 쭉 적어보자.

---

2. 어렸을 때 부모님한테 받지 못했던 것들을 이제 내가 나에게 제공해주기 위해 내가 할 수 있는 구체적인 행동을 세 가지만 생각해 적어보자. 그리고 오늘부터 실천해보자.

**9**장

내 몸을
사랑하는 것 배우기

우리 몸은 신성한 의복이다.

—마사 그레이엄

부모가 아이의 외모를 비난했거나 아이로 하여금 자기 몸이 더럽다거나 수치스럽다고 느끼게 만들었다면, 아이가 자기 몸을 사랑하기는 어렵다. 부모가 아이의 몸이 마치 자기의 소유물인 것처럼, 그래서 마음 내킬 때마다 아이를 때리거나 무시할 권리가 있는 것처럼 대했다면, 아이는 자기 몸의 주인이 되는 것조차 어려울 것이다.

적절한 음식과 쉼, 활동과 같은 아이의 신체적인 욕구가 무시당했다면, 어떻게 아이가 자기 몸을 귀하게 여기고 몸에 정성을 들이고 신경 써서 돌보는 일이 중요하다고 생각할 수 있겠는가?

이 장에서는 여러 가지 거울치료 과제들을 통해 우리 몸과 다시 소통하고, 몸을 통해 우리 자신에 대해 배우며, 몸을 비판하는 것을 그만두고 궁극적으로 자신의 몸을 사랑하는 연습을 해나갈 것이다.

## 내 몸과 소통하기 ● ● ●

이미 말했듯이 정서적 학대나 방치를 당한 사람들은 자기 몸에 무관심하고 소홀한 경향이 강하다. 그래서 자기 몸이 자기의 것이 아닌 것처럼 행동하기도 하고, 심지어 자기 몸을 마치 원수처럼 대하는 사람들도 있다. 다음 질문들은 우리가 자기 몸과 어떤 관계를 맺고 있는지 이해할 수 있도록 도와줄 것이다.

| NO | 나와 내몸과의 관계 | 거의 그렇다 | 때때로 그렇다 | 거의 그렇지 않다 |
|---|---|---|---|---|
| 1 | 나는 내 몸의 상태를 잘 알아차린다. | | | |
| 2 | 내 몸의 모습에 전반적으로 만족한다. | | | |
| 3 | 나는 내 몸과 소통하고 있다. 나 자신이나 내 감정과 단절되거나, 또는 마비된 듯 아무것도 느껴지지 않은 적이 거의 없다 | | | |
| 4 | 나는 내 몸이 보내는 메세지에 관심을 기울인다. | | | |
| 5 | 나는 나에게 적절한 음식과 물 또는 알맞은 의복을 준다. | | | |
| 6 | 나는 건강한 음식을 적당한 양만큼 먹고, 규칙적으로 운동하고, 충분히 잠을 자는 등 내 몸을 잘 대해준다. | | | |
| 7 | 나는 넘어지거나, 헛디디거나, 부딪히고 다니는 일이 거의 없다. | | | |
| 8 | 나는 신체적으로 힘든 일이나, 잠의 부족 또는 그 밖의 다른 것으로 내 몸을 한계 이상으로 밀어붙이는 일이 거의 없다. | | | |
| 9 | 술을 많이 마시거나 담배를 많이 피우거나 또는 다른 약물로 내 몸을 상하게 하지 않는다. | | | |

| 10 | 나는 서 있을 때 두 발로 튼튼히 편안하게 서 있다. | | | |
|---|---|---|---|---|
| 11 | 나는 규칙적으로 그리고 깊은 숨을 쉰다. | | | |
| 12 | 나는 고개를 똑바로 들고 어깨를 펴고 다닌다. | | | |
| 13 | 나는 포옹하고 포옹받는 것을 좋아한다. | | | |
| 14 | 나는 자주, 거리낌 없이 소리 내어 웃는다. | | | |
| 15 | 나는 몸의 긴장을 풀고, 자존감을 높이는 데 도움이 되도록 정기적으로 마사지를 받는다. | | | |
| 합 | | | | |

각 문항마다 '거의 그렇지 않다'는 1점, '때때로 그렇다'는 2점, '거의 그렇다'에는 3점을 주면 된다. 그런 다음 점수를 더해 보자. 총점이 37~45점이라면 자신의 몸과 굉장히 긍정적인 관계를 맺고 있다는 뜻이다. 총점이 26~36점이라면 몸이 우리의 보살핌과 존중을 더 많이 원한다고 볼 수 있고, 총점이 15~25점이라면 우리와 몸의 관계는 치료가 필요하다.


## 몸은 좋은 선생님이다 ● ● ●

몸은 풍부한 정보를 갖고 있다. 우리의 몸은, 지금도 우리에게 영향을 미치고 있지만 우리가 잊고 있을 뿐인 마음의 상처를 기억하고 있으며, 우리가 처한 상황에서 무엇을 느끼고 무엇을 필요로 하는지를 우리에게 말해준다. 몸은 우리에게 해줄 이야기가 있다. 얼굴과 몸의 윤곽에도 메시지가 담겨 있고 근육 안에도 비밀이 숨겨져 있다. 몸은 몸으로 우리에게 이야기하고 있는 것이다.

우리의 몸을 그저 몸뚱아리, 소유물, 길들여야 할 야수로 여기는 대신, 몸과 새로운 관계를 맺기 시작하자. 우리 몸이 지닌 강인함과 현명함을 존중하는 연습을 해나가자. 내 몸이 이야기하는 것에 귀 기울이는 의미로 호흡에 집중하면서 다음 내용을 살펴보자.

· 순간순간 나는 어떻게 숨을 쉬고 있는가? 깊게 아니면 얕게? 이따금 꽤 오랫동안 숨 쉬는 것을 잊어버리고 있지는 않은가?
· 내 호흡은 내 감정이 어떻다고 말해주고 있는지 생각해보자. 불안, 안심, 짜증, 두려움? 나의 숨 쉬는 방식에서 무엇을 알 수 있는가?
· 몸에서 어느 부분들이 가장 긴장되어 있는가? 만약 그 부분들이 말을 할 수 있다면 내게 뭐라고 말할까? 무엇이 필요하다고 말할까?
· 몸에서 어느 부분이 가장 무감각한가? 그 부분들은 왜 모든 감정을 잃어버리게 되었을까?

내 몸에서 가장 싫어하는 부분한테 배우기

때때로 우리는 몸의 어느 한 부분에 부정적인 생각이 꽂히기도 한다. 그 부분이 온통 나쁘게만 보이고 온 신경이 쏠리는 것이다. 그러면서 우리 자신에 대한 싫은 감정들이 모두 그 부분 때문에 생긴다고 믿어버린다.

트레이시는 자기의 몸에서 가장 싫은 부분이 아랫배라고 했다. 거울치료 과제를 할 때 트레이시는 자신의 아랫배에게 이렇게 물었다.

"아랫배야, 내가 좀 알아주었으면 하는 것이 있니?"

대답이 곧 나왔다.

"내가 터질 것 같고 불편하다는 걸 알아줘! 넌 어제도 날 너무 많이 먹었고, 난 그게 싫어. 거북하단 말이야."

"아랫배야, 나한테 가르쳐주고 싶은 것이 있니? 넌 왜 그렇게 불룩한 거니?"

이번에도 대답이 이어졌다.

"네가 너무 많이 먹고, 안 좋은 음식들을 먹기 때문에 내가 불룩해진 거라고. 그리고 또 내가 널 보호해줄 필요가 있기 때문이기도 하고. 내가 이러고 있으면 아무도 너한테 가까이 오지 않을 거고, 널 상처 입히지도 못할 테니까."

어릴 때 어머니는 트레이시에게 심하게 비판적이었다. 트레이시는 음식, 무엇보다 전분이 많은 음식에서 위안을 찾았다. 그렇게 12살이 되었을 때, 그녀의 아랫배는 임신한 것처럼 불룩해졌다. 트레이시의 아랫배는 일종의 방패처럼 사람들을 가까이 오지 못하게 막았고, 그녀가 자신의 감정에 무감각해지도록 만드는 역할을 했다.

## 부모님이 내 몸을 대했던 방식, 내가 내 몸을 대하는 방식 ● ● ●

부모는 우리의 성격뿐만 아니라 우리가 몸을 바라보고 평가하는 방식까지도 형성한다. 부모님은 내 몸을 존중하며 대했는가? 아니면 부모가 원할 때면 언제든지 침범하고 다가갈 수 있는 소유물처럼 대했는가? 부모님이 내 몸을 좋아했는가 아니면 비난했는가? 부모님이 내 몸을 대했던 방식과 지금 내가 자신의 몸을 대하는 방식에는 어떤 공통점이 있는가? 예컨대, 나의 경우는 다음과 같았다.

· 엄마는 내가 아주 밤늦게까지 자지 않고 있어도 그냥 내버려두었고, 그래서 나는 잠을 충분히 자지 못했다. 나는 지금도 너무 늦게까지 자지 않고 깨어 있고 그래서 잠이 부족할 때가 많다.
· 엄마는 아침밥을 지어주기 위해 일어나지 않았다. 나는 지금도 아침밥을 먹지 않는다.
· 엄마는 내가 종종 잠자리에 들기 직전에 커다란 접시에 음식을 가득 먹어도 그냥 내버려두었다. 요즘도 나는 밤늦게까지 저녁밥을 안 먹고 미루다가, 잠들기 직전에 너무 배가 고파 엄청난 양을 먹곤 한다.

## 내 몸에게 고마워하기 ● ● ●

많은 사람들은 자기 몸과 소통하지 못할 뿐 아니라, 자기 몸을 충분히 소중하게 여기지도 않는다. 하지만 자신의 몸을 소중하게 여길수록 우리는 자기 몸을 돌보는 있어 더 좋은 선택을 하게 된다. 또 자기 몸을 사랑할수록 영양이 풍부한 식사를 하고, 규칙적으로 운동을 하고, 몸이 알려주는 정보에 귀 기울이고, 아플 때 자신을 다정하게 돌봐주는 생활습관을 길러나가게 된다.

내 몸을 소중히 여기기 위해서는 내 몸이 나를 위해 얼마나 많은 일들을 해주고 있는지를 깨달아야 한다. 그리고 그 고마움을 표현하는 시간이 필요하다. 예컨대, 팔이 나를 위해 해주는 많은 일들 그리고 팔이 있기에 내가 즐길 수 있는 놀라운 삶의 경험들을 생각해보고 팔에게 고마움을 표현하는 것이다. "내가 우리 아이들을 껴안을 수 있게 해줘서 고마워", "고마워, 네 덕분에 남편과 포옹을 나눌 수 있어", "공격당할 때 나 자신을 보호할 수 있게 도와줘서 고마워", "장 본 것들을 들고 갈 수 있게 해주는 네가 고마워"라고 말하는 것이다.

이렇게 고마움을 표현한 뒤에 몸의 그 부분이 어떻게 느껴지는지 생각해보자. 전과는 조금 다르게 느껴질 수도 있다.

새로운 눈으로 나를 바라보기

자기 몸을 소중히 여기고 사랑하기 위해서는 먼저 자기 몸을 있는 그대로 받아들여야 한다. 내 몸의 한계와 결점과 불완전함까지 모두 받아들이는 것이다. 아름다움에 대한 특정한 외적 기준에 자신을 맞추려고 끊임없이 애쓸 필요도 없다. 다만 새로운 눈으로 거울을 들여다보는 것이 필요하다. 새로운 눈을 갖고, 아름다움이 무엇인지에 대한 얄팍한 기준들을 거부하는 것이다.

새로운 눈으로 볼 때, 우리는 자신의 내면 깊은 곳에 있는 아름다움과 현명함 그리고 강인함을 찾아낼 수 있을 것이다. 이 새로운 눈으로 볼 때, 우리는 자신에 대해 새로운 생각 곧 자신이 이미 아름다운 사람이라는 생각을 열어가게 될 것이다. 몸 때문에 안달복달할 필요도 없고, 몸을 억지로 조일 필요도 없고, 성형외과를 찾아다닐 필요도 없다. 우리는 '있는 그대로' 이미 아름답기 때문이다.

## 나를 사랑하기 ● ● ●

자신을 사랑하는 것이야말로 그 어떤 것보다도 우리의 겉모습을 아름답게 만들어준다. 어떤 크림도, 어떤 운동도, 어떤 다이어트도, 자기 자신을 사랑하는 것만큼 효과를 내지는 못한다. 우리가 자신의 몸을 있는 그대로 사랑할수록 우리는 자기 몸을 더 잘 돌보게 되고, 더 바르게 앉고, 더 바르게 서게 될 것이며, 더 밝게 웃게 될 것이다.

자기 몸을 사랑하는 것은 용기가 필요한 행동이다. 얼핏 생각하면 이것이 이기적이거나, 자기 생각만 하거나, 심지어 퇴폐적인 것처럼 느껴질 수도 있다. 하지만 우리의 몸과 영혼의 치유를 돕기 위해서는 다음 내용들을 실천할 수 있어야 한다.

· 마치 다정한 엄마가 아기가 잘 자고 있는지, 문제는 없는지 확인하듯이 이제 날마다 내 몸이 괜찮은지 상태를 확인해주자. 몸이 보내는 스트레스나 긴장, 피곤함의 신호를 알아차리고, 배가 고프지 않은지 주의를 기울이고, 아픈건 아닌지 스스로에게 물어주자.
· 몸이 긴장하고 있거나 스트레스를 받고 있다는 것을 알아차렸으면 몸을 편안하게 해 줄 방법스트레칭, 명상, 낮잠 등을 찾자. 배가 고프다는 것을 발견하면 영양가 있는 간식이나 식사를 하자. 아프다고 느껴지면 비타민을 먹거나 병원을 찾거나 아니면 누워서 쉴 수도 있을 것이다.
· 주기적으로 몸의 상태를 점검하자. 자세를 살펴보고, 구부정한지 아니면 바르고 곧게 앉아 있는지 살펴보자. 근육이나 몸의 한 부분에 힘을 잔뜩 주고 있는지 아니면 편안히 긴장을 풀고 있는지, 호흡은

어떤지 숨이 깊고 편안한지 아니면 숨이 짧고 힘이 드는지 살펴보자.

· 정기적으로 나의 정서적인 욕구도 돌봐주자. 예컨대, 외롭다면 누군 가와 연락을 하고, 화가 나면 건설적인 방법으로 화를 표현하거나 상 황을 개선할 수 있는 행동을 취하자. 또 죄책감을 느낀다면 자신이 상처 주거나 속상하게 한 사람에게 사과하거나 보상해주자.

내가 내 몸을 사랑하지 않는다면 나 자신을 사랑하는 것도 기대할 수 없다. 몸은 우리가 받은 가장 소중한 선물이다. 더 이상 부모가 우 리를 대했던 방식으로 우리 몸을 대하지 말자. 대신 몸에게 귀를 기울 이자. 몸이 우리에게 해주는 모든 일에 대해 고마워하자. 우리가 우리 몸을 존중해줄 때 우리 몸도 계속해서 우리를 위해 봉사할 것이다.

심리학 쪽지

· 정서적 학대나 방치를 당한 사람들은 자기 몸에 무관심하고 소홀 한 경향이 강하다.

· 몸은 우리 자신에 대해 많은 것을 알려주고 있고 우리를 도와주려 고 한다.

· 자기 자신을 사랑하는 것이야말로 그 어떤 것보다도 우리의 겉모 습을 아름답게 만들어준다.

## 몸은 몸으로 이야기한다

1. 거울 속의 내 모습이나 최근 사진을 들여다보자. 무엇이 보이는 가? 겉모습 이상의 것을 바라보면서 내 몸의 자세나 분위기, 얼굴 표정이 나에 대해 무엇을 말해주고 있는지 생각해보자.

2. 내 몸의 윤곽을 그려보자. 머릿속으로 상상하면서 그려도 되고 사진이나 거울을 보면서 해도 된다.

3. 빨간 색연필을 이용해 지금 내 몸에서 스트레스나 고통을 주는 부분을 색칠해보자. 목 근육이 굳어있을 수도 있고 두통이 있거나 배가 아플 수도 있다. 잘 모르겠다면 머리부터 몸 전체를 한 부분씩 살펴보면서 어느 곳에 스트레스가 쌓여있는지 살펴보자.

4. 이번에는 파란 색연필로 내 몸에서 만성적인 스트레스와 고통을 겪고 있는 부분을 색칠해보자. 이 부분은 예전에 사고를 당했거나 어린 시절에 학대받은 부분일 수도 있다.

5. 검정 색연필을 이용해 내 몸에서 내가 싫어하거나 부모님이 싫어했던 부분 또는 수치심이 많이 느껴지는 부위를 색칠해보자.

6. 마지막으로 몸에서 편안하고 느긋하게 느껴지는 부분을 초록색으로 색칠해보자.

7. 가만히 그림을 바라보면서 이 그림이 나에 관해 무엇을 이야기해주고 있는지 생각해보자. 혹시 그림에 온통 빨강, 파랑, 검정뿐이고 초록색은 거의 없는가? 그렇다면 자기 돌봄과 긴장 풀어주기 그리고 자신을 받아들여주기가 절실히 필요한 상태다.

※내 몸의 윤곽선을 간단히 그린 뒤, 왼쪽에서 지시하는 대로 색칠을 해보자.

## 몸에서 내가 가장 싫어하는 부분한테 배우기

1.몸에서 내가 가장 싫어하는 부분과 그 까닭을 적어보자. 예컨대,
  사람들이 안 좋게 이야기했기 때문에 싫은가? 아니면 그 부분이
  엄마나 아빠를 떠오르게 하기 때문인가? 잘 모르겠다면 그 까닭
  이 떠오를 때까지 되풀이해서 다음 문장을 완성해보자.

  나는 내 몸에서 ＿＿＿＿＿＿＿＿＿＿＿부분이 싫다.
  왜냐하면 ＿＿＿＿＿＿＿＿＿＿＿＿＿＿＿때문이다.

2.몸에서 내가 싫어하는 그 부분과 대화를 한다고 상상해보자. 그
  부분이 말을 할 수 있다면 내게 뭐라고 말할까? 또 나는 뭐라고
  말할까? 고민하지 말고 순간 떠오르는 대로 적어보자.

| 내 몸이 하는 말 | 내가 하는 말 |
|---|---|
|  |  |

3. 내가 몸에서 유난히 싫어했던 부분에게 편지를 써보자. 내가 고 마워하지 않는데도 내 몸의 일부로 있어주어 고맙다고, 나를 도 와주려고 하는 내 몸의 메시지에 귀 기울이지 못해 미안하다고 편지를 써보자.

---

---

---

---

---

---

4. 이제 내가 몸에서 싫어했던 그 부분을 위해 무언가 좋은 일을 해 주자. 지금까지 나의 비판과 배은망덕함을 견뎌온 몸의 그 부분 에게 뭔가 좋은 일을 계획해서 해주자(예: 지금까지 볼록한 배를 미 워했다면 배에 따뜻한 오일을 바르고 사랑스럽게 어루만져주자).

---

---

---

---

Part 4

# 내 안의 상처 입은
# 어린 아이 치유하기

**10장**

# 부모에게 방치나 거부,
# 유기를 당했다면

– '난 사랑스럽지 못해', '난 가치없는 존재야' 라는 거울 치유하기–

당신이 되고자 했던 사람이 되기에 너무 늦은 때란 없다.

−조지 엘리엇

안타깝게도 어린 시절에 방치나 유기버림받음를 경험한 사람들은 어른이 되어서도 자기 자신을 계속해서 방치하고 유기하는 경향이 있다. 이들은 자신의 욕구를 채우기는커녕 자신의 욕구가 무엇인지 조차 모르는 경우가 많다. 무엇보다 어머니한테서 적절한 보살핌을 받지 못한 사람들은 더더욱 그렇다. 만약 자신이 이런 경우라면, 이제 스스로에게 좋은 어머니가 되어주어 자신이 어렸을 때 받지 못한 것들을 이제라도 줄 수 있어야 한다.

건강한 어머니는 자녀의 정서적, 신체적 욕구에 관심을 기울인다. 아이가 영양가 있는 음식을 먹는지, 충분한 휴식과 운동을 하는지, 무엇보다 충분한 포옹과 귀 기울임을 받고 있는지 확인한다. 만약 어린 시절 어머니가 당신의 이러한 욕구따뜻한 관심, 신체적 접촉, 충분한 영양,

신체적 활동 등를 무시했거나 아니면 아예 어머니 없이 자랐다면, 아마도 당신은 이러한 것들을 갈망하며 자랐을 것이다. 그리하여 친구나 연인에게서 어머니를 대신할 수 있는 존재를 찾으려 애썼을 것이고, 그러한 노력이 어느 정도는 도움이 되었을 수도 있다.

그러나 친구와 연인은 당신이 어머니에게서 받지 못했던 것들을 채워주려고 노력하더라도 금방 지치기 마련이다. 그런데도 지치지 않는 사람이 있다면, 그것은 아마도 그러한 상황을 이용해 당신을 지나치게 통제하거나 심지어 학대하는 사람일 가능성이 높다.

여기서 말하고자 하는 것은, 당신이 어렸을 때 놓쳐버린 것들을 당신에게 줄 수 있는 사람은 오직 당신뿐이라는 사실이다.

## 나에게 관심 기울이기● ● ●

아기가 배가 고파서 또는 기저귀가 젖어 운다면, 엄마는 그러한 욕구를 잘 알아차리고 젖을 주거나 기저귀를 갈아줄 것이다. 그런데 기저귀나 음식 때문이 아니라 엄마의 따뜻한 관심을 원해서 울 경우에는 어떨까? 이 경우 엄마들은 다르게 생각하는 경우가 많다. 배가 고프거나 기저귀가 젖어 우는 것은 아기로서 정당한 욕구라고 생각하면서도, 따뜻한 관심을 원해서 울 때는 아이의 정당한 욕구로 보기보다 '이유 없이 보챈다'고 생각하기가 쉽다는 것이다.

그런데 놀라운 것은 지금 우리가 우리 자신을 이런 방식으로 대하고 있을 수 있다는 사실이다. 혹시 스스로에게 이렇게 말하면서 자신의 욕구를 무시하고 있는 건 아닌가?

"아, 그만해! 네가 원하는 건 온통 관심뿐이야."

"이제 그럴 때는 지났어. 나잇값을 해야지!"

아이가 절실히 필요로 하는 것 이른바 애정과 인정, 보호를 제대로 받지 못하거나 무시당할 경우, 아이는 그러한 것들을 얻지 못한 채 자랄 수밖에 없다. 하지만 그로 인해 아이의 발달과정과 영혼에는 몇 개의 커다란 구멍이 남고 만다. 이제는 우리 스스로가 그 구멍들을 채워주어야 한다. 어렸을 때 놓친 것들, 받지 못했던 것들을 자신에게 주어야 한다.

나는 아주 어렸을 때부터만 4살부터 먹을 것을 직접 만들어 먹어야 했기 때문에 음식에 있어 아주 나쁜 버릇을 갖게 되었다. 음식을 얼마만큼 먹어야 하는지에 대해 아무런 제한도 없었고, 늘 음식이 모자라지나 않을까 걱정하는 버릇도 있었다.

그래서 배가 고프면 음식이 없을 경우를 대비해 먹을 수 있을 만큼 최대한 많이 먹어두어야 한다고 생각했다. 그러다보니 늘 너무 많이 먹었다.

하지만 이제 나는 건강에 좋은 음식들을 집에 충분히 챙겨놓고, 나자신에게 몸에 좋은 음식을 만들어주면서, '이제는 늘 음식이 충분히 마련되어 있으니까 배고플 때를 대비해서 한꺼번에 배가 터지도록 먹을 필요는 없어'라고 스스로에게 말해준다. 이런 식으로 나는 스스로에게 '좋은 엄마'가 되어주는 연습을 해나갔다.

나는 또한 보호해주는 사람도 없었다. 어머니는 아침 늦게까지 잠을 잤고 쉬는 날에도 잠만 잤다. 자고 있지 않을 때에는 친구와 잡담을 나누었고 그래서 나는 늘 혼자였다. 나는 날마다 마당 밖으로 나가 같이 놀 사람이나 이야기할 사람을 찾아다녔다. 이것은 나로 하여금 성적 학대를 받기 쉽게 만들었다. 나는 만 4살에 처음으로 성적인 괴롭힘을 당했다.

어른이 된 뒤, 나는 어린 시절 보호받지 못한 것에 대한 보상으로 나 자신을 더욱 잘 보호해주는 것이 필요했다. 나는 스스로에 대해 너무 부주의했던 행동들, 예컨대 나한테 친절하게 대하지 않는 사람들과 함께 있거나, 너무 빠르게 운전하거나, 나 자신을 위험한 상황에 몰아넣는 행동 따위를 그만두기 시작했다.

게다가 어렸을 때 어머니가 나를 대하는 방식은 무시하거나 아니면 비난하거나 둘 중 하나였기 때문에, 이제 나는 나 자신에게 관심을 가져주고 다정하게 돌봐주는 것도 필요했다. 어머니가 했던 것처럼 내 노력을 비난하는 대신, 사랑이 담긴 목소리로 나 자신을 격려해주는 것이 필요했다.


## 사람과의 접촉의 중요성 ● ● ●

아무리 잘 먹는 아기라도 사람의 손길과 애정에 대한 굶주림이 채워지지 않으면 몸이 점점 쇠약해지고 심지어 죽고 만다. 토닥거리며 안심시켜주는 따뜻한 손길과 귀 기울여주는 사람으로부터 단절되어 사랑받지 못한다는 느낌을 받을 때, 그 느낌은 아기의 몸속 세포 하나하나까지 스며든다.

## 고통을 느낄 수 있도록 허락해주자

앞에서 소개한 수잔을 기억해보자. 그녀는 부모한테 심한 방치를 당했기 때문에 굉장히 기계적인 몸짓을 갖게 되었다. 수잔의 마음은 너무나 굳게 닫혀 있었고, 더 이상의 상처를 받는 것이 두려웠기 때문에 자신에게 다가오는 사람은 모두 밀어냈다. 심지어 상담자인 나에게도 마찬가지였다. 그러나 시간이 지나면서 수잔은 조금씩 나를 믿기 시작했다. 그럼에도 그녀가 어렸을 때 받지 못했던 돌봄과 사랑을 스스로에게 줄 수 있게 되기까지는 아주 오랜 시간이 걸렸다.

수잔은 자신의 몸과 마음이 제발 좀 돌봐달라고 울고 있는데도 돌봐주기를 두려워했다. 더 정확히 말하면 그러한 돌봄과 즐거움을 경험하게 되면, 전혀 신체적인 접촉을 받지 못했던 지난날의 고통이 떠올라 자신이 감정적으로 무너지게 될까봐 두려웠던 것이다.

수잔의 두려움은 사실 충분히 그럴 만했다. 그녀가 신체적으로 그리고 정서적으로 약한 모습을 그대로 드러내는 순간, 그녀의 모든 괴로운 감정들이 밖으로 치솟아 나올 것은 틀림없기 때문이었다. 그러나 나는 상담이 주는 정서적인 지지와 마사지사의 도움이 있다면 수잔이 그러한 일시적인 무너짐을 이겨낼 수 있을 거라 확신했다.

그래서 나는 수잔에게 1주일에 한 번씩 상냥하고 안심할 만한 사람에게 온몸 마사지를 받으면 어떻겠냐고 제안했다. 수잔은 그러겠다고 약속했다. 마사지사는 몸의 방치가 얼마나 사람의 몸을 굳어버리게 하는지, 그래서 수잔이 누군가 자신을 만지는 것에 대해 신체적으로뿐 아니라 정서적으로도 저항감을 가질 수밖에 없다는 사실을 충분히 이해하는 사람이었다.

매주 마사지를 받고 석 달쯤 지났을 무렵, 수잔의 몸은 신체적 접촉을 훨씬 잘 받아들일 수 있게 되었다. 근육도 풀어지기 시작했고, 얼굴에 아주 조금이지만 표정이 되살아나면서 부드러운 인상이 나타나기 시작했다.

그러던 어느 날, 정말이지 부드러운 모습으로 수잔이 상담실에 들어섰다. 그녀의 얼굴은 더 이상 예전의 굳은 얼굴이 아니었다. 나는 무슨 일이 있었는지 물어보았다. 그녀는 지난번 마사지 시간에 울었다고 했다. 처음에는 그냥 눈물만 흐르다가 이내 어린 아이처럼 엉엉 울었다고 했다.

그때 수잔은 누워 있었고 마사지사가 그녀의 배를 마사지해주고 있었는데, 수잔은 그 느낌이 자신의 뱃속 깊숙한 곳에서 나오는 것처럼 느껴졌다. 마사지사는 수잔에게 담요를 덮어주고 이마와 머리를 부드럽게 어루만져주기 시작했다. 그러자 수잔은 태아처럼 웅크린 채 영원히 멈추지 않을 것처럼 흐느꼈다. 마사지사의 말로는 15분쯤 지난 뒤에야 마침내 울음을 멈추었다고 한다. 그리고 마사지사는 수잔의 발을 마사지하기 시작했고, 그러자 수잔은 마음이 진정되는 것을 느낄 수 있었다.

그날 마사지를 마치고 침대에서 일어났을 때 수잔은 기운이 없긴 했지만 아주 편안했고, 자신이 스스로의 감정을 억누르지 않고 깊은 고통을 느끼도록 놔둘 수 있었다는 사실에 뿌듯함을 느꼈다. 수잔에게는 이처럼 고통을 느끼는 것이 필요했던 것이다.

어렸을 때 수잔과 같은 고통을 겪었다면 우리 역시 스스로에게 그 고통을 느끼도록 허락해주는 것이 필요하다. 매주 마사지를 받는 것은 우리의 몸이 꼭 필요로 하는 돌봄을 받을 수 있도록 하는 데 도움이 되고 또한 방어벽을 허물고 좋은 것들은 받아들이고 고통은 내보낼 수 있도록 도와줄 것이다.

## 스스로를 버려두지 않기 ● ● ●

만약 버림받았다는 마음의 깊은 상처로 고통받고 있다면, 우리가 명심해야 할 점은 어렸을 때 버림받은 것처럼 스스로를 계속해서 버려두지 않아야 한다는 것이다. 우리가 자신을 위험하거나 상처줄 수 있는 상황에 놔둘 때, 올바른 영양과 적당한 휴식을 제공해주지 않을 때 그리고 원하는 바를 당당하게 이야기하지 않을 때, 우리는 계속해서 자신을 유기하는 것이며 버려두는 것이다.

이러한 '버림받음의 악순환'을 깨뜨릴 수 있는 힘센 방법은, 이제 어른이 된 우리가 '상처입은 우리의 마음속 어린아이'에게 어렸을 때 받지 못한 것들을 줄 수 있다는 사실을 깨닫고, 실제로 그렇게 해주는 것이다.

우리가 지금 부모의 마음에 들려고 아무리 노력한들 어렸을 때 받지 못한 사랑과 관심, 인정을 부모에게 다시 받을 수는 없다. 이런 말이 고통스럽게 들리겠지만 어쩔 수 없는 사실이다. 그런데 방치되고 버림받았던 사람들 대다수는 지금도 부모에게 그러한 사랑과 인정을 다시 받을 수 있을 거라 기대하면서 평생을 보낸다. 또 어떤 사람들은 무관심한 부모에게 밀착되어 살면서 계속해서 거부와 버림받음, 실망의 고통으로 괴로워한다. 또 어떤 사람들은 부모가 아닌 다른 누군가가 자신들의 고통을 없애줄 거라고 기대하기도 한다.

하지만 이러한 기대는 거부와 버림받음만 더 많이 겪게 하고, 끊임없는 실망을 가져다줄 뿐이다. 이러한 비극에서 벗어나는 가장 좋은 방법은 다른 사람이 우리 자신을 돌봐주기를 기대하는 것을 완전히 포기하는 것이다. 그 누구도 우리가 어렸을 때 놓친 것들을 줄 수는 없기 때문이다. 하지만 그렇다고 해서 우리가 어렸을 때 놓쳤던 사랑이나 인정을 절대 받을 길이 없다는 뜻은 아니다. 어렸을 때 받지 못한 것들, 우리가 너무나 필요로 했고 갈구했던 그것들을 줄 수 있는 단 한 사람이 있다. 바로 우리 자신이다.

이제는 어른이 된 우리가, 받아야 했던 사랑과 인정을 받지 못한 채 자라야 했던 우리 안의 가엾은 어린 아이를 돌봐줄 수 있다. 우리 안에는 '어른인 나'와 '아이인 나'가 함께 있다. '어른인 나'는 살림을 꾸려가고, 일터에 나가기 위해 날마다 일어나고, 청구서 요금들을 내고, 살 집을 마련한다. 이제 '어른인 나'가 힘없고, 두렵고, 빼앗기고, 사랑받지 못한다고 느끼는 '아이인 나'를 돌봐주면 된다.


## 박탈의 또 다른 모습, 방종과 탐닉 ● ● ●

어린 시절에 필요한 것들을 받지 못했던 '성인 아이'들은 계속해서 자신의 부모가 그랬듯이 자신에게 필요한 것을 주지 않기도 하지만, 종종 그 반대의 극단으로 가서 지나치게 자기 멋대로 행동하며 탐닉과 방종을 일삼기도 한다. 사실, 박탈의 뒷면은 방종과 탐닉이다. 정서적 학대나 방치를 경험한 아이들이 지나치게 방종과 탐닉을 일삼는 어른으로 자라는 까닭은 이 때문이다. 이들은 자신의 고통에 균형을 맞추기 위해 그리고 자신을 달래주려는 필사적인 욕구로 인해 자기 자신에게 지나치게 관대해지고 마는 것이다.

삶이 힘들어지면 이들은 음식, 술, 마약, 인간관계, 쇼핑 같은 것들에서 위안과 위로를 기대한다. 실제로 비만 아동의 가정을 대상으로 심층 인터뷰를 한 연구결과를 보면, 비만의 원인이 방임적인 그리고 박탈적인 부모의 양육 방식에 있다는 것이 밝혀지기도 했다.

### 내가 경험한 박탈 vs 탐닉

어머니는 아버지 없이 혼자 나를 키우느라 힘들게 일해야 했다. 어머니는 고급 백화점에서 잘사는 여성들에게 화장품을 팔며 하루에 8시간씩 서서 일했다. 그리고 그 일에 어울리게 보이기 위해 날마다 일찍 일어나 몇 시간씩 완벽하게 화장을 하고 옷을 차려입었다. 어머니는 직장을 잃지 않기 위해 아름답게 꾸미는 것에 너무 신경을 쓰느라 내가 무엇을 입는지, 심지어 이를 닦는 것과 같은 기본적인 위생도 신경을 쓸 수 없었다. 그 결과, 나는 이도 안 닦고, 지저분한 머리칼을 하고, 빨지도 않은 옷을 입고 다닐 때가 자주 있었다.

어머니는 평소 너무 열심히 일했고 직장을 잃지 않으려고 너무 스트레스를 받았기 때문에 퇴근 뒤 저녁 시간과 쉬는 날에는 내키는 대로 지냈다. 퇴근한 어머니가 집에 와서 가장 먼저 하는 일 가운데 하나는 맥주 캔 하나를 따서는 텔레비전 앞에 앉는 것이었다. 그러면 이내 빈 맥주 캔들이 옆에 쌓여갔다. 그리고 쉬는 날이면 종종 정오까지 늘어지게 잠을 잤고, 일어난다고 해도 몇 시간 동안이나 커피를 마시며 담배를 피우다가 오후가 되면 다시 맥주를 마시며 텔레비전을 보았다.

난 엄마 없는 아이처럼 느껴졌다. 아침에 일어나면 다른 집들처럼 엄마가 아침을 준비하고, 청소를 하고, 아이 옷을 챙겨주는 그런 일상을, 그런 존재를 나는 간절히 원했다. 친구들을 저녁식사에 초대하고, 우리를 극장에 태워다주고, 아니면 내 친구들이 그러는 것처럼 엄마와 볼링도 치러 가고 싶었다. 그러나 아침에 일어나면 나는 같이 놀 아이가 없는지, 말을 걸 어른은 없는지 찾으러 나가야 했다. 학교에 가는 날에는 혼자 옷을 챙겨 입었고, 아침도 먹지 못한 채 집을 나섰다. 그래서 종종 꼬마 부랑아처럼 보였다.

이렇게 말하면 사람들은 내가 마르고 병약한 아이였을 거라고 생각하겠지만, 다행스럽게도 나는 튼튼한 유전자를 갖고 있어 어머니의 흡연 때문에 생긴 기관지염 말고는 아주 건강했다. 다만 과일과 채소를 거의 먹지 못했기 때문에 변비가 심했고, 이를 잘 닦지 않아 충치가 여러 개 있었다.

나는 비쩍 마르는 대신 만 6살인가 7살이 되었을 때부터 굉장히 통통해졌다. 정서적인 박탈감을 채우기 위해 음식을 먹고 싶은 대로 먹고, 아침을 못 먹기 때문에 학교 식당에서 점심을 게걸스럽게 먹어댔기 때문이다.

학교가 끝나 집으로 돌아오면 달걀 프라이를 얹은 샌드위치를 만들어 먹었다. 점심으로 먹을 고기나 치즈가 있었던 적은 한 번도 없었다. 저녁에는 그게 무엇이든지 간에 어머니가 만들어주는 것으로 허기를 채웠다. 그리고 밤늦게 뭐든 먹을 것이 없는지 냉장고 안을 뒤지곤 했다.

내가 나 자신을 탐닉하게 놔두는 경향 역시 박탈과 탐닉 또는 방종이라는 양 극단을 오갔던 어머니의 모습에서 생겨난 것이기도 했다. 어머니와 나는 한 주 내내 콩과 마카로니만 먹으면서, 어머니의 표현대로 간신히 생계를 꾸려나가곤 했는데, 반대로 어머니가 월급을 탈 때면 늘 스테이크나 치킨 그리고 근사한 음식을 먹곤 했다. 근사한 음식이란 주로 커다란 통의 아이스밀크<sub>아이스크림보다 싸다</sub>였다.

그런데 금요일에 아이스밀크를 사면 토요일 밤이나 늦어도 일요일 오후가 되면 다 없어지곤 했다. 어머니가 한 그릇을 먹고 내가 나머지를 다 먹었다.

나는 어머니로부터 많은 것을 배웠다. 열심히 일하는 것을 배웠고, 그저 착실하게 해나가고 마음을 집중하면 무슨 일이든 할 수 있다는 것을 배웠다. 어머니는 물건 잘 파는 것 말고는 아무 기술이 없었는데도 혼자 힘으로 나를 키울 수 있었다. 나는 어머니를 보면서 단지 주어진 일에 집중하고 자기 몸과 감정의 욕구를 무시한다면, 휴식을 거의 취하지 않고도, 기쁨을 거의 누리지 않고도, 또한 자신을 거의 돌보지 않고도 그럭저럭 살아나갈 수 있다는 것도 배웠다. 나는 그런 삶에 익숙해지게 되었던 것이다.

나는 결국 어머니와 똑같이, 내 삶을 두 개의 극단 곧 박탈과 탐닉·방종으로 나누어 살게 되었다. 지칠 때까지 일했고, 그러고 나서 많이 먹는 것으로 나를 위로해주었다. 그러고는 잠으로 모든 것을 잊었다. 어머니가 맥주를 잔뜩 마시며 자신에게 보상해준 것처럼, 나도 집에 와서 많이 먹는 것으로 스스로에게 보상을 해주었다. 그리고 놀

랍게도, 긴 한 주 동안 일하고 난 다음 나는 스스로에게 상으로 '아이스크림'을 주고 있었다.

## 자신을 공격하는 것 멈추기 • • •

어린 시절 유기 곧 버림받는 것만큼 자기 인식을 파괴하는 경험은 없다. 버림받는다는 것은 아주 작은 상처조차도 처참한 감정으로 확대시켜 자신이 쓸모없고 잘못된 존재라는 느낌을 갖게 한다.

만약 어릴 때 버림받은 경험이 있을 경우, 우리는 자신이 얼마나 가치 없는 존재인지 사람들이 알아챌까봐 끊임없는 두려움 속에서 살게 된다. 누군가가 우리를 비난하거나 거부할 때도 마치 그들이 우리의 진짜 모습을 다 보아 버린 것처럼 느끼게 된다.

어쩌면 우리는 스스로를 호되게 대하면 마침내 자신의 결점을 고칠 수 있다고, 그렇게 되면 괴로운 감정들도 없어질 것이라고 믿고 있는지도 모른다. 그래서 우리 자신을 공격함으로써 자신이 무가치하게 느껴지는 감정을 밀어내려고 하고 있는지도 모른다. 이런 종류의 자기 채찍은 일시적으로는 효과가 있을 수도 있다. 자신의 결점을 고치고 더 낫게 하는 데 너무 집중해있기 때문에, 정작 깊은 감정 곧 자신이 문제 있는 존재라는 느낌은 잠시 가려질 수도 있다. 하지만 시간이 지날수록 오히려 자존감과 자기 가치감은 더욱 손상될 뿐이다.

이러한 자기 공격을 멈추는 유일한 길은, 우리가 스스로를 괴롭힐 때마다 그것은 오히려 우리의 자존감에 상처를 주는 일이며 뿐만 아니라 그러한 자기 공격이 사실은 현실로부터 도망치고 있는 것이라는 사실을 깨닫는 것이다. 사실 자기 공격은 우리를 더 나은 사람으로 만드는 것이 아니라, 변화할 수 있는 우리의 능력을 오히려 줄어들게 만든다. 진정으로 변화하고자 하는 마음이 생기는 것은, 오로지 우리가 스스로에 대해 좋게 느낄 때에만 가능하다.

## 분노의 방향 바꾸기 ● ● ●

어릴 때 버림받은 사람들은 버림받은 것에 대한 분노를 자기 자신에게 돌리곤 한다. 그것은 자기비난, 자기처벌, 자기혐오와 같은 모습으로 나타난다. 하지만 그럴 경우 악순환만 계속될 뿐이다. 이제 그 분노의 화살을 우리를 버렸던 사람들에게 돌리는 작업이 필요하다.

낸시는 6살 때 부모님이 이혼을 했다. 아버지는 멀리 떠나버렸고, 어머니는 직장을 찾을 동안 낸시를 할머니에게 맡겼다. 어머니는 원래 살던 마을에서는 일을 구할 수 없어 가까운 도시에서 직장을 얻었다.

불행하게도 낸시의 어머니는 직장을 얻은 그 도시가 아이를 기를 만한 곳이 못 된다고 생각했고, 그래서 낸시를 계속 할머니에게 맡기고 주말마다 만나러 왔다. 낸시는 부모에게 버림받았다고 느끼면서 자라야 했고, 특히 어머니가 찾아오는 횟수가 점점 드문드문해지면서 그런 느낌을 강하게 받았다.

대개의 아이들이 그렇듯이 낸시도 어머니가 자신을 버린 것은 낸시 자신의 탓이라고 여겼다. 자신이 더 좋은 딸이었다면 어머니가 자기를 도시로 데려가고 싶어 했을 것이라고. 어머니가 왔다가 다시 떠날 때마다 낸시는 자신이 무엇을 잘못했는지 알아내려고 애쓰면서 생각하고 또 생각했다.

어른이 된 뒤에도 낸시는 어머니가 자기를 버린 것에 대해 계속 자신을 비난했다. 그리고 자신에게 본래부터 어떤 결함이 있고, 그래서 어떤 남자도 자기를 원하지 않을 거라고 확신했기 때문에 남자를 만나는 것도 어려워했다.

내가 낸시를 만났을 때, 그녀는 친구도 별로 없고 지독하게 자기 비판적인 외로운 여성이었다. 나는 낸시가 자신을 버린, 자신과 함께 시간을 보낼 만큼 충분히 사랑해주지 않았던 어머니에 대해 분노할 필요가 있음을 금방 알 수 있었다. 낸시는 어머니가 떠난 이유가 어머니가 이기적이었거나 좋은 어머니가 아니었기 때문이지 낸시 자신이 좋은 딸이 아니었기 때문이 아니라는 사실을 깨달아야 했다.

얼마간의 상담을 통해 낸시는 드디어 어머니에 대한 진실을 마주할 수 있게 되었다. 역할극 시간에 낸시는 어머니에게 이렇게 말했다.

"나는 보잘것없는 아이가 아니에요. 보잘것없었던 건 엄마예요. 엄마야말로 보잘것없는 엄마였다고요."

낸시는 그렇게 회복을 향한 커다란 걸음을 내디딜 수 있었다.


## '부모 감싸주기'를 그만두기 ◆ ◆ ◆

앞에서 우리는 그렉에 대해 읽었다. 그렉의 어머니는 심한 두통을 앓았고 그래서 자신이 그렉을 돌보는 대신 그렉이 자기를 돌봐주기를 바랐다. 그렉은 자신을 방치했던 어머니에 대해 분노해야 했지만, 부적절한 부모 밑에서 자란 사람들이 대개 그렇듯 그렉도 자신의 분노를 인정하기 힘들어했다.

그렉의 부모 같은 사람들은 종종 힘없고 무책임한 아이처럼 행동하기 때문에 성인이 된 자녀들은 부모를 보호해야 한다고 느끼고 누군가 부모를 비난하면 다급히 변명하고 변호하는 경향을 보인다.

"그렇지만 부모님이 나쁜 뜻으로 그런 건 아니었어요."

"부모님도 나름대로 최선을 다했어요."

이런 식의 말이야말로 흔히 들을 수 있는 전형적인 대답이다. 그렉도 그랬다. 내가 그렉에게 어머니가 자기 책임을 그렉에게 떠넘겼다고 지적하자, 그렉은 화를 냈다.

"어머니는 심한 두통 때문에 어쩔 수 없었던 거예요. 두통 때문에 완전히 쇠약해져 있었다고요."

나는 전에 그렉이 '어머니는 아버지가 집에 있는 동안에는 전혀 두통이 없는 것처럼 보였고, 아버지가 돌아오기 직전이면 기적적으로 나은 것처럼 보였다'고 말했던 것을 지적했다. 그러자 그렉은 이렇게 반박했다.

"글쎄요, 아마도 제가 좀 헷갈렸나 봐요. 아마 그런 적은 없었던 것 같아요."

어머니가 그렉에게 너무 빨리 어른이 되도록 강요했고, 그 때문에 그렉이 어린 시절을 빼앗겼다는 사실을 그가 이해할 수 있게 되기까지는 꽤 시간이 걸렸다. 그리고 그가 변화하기 위해서는 어머니를 돌보느라 기진맥진하는 것을 그만두고, 자신의 욕구에 집중할 수 있어야 했다. 실제로 그는 그렇게 했고, 그러자 그렉은 자신이 훨씬 더 힘이 난다는 사실을 깨달았다.

"전에는 책임감에 짓눌려 있는 것 같았는데 지금은 해방감이 느껴져요. 인생에서 처음으로, 내가 원하는 것과 필요로 하는 것에 신경을 쓰고 있어요. 그리고 나 자신에 대해 훨씬 더 좋아하는 마음이 들어요. 사실 지금까지 저의 자존감은 어머니가 날 얼마나 사랑하는지, 내가 얼마나 성취할 수 있을 것인지에 늘 매여 있었거든요. 하지만 그랬던 자존감이 이제는 나 자신의 욕구를 돌보는 것에서 생겨나고 있어요."

## 자신의 가치와 사랑스러움에 대해 일깨움 받기 ● ● ●

스스로에 대해 좋아하는 마음을 갖기 위해 외면에 치중하는 것은 좋은 생각이 못 된다. 그러나 어렸을 때 버림받은 경험이 있거나 심하게 비난받으며 자란 사람들은 외부의 인정, 다시 말해 다른 사람들의 인정을 필요로 하는 경향이 강하다. 이러한 모습은 충분히 이해할 수 있다. 그들에게 있어 '부모한테서 버림받았다는 것'은 '인정받지 못한 것'과 같은 뜻이기 때문이다. 그래서 이런 사람들은 자신이 사랑스럽고 가치 있고 소중한 존재라는 것을 필사적으로 인정받고 확인받고자 끊임없이 뭔가를 성취하려고 애쓰게 된다.

하지만 성취가 우리의 자존감을 높여주지는 못한다. 앞에서 말했듯이 우리 자신 말고는 그 누구도 우리에게 '자신을 존중하는 마음'을 부여할 수 없다. 하지만 친구들이나 연인한테 인정받는 경험은, 우리가 스스로를 더 좋아할 수 있도록 그리고 우리가 스스로에게 '자신을 존중하는 마음'을 부여할 수 있도록 징검다리 역할을 해준다. 곧, 외부의 인정이 우리의 자존감을 높이도록 도와주는 도구가 될 수 도 있다는 것이다.

**심리학 쪽지**

- 버림받았다는 깊은 마음의 상처로 고통받고 있다면, 우리가 명심 해야 할 점은 어렸을 때 버림받았던 것처럼 우리가 자신을 계속 해서 버려두지 않아야 한다는 것이다.

- 어렸을 때 우리가 받지 못했던 돌봄과 관심을 우리에게 줄 수 있 는 사람은 오직 우리 자신뿐이다. 우리 안에는 '어른인 나'와 힘 없고 상처입고 돌봄이 필요한 '어린 아이인 나'가 함께 있다. 이 제 '어른인 나'가 사랑받지 못한다고 느끼는 '어린 아이인 나'를 돌봐주면 된다.

- 방치하거나 무책임한 부모 밑에서 자란 사람들은 대개 부모의 그 런 행동을 감싸주려고 하고, 부모의 행동에 대해 자신의 정당한 분노를 억압한다. 하지만 부모를 감싸주는 것을 멈추고 부모에 대한 분노를 인정하게 될 때, 자신을 방치하지 않을 수 있고 자신 의 욕구를 잘 알아차릴 수 있다.

## 너무 엄하거나, 너무 관대하거나

1. 내가 자신에게 너무 관대하게 대하는 경우를 적어보자. 예컨대, 운동하려고 노력하지 않는다든지, 살을 빼고 싶으면서도 아이스크림을 먹는다든지 또는 계속해서 할 일을 미루게 놔둔다든지.

_____

_____

_____

_____

_____

_____

2. 내가 자신에게 너무 엄격하게 대하는 경우를 적어보자. 예컨대, 알맞은 음식과 휴식에 대한 욕구를 무시하면서 일을 끝내도록 스스로를 닦달한다든지, 날씬한 몸을 유지하는 것에 너무 집착해 끼니를 거른다든지.

_____

_____

_____

_____

_____

_____

## 외부의 인정을 징검다리 삼아 '나를 존중하는 마음'으로 가기

실수를 했을 때, 또는 어떤 이유에서든 자신이 쓸모없는 존재라는 느낌에 휩싸일 때, 다음의 내용을 일기나 노트에 적어보자.

1. 친구나 가족 또는 내가 속한 집단의 누군가로부터 잘해낸 일에 대해 인정받았던 때를 떠올려보자. 그때 느낌이 어땠는가?

 

2. 친한 친구를 떠올려보자. 친구들이 나의 어떤 점을 가장 높이 평가할 것 같은가? 친구에게 "넌 나의 가장 좋은 점이 뭐라고 생각해?"라고 묻는다며 뭐라고 대답할 것 같은가?

 

3. 나는 나의 가장 좋은 점이 무엇이라고 생각하는가?

 

4. 친구가 말하는 나의 좋은 점과 내가 생각하는 좋은 점이 잘 맞아떨어지는가? 아니면 나는 별로인데 친구들이 높이 평가하는 점이 많은가? 친구들이 좀더 알아주었으면 하는 나의 장점은 무엇인가?

# 11장

# 부모가 과잉보호 했거나
# 정서적으로 숨 막히게 했을 경우

– '엄마가 없으면 난 아무것도 아냐' 라는 거울 치유하기–

나를 너무나 사랑하는 당신, 당신은 나를 주머니 속에 넣어
다니고 싶어 하죠. 그러면 나는 숨이 막혀 죽고 말겠죠.

–D. H. 로렌스

아이를 지나치게 보호하려 들거나 정서적으로 숨 막히게 하는 부
모들은 아이에게서 활기를 빼앗아버리고 자기 자신을 부모와 독립된
별개의 존재로서 인식하지 못하게 만든다. 그 결과 아이는 정서적으
로 성장할 힘도, 자기만의 개성을 발달시킬 힘도 갖지 못하게 된다.

이런 부모들은 아이가 부모에게서 분리되어 나가도록 놔두지 않는
데, 이것은 삶에서 무언가를 스스로 이룰 수 있는 자녀의 잠재력을
제한하고 억누르는 것이다. 보호해주려는 부모의 욕구가 너무 지나
치면 그것은 오히려 자녀의 성장과 발달을 막고, 삶에서 자녀가 선택
할 수 있는 폭을 심각하게 제한하게 된다.

이런 부모 밑에서 자란 사람들이 어른이 되어 경험하는 주요한 문
제들 가운데 하나는, 부모로부터 분리되어 개별화되기가 어렵다는

것이다. 어머니에게서 과잉보호와 정서적 질식을 당한 사람들은 자신을 독립된 존재로 보기보다는 '어머니의 확장 또는 어머니의 연장선'으로 생각하는 경향이 강하다.

여기서 '개별화'라는 말은 정체성이 생기는 것을 뜻한다. 단순히 부모에게서 분리되는 것만으로는 충분하지 않으며, 자신이 누구인지에 대한 분명한 이해와 이미지를 가질 수 있어야 한다는 것이다. 그러기 위해서는 지금까지 부모의 마음에 들기 위해 자신의 성격과 믿음, 가치관 그리고 태도를 만들어왔다면, 이제부터는 자신이 어떤 사람이 되고 싶은지를 자유롭게 그리고 의식적으로 선택할 필요가 있다.

자기도취적인 부모, 과잉보호 하는 부모, 정서적으로 숨 막히게 하는 부모들은 자녀에게 복종을 요구하고, 부모에게 의존하도록 만들며, 부모에게 맞서거나 반항하려는 신호가 조금이라도 보이면 곧바로 짓밟아버리는 경향을 보인다. 그런데 저항과 반항이야말로 이러한 부모 밑에서 자란 사람들이 자기 인식을 발달시키기 위해 꼭 해야 할 일이기도 하다.

루페의 경우도 그랬다. 그녀는 아버지한테 자기 목소리를 낼 힘도, 자신이 원하는 것을 위해 싸울 힘도 전혀 없었을 뿐 아니라, 자신이 스스로 올바른 결정을 내릴 수 있는지조차 의심했다.

"아시다시피 우리 아빠는 대부분 옳은 결정을 하시는걸요. 내가 하고 싶은 대로 했다가는 인생을 망쳐버리게 될지도 몰라요."

그런 루페가 숨 막히게 하고 통제하는 아버지의 방식에 자신이 분개하고 있다는 것을 '인정'할 수 있게 되기까지는 여러 달의 상담이 필요했다. 그리고 역할극 시간에 아버지를 향한 분노를 표현할 수 있기까지는 그보다 더 오랜 시간이 걸렸다. 심지어 역할극을 끝내고 나서도 그녀는 자신이 그랬다는 것에 약간의 죄책감을 느꼈다.

"나 자신이 반항적인 십대처럼 느껴져요. 하지만 당연한 것 같아요. 왜냐하면 전 어릴 때 반항이란 걸 한 번도 해본 적이 없거든요."

## 마마보이 조슈아 ● ● ●

18살 소년 조슈아는 여자친구와 헤어진 다음부터 쭉 우울증을 겪었다.

"그래야 한다는 건 알지만 도저히 훌훌 털고 일어날 수 있을 것 같지가 않아요. 아직도 여자친구에게 화가 나고, 다른 여자애들한테는 전혀 관심이 안 가요. 심지어 이제는 내가 다른 여자를 정말로 사랑할 수 있을까 의심스럽기까지 해요."

몇 주 동안 나는 조슈아의 감정을 더 깊이 살펴보았다. 그리고 그가 자신을 그다지 좋아하지 않는다는 것을 알게 되었다.

"나 자신에게 정말 실망스러워요. 하고 싶은 일이 정말 많은데 너무 두려워서 해볼 수가 없어요."

조슈아의 아버지는 조슈아와 시간을 함께 보내는 일이 거의 없이 일만 하는 사람이었고, 어머니는 아이를 지나치게 통제하고 정서적으로 숨 막히게 하는 사람이었다.

"엄마는 걱정이 많아요. 내가 뭘 하고 있는지, 어떤 친구랑 무엇을 하고 있는지 늘 알고 싶어 해요. 내가 어떤 텔레비전 프로그램을 보는지, 컴퓨터로 무엇을 하는지도 지켜보세요. 그런데 그게 정상적인 수준을 넘어 아주 심해요. 엄마는 어렸을 때부터 내게 집안일을 시키곤 했는데, 내가 어떤 식으로든 저항하면 엄마는 자신이 얼마나 과로하고 있는지 말했어요. 그럴 때마다 난 죄책감이 들었어요. 다섯 아이의 막내인 나를 낳았을 때쯤 엄마가 얼마나 지쳤을지 이해가 갔어요. 그래서 엄마를 도우려고 노력했지요. 그런데 엄마를 기쁘게 하려면 그 일들을 정해진 방식대로 해야만 했어요. 형들은 내가 너무 엄마랑 함께 집에 있으니까 나를 마마보이로 여겼어요. 하지만 내가 그랬던 건 엄마와 정말로 친했기 때문이 아니라, 나에게 내 삶을 살 권리가 있다고 느끼지 않았기 때문이었어요. 그리고 엄마가 나를 엄마의 소망에 따르도록 훈련시켰기 때문이고요. 사실은 엄마가 날 그렇게 통제하려 드는 게 너무 싫었어요. 엄마한테 좀 더 맞서지 못했던 나 자신이 미워요."

그 뒤 조슈아는 스스로에 대한 실망과 강한 혐오, 진심으로 다른 사람에게 마음을 열고 좋아할 수 없는 자신의 모습이 사실은 어머니가 그를 통제하고 감시했던 방식과 관련이 있다는 것을 발견했다. 어머니에게 맞서지도, 어머니의 요구들을 거절할 수도 없었기 때문에 자기 자신을 존중할 수 없었던 것이다.

조슈아는 자신을 가치 있게 여기지도 존중하지도 않았고, 나약한 사람으로 여겼기 때문에 자신을 좋아하지도 사랑하지도 않았다. 그리고 자신을 사랑할 수 없었기 때문에 다른 누구도 사랑할 수 없었다. 이러한 연관성을 깨달은 것은 조슈아에게 무척 뜻깊은 일이었다.

그 뒤 조슈아는 그의 말대로 '탈출하려고 노력' 했다. 어머니의 요구에 마냥 맞춰주는 대신 의문을 품었고, 어머니가 자기에게 의지하는 태도들 자신이 어머니의 고민들을 들어주어야 하는 것과 같은 것들에 끌려 다니지도 않았다. 자기를 걱정하는 어머니의 마음은 이해가 되었지만, 그럴 때마다 조슈아는 자신이 신뢰할 수 있는 사람이라는 것을 어머니에게 몇 번이고 보여주면서 이제부터 그를 신뢰하기 시작해야 한다는 것을 알려주었다. 그러면서 조슈아는 자신을 위해 어머니에게 맞설수록 다른 사람에게도 맞설 수 있게 된다는 걸 깨달아갔다.

"전 더 이상 나약한 사람이 아니에요. 형들이 괴롭힐 때도 맞설 수 있다니까요!"

조슈아는 시간이 지날수록 스스로를 더욱 좋아하게 되었고, 이것은 그가 다른 사람에게 관심을 가질 수 있는 힘에도 영향을 주었다.

"이제는 더 이상 옛날 여자친구에게 화나지 않아요. 사실은 그녀가 왜 그랬는지 알 수 있어요. 난 누군가를 사귈 준비가 되어 있지 않았고, 그녀는 그것을 안 거예요. 다음에 누군가를 사귈 때에는 훨씬 더 많이 사랑할 수 있을 것 같아요. 예전보다 나 자신을 훨씬 더 사랑하고 있으니까요."


## 정서적 근친상간의 상처 치유하기 ● ● ●

정서적 근친상간으로 인한 상처를 치유하기 위해서는 먼저 자신이 그것의 희생자라는 사실을 받아들여야 한다. 그런데 이런 사람들은 어른이 되어서도 그러한 사실을 부인하거나 아니면 그러한 관계의 부정적인 영향을 깨닫지 못해 어려움을 겪는 경우가 많다. 부정적인 결과를 깨달으려고 하기보다는, 오히려 부모와의 그러한 관계에서 자신이 얻었던 좋은 점들, 이를테면 부모의 특별대우나 부모의 칭찬과 애정, 비밀 공유 같은 것에만 집중하는 경우가 많다.

## '정서적 근친상간'을 나타내는 신호들

다음의 각 문항을 읽고 해당되는 곳에 V표를 해보자. 아래 문항에서 부모님은 엄마나 아빠 한 사람을 뜻한다.

1. 나는 부모님에게 정서적 지지를 해주는 사람이었다. ___

2. 나는 부모님과 가장 친한 친구였다. ___

3. 부모님이 집을 떠났을 때(이혼이나 사별, 오랫동안 함께 할 수 없는 사정 때문에 내가 부모님의 그 빈자리를 채워야 한다는 말을 들었다(예: 자신이 남자라면 '네가 이 집안의 가장이 되어야 해', 여자라면 '네가 아빠의 친구가 되어줘야 해'). ___

4. 나는 부모님한테 특별한 대우나 선물들을 받았다. ___

5. 엄마는 내가 아빠보다(또는 아빠는 내가 엄마보다 더 좋은 친구라고 말했다. ___

6. 엄마는 내가 아빠보다(또는 아빠는 내가 엄마보다 더 자기를 잘 이해해준다고 했다. ___

7. 부모님은 내게 고민들을 이야기했다. ___

8. 엄마는 내게 비밀을 이야기하면서, 아빠한테(또는 아빠는 내게 비밀을 이야기하면서 엄마한테 말하지 않겠다고 약속하라고 했다. ___

9. 부모님은 형제 중에 가장 좋아하는 자식이 나라고 했다. ___

10. 엄마는 내게 아빠가(또는 아빠는 내게 엄마가 좀 더 나 같았으면 좋겠

다고 말했다.＿＿

11. 부모님은 외로움을 많이 느꼈고 내가 친구가 되어주길 바랐다.＿＿

12. 나는 부모님을 보살피고 보호해야 한다고 느꼈다.＿＿

13. 부모님은 자식들 가운데 누구보다 내게 의지했다.＿＿

14. 나는 부모님을 행복하게 해주어야 한다는 책임감을 느꼈다.＿＿

15. 나는 부모님과 떨어져 따로 시간을 보낼 때면 종종 죄책감이 느껴지곤 했다.＿＿

16. 부모님의 모습에서, 내가 부모님 집에서 이사해 나가거나 결혼하지 않기를 바란다는 느낌을 받았다.＿＿

17. 내가 데이트했던 어떤 상대도 부모님의 마음에 차지 않았다.＿＿

18. 내가 자라면서 성적으로도 발달하고, 성에 대한 관심이 생겨가는 것을 부모님은 지나치게 염려하는 것처럼 보였다.＿＿

19. 나는 때때로 부모님이 내게 로맨틱한 감정이나 성적인 감정을 품고 있다는 느낌이 들었다.＿＿

20. 부모님은 내게 부적절한 성적인 말을 하거나 내 사생활을 침범했다.＿＿

이 질문들 가운데 한 개라도 해당된다면, 아마도 마음이 허전한 부모와 공동의존적인 관계를 맺고 있기가 쉽다. 이 질문들에 일관되게 '예'라고 대답했다면 정서적 근친상간으로 고통받아 왔다고 할 수 있다. 특히 2~10번, 18~20번 문항들이 해당된다면 더욱 그렇다.

자신이 정서적 근친상간의 희생자이며, 그러한 극단적인 사랑에는 부정적인 영향이 따라온다는 사실을 알게 되면 마음이 동요될 수도 있다. 그러나 진실을 알게 될 때 우리는 가장 혼란스럽고 성가신 정서적 문제에 대해 통찰을 얻을 수 있다. 전문가들에 따르면, 정서적 근친상간이 자존감과 자기상에 미치는 주요한 영향은 다음과 같다.

· **자기상의 문제** – 자존감의 급격한 변화를 보인다. 한 순간 자신감에 가득 차 있다가 다음 순간에는 자신이 무능하고 부족하다는 느낌에 짓눌린다. 이렇듯 자존감이 극과 극을 오가며 널뛴다.

· **과도한 죄책감** – 예를 들어 자신이 엄마를 아빠한테서또는 아빠를 엄마한테서 빼앗았다는 것, 자신이 다른 형제자매들보다 더 나은 대접을 받는 것, 부모의 기대에 맞춰 살지 못하는 것, 또는 숨 막히게 하는 부모한테서 벗어나고 싶어 하는 자신의 모습에 죄책감을 느끼며 이러한 죄책감은 자존감을 갉아먹는다.

· **거부당하는 것에 대한 만성적인 불안과 두려움** – 예컨대, 정서적 근친상간의 희생자가 아들이라고 하자. 이 아들은 엄마에게 있어 '선택받은 자녀'로서 또는 '남편을 대신하는 사람'으로서 역할을 하게 되는데, 이 역할은 고정된 것이 아니라 상황에 따라 매번 달라진다. 그래서 아들은 자신의 자리와 역할이 헷갈리고 불안하게 된다.

　게다가 아들과 엄마의 결속은 엄마한테도 다른 가족들한테도 부인당하는 비밀이고, 그러면서 아들은 엄마에게 있어 '남편을 대신하는 사람'이라는 자신의 역할이 일시적인 것에 지나지 않다고 느끼게 된다. 엄마와 아빠 사이의 문제가 풀리면 자신은 어쩔 수 없이 다시 자녀의 역할로 돌아가야만 하는 것이다. 아니면 다른 자식이 엄마에게 자신의 자리를 대신하게 될 수도 있다. 그러면 아들은 '내가 뭘 잘못했지? 난 이제 특별하지 않은 거야?' 라며 어리둥절해진다. 아니면 엄마가 다시 다른 남자와 결혼하게 될 수도 있다. 그러면 아들은 새 아빠에게 남편의 자리를 만들어주기 위해 옆으로 비켜줘야 한다.

· 돌봄과 독립에 대한 기본 욕구의 무시 – 부모한테 돌봄을 받고, 그러면서도 독립된 하나의 인격체로 대우받고 싶은 것은 아이의 기본적인 욕구다. 그런데 정서적 근친상간의 희생자의 경우, 이러한 욕구는 친밀감과 우정에 대한 부모의 욕구를 채워주기 위해 무시되고 등한시된다. 이로 인해 아이는 박탈감과 빈곤감을 느끼게 되는데, 심지어 그러한 감정을 느끼는 자신에 대해 죄책감까지 느낀다. 또한 다른 사람들의 필요를 돌보기 위해 정작 자신의 필요와 욕구를 가볍게 보고 등한시하게 될 수도 있다.

· 관심에 대한 필요와 박탈감 – 이들은 부모의 지나친 관심을 받으며 자랐기 때문에 늘 자신이 관심을 받아야 한다고 느낄 수도 있다. 그 결과 자기를 위해 뭔가 해주고 뭔가를 함께 해주는 사람이 주위에 없을 때 박탈감을 느낄 수도 있다.

· 무기력함 – 이들은 부모의 강렬하고 부적절한 관심 때문에 갇혀 있는 것처럼 느끼며, 자신에게는 자아를 발달시킬 능력도, 자신만의 속도로 나아갈 힘도 없다고 느낄 수 있다.

# 치유를 위한 행동 단계들 ● ● ●

부모의 모습이 과잉보호였든 정서적 질식이었든 아니면 정서적 근친
상간이었든 이제라도 부모한테서 정서적으로 분리되고 자기를 소중
히 여기는 마음을 기르기 위해서는 다음과 같이 구체적인 노력과 실
천이 필요하다.

· 부모님을 얼마나 자주, 어떤 식으로 만날지를 스스로 결정해야 한다.
  예를 들어 어떤 사람들은 부모님 집으로 가서 만나는 쪽을 더 좋아한
  다. 부모님이 자신의 개인 공간을 침범하는 것이 싫기 때문일 수도
  있고, 부모님 집에서 만날 경우 불편해지면 언제든지 나올 수 있기
  때문일 수도 있다.
· 개인적인 영역을 자꾸만 침해하려는 부모에게는 한계를 정해주는 것
  이 좋다. 부모의 신체적 접근을 어느 정도까지 허용할 것인지, 내 개
  인적인 삶에 대해 부모와 어느 수준까지 나누고 싶은지 등이 해당된
  다. 이러한 문제에 대해 생각해본 다음 부모님과 함께 있을 때 이러한
  경계선을 확실히 하자.
· 부모가 개인적인 경계선을 침범하는 일이 자꾸 일어난다면 그것을
  계기로 자신의 감정을 점검해보자. 혹시 부모와 경계선을 확실히 하
  는 것에 죄책감이 드는가? 부모에 대해 지나친 책임감을 느끼는가?
  이런 모습은 부모가 자녀를 위해 커다란 희생을 했다는 것을 굉장히
  강조할 때 흔히 볼 수 있다.
  부모를 돌보도록 훈련받은 사람이라면 이러한 역할을 버리기가 힘들

것이다. 그러나 이러한 죄책감을 멈추는 것이 중요하다. 우리는 이제 성인이며, 부모한테서 분리되어 자신만의 삶을 살 자격이 있다. 부모를 위해 자신의 삶을 희생해야 할 만큼 부모에게 큰 빚을 지고 있지 않다.

· 부모가 정서적으로 숨 막히게 하는 사람이라면 더 이상 부모에게 도움을 청하는 일은 그만두어야 한다. 자녀에게 뭘 해야 할지 지시할 권리가 있다고 믿는 부모일 경우, 이런 부모에게 충고나 도움을 구하게 되면 오히려 그러한 믿음만 더욱 부추기는 셈이 된다.

· 경계선을 침범당했을 때에는 자신의 입장을 조용히 그리고 또렷하게 밝히자. 예컨대, '아빠, 아빠가 저를 찾아오시기 전에 미리 전화를 주셨으면 좋겠어요' 라고 이야기하는 식이다.

### 심리학 쪽지

· 보호해주려는 부모의 욕구가 너무 지나치면 그것은 오히려 자녀의 성장과 발달을 막고, 삶에서 뭔가 이룰 수 있는 자녀의 잠재력을 제한하게 되고 만다.

· 정서적 근친상간으로 인한 상처를 치유하기 위해서는 먼저 자신이 그것의 희생자라는 사실을 인정해야 한다.

· 지금까지 부모의 마음에 들기 위해 자신의 성격과 믿음, 가치관과 태도를 만들어왔다면, 이제부터는 자신이 어떤 사람이 되고 싶은지를 스스로, 자유롭게, 의식적으로 선택할 필요가 있다.

**12**장

# 부모에게 심하게
# 통제받거나 지배당했다면

－'난 아무 힘도 없어'라는 거울 치유하기－

자유란 나에게 있었던 일들을 내가 다루는 것이다.

–장 폴 사르트르

어린 시절 지나치게 통제하거나 제압하는 부모 밑에서 자란 사람들이 부모의 지배로부터 벗어나 자유로워지기 위해서는 자신이 지닌 힘을 깨닫고 그것을 되찾아야 한다. 이것은 어린 시절에 겪었던 일들을 함께 나누는 것에서 시작된다.

이 과정은 정서적으로 학대받거나 방치당한 사람들에게도 중요하지만, 부모한테 심하게 통제받거나 지배당한 사람들에게는 특히 뜻깊은 과정이다.

자신의 지난날을 단지 머릿속으로만 떠올리는 것이 아니라 글로 쓰거나 입으로 소리 내어 말할 때, 그것은 좀 더 사실로 느껴질 수 있고, 그래서 자꾸만 아니라고 부인하려는 마음도 없애준다. 그리고 오랫동안 억눌러왔던 무거운 마음의 짐을 내려놓을 수 있고, 자신의 민음과 행동을 더 잘 이해할 수 있게 된다. 왜냐하면 심하게 통제받거나 지배당하며 살아온 사람들은 스스로를 방어하거나 자신의 목소리를 낼 수 없는 상태에서 어린 시절을 보냈기 때문이다.

그렇기에 자신의 어린 시절을 이야기하는 과정은 자신이 겪었던 일들을 확인해주고 자신이 지닌 힘을 발견할 수 있도록 도와줄 것이다. 그리고 이야기하는 과정을 통해 자신이 어렸을 때 받지 못했던 것들, 이를테면 방해받지 않고 이야기할 수 있는 기회, 누군가가 자신을 있는 그대로 봐주고 자신의 이야기를 들어주는 경험을 스스로에게 줄 수도 있다. 이를 위해서는 이야기를 나눌 안전한 방법과 안전한 환경을 찾는 것이 중요한데, 다음과 같은 방법들이 가능하다.

· 상담자나 상담자 역할을 해줄 믿을 만한 사람을 1명 고른 다음, 내 이야기를 기꺼이 들어줄 마음이 있는지 물어본다.
· 고른 사람이 친한 친구라면 우선 내가 이야기를 다 끝낼 때까지 그냥 들어달라고 부탁하자. 친구에게 내가 필요로 하는 것은 친구가 내 문제를 해결해주는 것이 아니라 단지 사랑하는 마음과 연민어린 귀를 가지고 내 이야기를 들어주는 것뿐이라고 말하자. 이때 적어도 1시간 동안은 아무런 방해 없이 이야기를 나눌 수 있는 상황이어야 한다.
· 자신의 이야기를 글로 쓰거나 녹음기나 비디오로 기록해보자. 스스로를 검열하지 말고, 그저 있었던 사실을 그리고 그 때문에 자신이 어떻게 느꼈는지를 이야기하면 된다. 나중에 이것을 다시 보면 치유에 많은 도움이 되는데, 이때 판단하지 말고 자신에 대해 연민의 마음으로 보려고 노력해야 한다.

# '더 이상 통제받고 있지 않다'는 것을 분명히 하기 ● ● ●

자존감을 높이고 자신이 지닌 힘을 되찾으려면 이제 더 이상 부모한 테든 또는 그 누구한테든 통제받고 있지 않다는 점을 분명히 할 필요 가 있다. 우리가 스스로를 그렇게 내버려두는 한 결코 자신에 대해 좋게 느낄 수가 없다. 다른 사람이 우리를 통제하도록 내버려둘 때마 다 우리는 자신에 대해 존중하는 마음을 잃어버리게 되고, 그런 일이 되풀이되면 결국 자기혐오에 빠질 수밖에 없기 때문이다.

자신의 힘과 권한을 되찾아오기 위해서는 정서적으로 부모와 분리 되어야 한다. 이것은 부모와 직면해야 한다는 뜻일 수도 있고, 좀 더 튼튼하고 확실한 경계선을 설정해야 한다는 뜻일 수도 있다.

현재의 자리에서 부모와 적절한 경계선을 설정할 때 우리는 많은 권한을 되찾을 수 있다. 부모와의 만남을 줄이는 것도 이것에 해당될 수 있다. 통제하는 부모는 언제 자녀에게 다가갈지를 자기 마음대로 결정한다. 이제는 그것을 바꾸어 언제 부모를 만나고, 어떤 식의 관 계를 맺고 싶은지를 우리가 결정해야 한다.

자신의 힘과 권한을 되찾기 위해 해야 할 또 한 가지는 부모가 어떤 사람인지를 현재의 자리에서 보는 것이다. 통제하는 부모 밑에서 자 란 사람들은 어른이 되어서도 여전히 부모를 거대한 존재로, 그리고 자기 자신은 아무런 통제할 힘이 없는 무력한 존재로 보는 경우가 많 다. 부모를 좀 더 정확하게 바라보는 것만 시작해도, 우리 자신의 힘 을 어느 정도 되찾을 수 있다.

부모 옆에 서 보거나 부모와 함께 있는 모습을 사진으로 찍어보는 것도 괜찮은 방법이다. 막상 옆에 서 보면 우리가 생각했던 것보다 부모가 얼마나 작은지, 자신의 몸이 얼마나 부모만큼 커졌는지 확인할 수 있다.

한편 부모와 같은 성인으로서 동등해지려면 우리가 부모에게 갖고 있는 허황된 기대나 욕구를 버릴 수 있어야 한다. 언젠가는 부모가 우리를 있는 그대로 받아줄 거라는, 어렸을 때 받지 못한 것들을 언젠가 줄 것이라는 잘못된 희망을 떠나보내야 한다. 어렸을 때 부모가 우리에게 어떠어떠한 존재가 되어 주어야 했다는 정서적 집착을 포기할 때, 우리는 부모님이 그저 한 남자 또는 한 여자일 뿐이라는 것을, 우리가 생각했던 대단한 사람도 괴물도 아니라는 사실을 깨닫게 될 것이다.


## 나의 힘을 되찾는 방법 ● ● ●

자신의 힘과 권한을 되찾는 가장 좋은 방법은 부모의 학대적인 태도에 대해 부모에게 직면시키는 것이다. 직접적인 대면이 여전히 두렵다면 상상으로 해볼 수도 있다.

2장에서 나왔던 로레인의 경우는 어렸을 때 부엌 바닥의 얼룩을 지우지 못한 것 때문에 어머니한테 모욕을 당했다. 로레인은 어른이 된 지금도 여전히 어머니가 두려웠다.

"지금 내가 하는 말들을 엄마가 듣지 못할 텐데도 난 마치 엄마가 어떻게든 알게 되지나 않을까 두려워요. 알아요, 멍청한 생각이라는 거. 게다가 엄마에게 화를 내는 건 엄마를 배신하는 일처럼 느껴져요. 어찌 됐든 엄마는 엄마대로 최선을 다했다는 걸 나도 알거든요."

마침내 로레인은 이러한 불필요한 걱정을 치워버리고, 엄마 때문에 사실은 자기가 어떤 기분이었는지를 표현할 수 있게 되었다.

"나를 그렇게 심하게 대하다니…. 난 엄마를 증오해요!"

로레인의 목소리에는 진심 어린 분노가 담겨 있었다.

"엄마는 내게 너무 많은 것을 기대했어요. 나는 그냥 어린 아이에 지나지 않았어요. 누구한테도 그런 식으로 말하거나 대해서는 안 되는 거라고요!"

이것은 로레인이 어머니로부터 분리되려는 노력의 시작이었다. 다음 단계는 어머니를 직접 대면하는 일이었다.

"엄마가 내게 무슨 짓을 할 거라고 생각하는지, 내 생각을 나도 모르겠어요. 이제 엄마는 나이든 노인인걸요. 엄마는 더 이상 나를 때려눕힐 수 없어요. 아마 소리조차 지르지 못할 거예요. 그런데도 난 왜 이렇게 두려운 걸까요?"

## 보호자를 만들라

로레인이 어머니를 직면하는 것을 돕기 위해 나는 '보호자'를 만들어보라고 권했다. 보호자는 그냥 내가 그렇게 이름붙인 것일 뿐, 어려운 일을 할 때 옆에 서 있어주거나 뒤에 서서 지켜봐주는 상상 속의 사람을 말한다. 비록 상상 속의 인물이라 해도 보호자는 압제적인 부모에게 맞설 수 있는 용기를 안겨줄 수도 있다. 실제로 보호자를 만드는 것은 로레인에게 어머니를 직면할 수 있도록 도와주었다.

"우습게 보일지 모르지만, 보호자 덕분에 엄마를 직면할 힘이 생겼어요. 내가 혼자가 아니라는 걸 알았거든요."

그런가 하면 스테판의 경우는 정서적으로 학대하는 어머니에게 맞서줄 보호자가 뒤에 서 있다고 상상해보라고 하자, 감정이 무너지면서 흐느끼기 시작했다. 그는 원래 우는 것 자체를 힘들어하는 사람이었다. 흐느끼는 것은 있을 수도 없는 일이었다.

순간 그의 슬픔이 내게도 진하게 느껴졌다. 나는 몸을 굽혀 그의 어깨에 부드럽게 손을 얹었다. 흐느낌이 잦아들자 그는 이야기했다.

"난 그런 사람이 있었던 적이 한 번도 없어요. 나를 위해서 누군가에게 맞서주거나 날 보호해주려고 한 사람이 한 명도 없었어요."


## 마음속 비판자를 잠재우라

지나치게 통제받거나 지배당한 사람들의 경우 마음속에 유난히 강력한 비판자가 발달하는 경향이 있다. 너무 통제받고 지배받으며 자랐기 때문에 부모의 비판적인 목소리를 내면화시키는 수밖에 달리 선택의 여지가 없었기 때문이다.

마음속 비판자를 잠재우려면 먼저 자기비난을 살펴봐야 한다. 혹시 어렸을 때 부모한테 비난받았던 방식대로 자기 자신을 비난하고 있지는 않은가? 부모님의 뜻에 반하는 감정을 느끼거나 그런 행동을 할 때 마음속 비판자가 큰 소리를 내지는 않는가?

우리의 목표는 자기 비판적인 메시지를 머릿속에서 완전히 떨쳐버리는 것이 아니라 마음속 비판자가 무엇인지, 그 비판자가 어떤 식으로 활동하는지 알아내고, 그것이 우리에게 미치는 영향력을 제한하는 것이다. 다음은 마음속 비판자를 제한하기 위한 몇 가지 방법이다.

· 마음속에서 비판하는 메시지가 들릴 때마다 이렇게 말하자.

"아니야! 네 말 듣고 싶지 않아!", "아니, 난 네가 하는 말 안 믿어!"

· 비판하는 목소리가 들리면 오히려 자기 칭찬을 통해 마음속 비판자에게 반박하자. 예컨대 "아니야, 난 게으르지 않아. 내가 오늘 한 일들을 봐. 난 열심히 일하는 사람이라고!"라고 당당하게 받아치는 것이다.

· 부모의 평가나 비합리적인 기대가 우리를 지배하게 놔두지 말자. 게으르다거나 아무 짝에도 쓸모없다고 했던 부모의 말 때문에 스스로를 강박적으로 몰아세우는 경향이 있다면 자신이 정말로 원해서 그렇게 열심히 일하는 것인지, 아니면 부모의 마음에 들기 위해 그러는 것인지 스스로에게 물어보자.

반대로 부모님의 압력에 대한 반항의 뜻으로 오히려 자신의 능력보다 더 못하거나 열심히 하고 있지 않다면, 무언가 진짜 마음의 동기를 찾기 위해 좀 더 노력이 필요할지도 모른다.

## 고통을 인정하고 충분히 느껴라

마음속 비판자는 우리가 고통을 있는 그대로 받아들이고 느끼는 것을 방해하려고 한다.

'고통을 느껴서 네가 얻는 게 뭐가 있는데? 아무것도 바뀌는 게 없는걸', '넌 완전히 울보 어린애구나', '조심해! 무너져 내리는 순간 넌 완전히 망가질지도 몰라'라는 영악한 말들로 우리를 공격한다. 그러나 정서적 학대를 당하면서 받았던 고통들을 인정하고 느끼려 하지 않는다면, 우리 자신에게나 다른 사람들에게 연민과 공감하는 마음을 갖기가 어렵다는 사실을 알아야 한다.

기억하자! 건강한 수준의 자기연민이야말로 마음속 비판자가 내뿜는 독에 대한 직접적인 해독제다. 따뜻하게 달래주는 '마음속 돌봐주는 목소리'는 마음속 비판자가 내뿜는 독을 중화시킨다. 부드러움은 잔인함과 거부를 녹여준다. 그러니 자기 비판적이 되거나 절망하는 마음이 들 때마다 마음속에서 돌봐주는 목소리를 불러내어 연민과 이해하는 마음으로 자기 자신과 대화를 나누는 연습을 하자.

## 나를 사랑하는 연습 계속해 나가기 ● ◆ ●

지나치게 통제하거나 지배하는 부모 밑에서 자라면서 들었던 수많은 부정적인 말들, 우리의 자존감을 해치는 말들, 이제 그런 말들을 우리의 마음속에서 지워버리려면 마음속에 자기 수용과 자기 사랑이 자랄 수 있도록 필요한 과정을 계속 해나가야 한다.

앞에서 마릴린은 머리를 빗거나 화장을 할 때 흘깃 쳐다보는 것 말고는 거울을 들여다볼 수 없었다. 그런 마릴린에게 거울을 조금만 더 오래 들여다보려고 애써보라고 제안하자 그녀는 난색을 표했다.

"못해요. 절대 못해요. 내 모습을 보고 싶지 않아요. 난 못생겼어요."

나는 시도해보라고 계속 격려했고, 마릴린은 조금씩 더 오랫동안 거울을 쳐다볼 수 있게 되었다. 처음에는 부모가 거부한 자신의 모습만을 보았기 때문에 거울 속에 보이는 사람이 싫었던 것이다.

그러나 스스로에게 부모를 향한 분노를 느끼고 표현하도록 허락해주고, 부모가 그녀에게 비춰준 왜곡된 거울을 부모의 것으로 되돌릴 수 있게 되자, 마릴린은 거울 속에서 전혀 다른 사람을 보게 되었다.

그리고 그 사람이 좋아지기 시작했고 거울을 더 오래 보기 시작했다. 마침내 마릴린은 거울 속을 가만히 바라보며 '사랑해'라고 말할 수 있게 되었다. 우리도 거울 속의 자신을 들여다보며 '사랑해'라고 말하는 연습을 해보자.

## 심리학 쪽지

· 지나치게 통제하거나 제압하는 부모의 지배로부터 벗어나 자유로워지기 위해서는 자신이 지닌 힘을 깨닫고 그것을 되찾아야 한다.

· 자신의 힘과 권한을 되찾기 위해서는 정서적으로 부모에게서 분리되어야 한다. 이것은 부모에게 부모의 학대적인 모습을 직면시키고, 부모와 적절한 경계선을 설정하며, 어린 아이의 눈이 아닌 어른의 눈으로 부모의 모습을 보는 것이다.

· 마음속에서 자신을 비난하는 소리가 들릴 때 그 목소리가 자신이 아닌 부모의 목소리라는 것을 깨닫고, 오히려 자기 칭찬을 통해 마음속 비판자에게 당당하게 반박해야 한다.

· 건강한 수준의 자기연민이야말로 마음속 비판자가 내뿜는 독에 대한 해독제다.

## 보호자 만들기

1. 내 뒤에 누군가 서 있다고 상상해보자. 그 사람은 나를 비난하거나 공격하거나 낙담시키는 사람에 맞서서 나를 도와주고 보호해주기 위해 내 뒤에 서 있는 사람이다.

2. 어린 시절에 부모가 나를 비난하거나 수치심을 안겨주었던 사건을 떠올려보자.

3. 내 보호자가 그런 부모에게 뭐라고 말할지 상상해보자. 부모의 부정적이고 비난하는 말들을 밀쳐내기 위해 내 보호자는 무슨 말을 할지 상상해보자.

4. 만약 그러고 싶은 마음이 든다면, 그 말들을 소리 내어 말해보거나 적어보자.

_____

_____

_____

_____

_____

_____

_____

_____

_____

# 거울아, 거울아

1. 거울 속의 나를 바라보자. 전신거울도 좋고 더 작은 거울도 괜찮다. 거울 속의 내 모습이 싫다면, 내 모습에서 내가 좋아하는 점을 한 가지 이상 찾아낸 다음 큰 소리로 말해주자(예: 나는 내 눈이 좋아).

   만약 마릴린처럼 거울 속의 자기 모습을 볼 때마다 자기혐오나 경멸을 느낄 뿐이라면, 자신에 대해 싫지 않은 점 한 가지를 찾아내어 말해보자(예: 나는 내 목이 싫지 않아).

2. 내 얼굴이나 몸에서 좋아한다고 말할 수 있거나 적어도 싫지는 않다고 말할 수 있는 점들을 5개 이상 찾을 때까지 이 과정을 몇 주 동안 계속해나가자.

3. 거울에 비친 내 모습을 보면서 이렇게 말해주자. '난 널 좋아해!' 아직은 진심으로 그렇게 생각하지 않는다고 해도 그렇게 말해보자. 그렇게 말하는 순간 감정적으로 어떻게 느껴지는지, 몸에는 어떤 느낌이 오는지 살펴보자. 만약 마음속에서 '넌 전혀 괜찮은 사람이 아닌데, 어떻게 너 자신이 좋다고 말할 수 있니?'라며 부정적인 목소리가 들린다면 그 목소리에게 당당하게 말하자. "닥쳐!"

4. 이 과제를 몇 주 동안, 적어도 1주일에 한 번 그리고 자신의 모습을 보며 진심으로 '난 네가 좋아!'라고 말할 수 있게 될 때까지 계속해나가자.

## 13장

# 지나치게 비판적인 부모, 수치심을 주는 부모, 완벽주의적인 부모 밑에서 자랐다면

- '난 나빠', '난 받아들여질 수 없어' 라는 거울 치유하기 -

창조적인 미움, 그런 것도 있다.

—윌라 캐서

아이들은 수치심을 느낄 서로 다르게 반응한다. 어떤 아이는 화를 내면서 분노의 화살을 외부로 돌리는데, 때로는 다른 사람에 대한 폭력이라는 모습을 띠기도 한다. 또 어떤 아이는 분노의 화살을 내부 곧 자기 자신에게로 돌린다. 그러면서 종종 자신을 더 미워하게 되는 악순환을 되풀이하게 되고, 또 다시 거절당하고 상처받지 않기 위해 스스로를 고립시키고 자꾸만 위축되고 만다.

수치와 거부를 당한 사람이 받는 고통과 상처는 특히 치유하기가 힘들다. 그래서 이러한 고통을 심하게 겪은 사람들은 더 이상의 수치와 고통을 피하려는 욕구에 지배받게 되는 경우가 많다. 그래서 자기 주변에 방어벽을 치고는 사람들을 다가오지 못하게 한다. 그러면 거부당할 일도 없기 때문이다.

하지만 문제는 이러한 방어벽이 우리가 필요로 하는 친밀감과 사랑까지 막아버린다는 사실이다. 상처받지 않기 위해 쌓았던 이 벽을 이제는 무너뜨려야 한다. 그러려면 마음속의 수치심부터 치유해야 한다.

수치심을 치유하는 첫 번째 단계는 수치심이 무엇이고, 나의 수치심이 어디서 생긴 것인지, 나는 수치심을 어떻게 해결하고 있는지를 정확히 이해하는 것이다. 수치심은 사실 정의하기가 꽤 어려운 감정에 속한다.

수치심을 강하게 느낄 때 사람들은 보통 숨으려고 한다. 실제로 수치심을 뜻하는 영어 단어 'Shame'은 '숨다'라는 뜻을 지닌 인도-유럽 어족의 단어에서 나온 것이다. 내 내담자들은 수치심을 느낄 때를 이렇게 묘사했다.

"난 단지 구멍을 파서 그 안에 숨고 싶었어요."

"그 순간 내가 사라져버릴 수 있었으면 했어요. 너무 창피해서 그 누구와도 눈을 마주칠 수가 없었어요."

또한 자기 몸의 상태를 살펴보는 것도 수치심 발견에 도움이 될 수 있다. 우리의 몸은 수치심을 공포스러운 감각이라고 느끼는 경향이 있다. 수치심을 느낄 때 사람들은 숨어버리거나 얼굴을 가리고 싶은 강렬한 욕구에 휩싸이거나 명치에 통증을 느끼기도 한다. 어떤 사람들은 얼굴이 붉어지고 초조하거나 숨 막히는 느낌이 들기도 한다. 또 다른 사람들은 이른바 수치심 공격shame attack을 경험하기도 하는데, 완전히 공포감에 휩싸이게 되는 것이다. 수치심 공격을 경험한 사람들이 공통적으로 이야기하는 증상에는 현기증이 나면서 어찔어찔함, 방향감각을 잃어버림, 구역질 등이 해당된다.

## 수치심과 죄책감은 다르다 ● ● ●

수치심을 흔히 죄책감과 혼동하는데 이 두 가지는 분명 다른 감정이다. 죄책감이 자신이 한 일이나 하지 않고 내버려둔 일에 대해 기분이 안 좋고 속상함을 느끼는 것이라면, 수치심을 느낀다는 것은 자기 자신에 대해 기분이 나쁜 것이다. 죄책감이 들 때 우리가 기억해야 할 점이 '사람은 누구나 실수할 수 있고, 실수해도 괜찮다' 라는 사실이라면, 수치심을 느낄 때는 '나는 그냥 있는 나 대로 괜찮다' 라는 사실이다.

죄책감과 수치심의 또 다른 차이점은, 수치심이 자신의 약한 면이 사람들에게 훤히 드러난 것에서 생겨난다면, 죄책감은 자기 자신과의 문제이며 자기가 자신의 기준에 못 미쳤다는 느낌에서 생긴다는 것이다.


## 수치심을 외면화했다면 ● ● ●

어떤 사람들은 자신의 수치심을 다른 사람들에게 투사하고, 그들에게 분노함으로써 자신의 수치심을 해결하려고 한다. 그리하여 갑자기 다른 사람에게 비난을 퍼붓거나 생각지도 못한 분노를 쏟아내곤 한다.

이런 경우 '수치심-분노' 의 악순환을 깨뜨리기 위해서는 화가 날 때마다 스스로에게 '내가 무엇을 창피해하고 있는 거지?' 라고 물어볼 필요가 있다.

분노야말로 우리가 수치심을 느끼고 있다는 것을 알려주는 위험 신호이기 때문이다. 갑자기 터져 나오는 분노를 경험할 때나 격한 분노에 휩싸일 때 특히 그렇다.

처음에는 자신의 수치심을 발견하는 것이 어려울 수도 있고, 화가 날 때마다 꼭 수치심을 느끼는 게 아닐 수도 있다. 그러나 어느 정도 연습을 하다 보면 자신이 언제 수치심을 느끼는지, 무엇이 그 수치심을 자극했는지도 발견할 수 있게 될 것이다.

일단 수치심과 분노가 어떻게 연결되어 있는지 이해했다면, 이제 그 연결을 끊어버려야 한다. 지금까지는 수치심을 해결하기 위한 방법으로 화를 냈지만 이제는 그것을 멈춰야 한다는 뜻이다.


## 수치심을 내면화했다면 ● ● ●

자기비난과 수치심은 밀접하게 연관되어 있다. 이미 여러 번 설명했듯이 학대받거나 방치당한 아이들은 부모의 그런 행동에 대해 부모가 아닌 자기 자신을 탓하기 쉽다. 자신이 뭔가 잘못했기 때문에 그런 일이 생겨난 거라고 생각하는 것이다. 그렇기에 그 과정은 언제나 자기비난으로 가득 찰 수밖에 없다.

정서적 학대를 당하면서 아이는 마음속에서 자신이 '나쁜 존재'라는 인식을 갖게 되고, 이러한 경향은 부모가 자신의 학대 행동에 대한 책임을 아이에게 떠넘길 때 더욱 굳어지게 된다. 그렇게 되면 아이들은 부모의 학대나 폭력만이 아니라 심지어 집안에서 일어나는 다른 모든 불행까지도 자신의 탓이라고 여기게 된다.

또한 비난하는 부모 밑에서 자라난 아이들은 종종 다른 중요한 사람에게서 비난받는 것을 피하기 위해 자기 자신을 비난하는 법을 익히게 된다. 이것은 부모가 아이를 비난하려 할 때 아이가 재빨리 스스로를 비난하면 부모의 비난이 누그러지거나 아예 없어진다는 것을 터득하는 것이다. 이것은 마치 아이와 부모가 암묵적인 계약을 맺는 것과 같다. '내가 나 자신을 비난할테니 엄마는 그럴 필요 없어요'라고.

만약 우리가 자기비난의 경향을 갖고 있다면, 부모가 안겨준 수치심을 정당한 분노로 바꿔주는 것이야말로 자기비난을 줄일 수 있는 효과적인 방법이 될 수 있다. 자기비난이라는 부정적인 에너지를 자기 자신을 향하게 하는 대신, 그 에너지를 자신에게 수치를 준 사람에게 향하도록 하는 것이다.


## 수치심, 어떻게 없앨까? • • •

다음의 방법들이 우리 안의 잘못된 수치심을 줄이거나 없애는 데 도움이 될 것이다.


· 내가 학대나 방치를 받을 만하게 행동하지 않았다는 사실을 받아들이자

'내가 어렸을 때 했던 어떤 행동도 학대나 방치를 받아도 될 만한 그런 행동은 아니었어. 학대받아 마땅한 행동은 없어!'라고 자신에게 이야기해주자.

계속해서 부모의 부적절한 행동에 대해 자신을 탓하게 된다면, 자신이 정서적으로 학대받거나 방치당했던 또래의 아이들과 함께 시간을 보내보자. 아무리 다 자란 것처럼 행동하려 애써도 아이들이란 존재가 사실은 얼마나 상처받기 쉽고 순진한 존재인지를 깨닫게 될 것이다.

· 학대받거나 방치당했던 경험을 소중한 사람들에게 이야기하는 시간을 갖자

'사람은 자신이 지닌 비밀만큼 힘들 뿐이다' 는 말이 있다. 어린 시절에 정서적으로 학대받거나 방치당했다는 사실을 친한 친구들이나 가족들에게 숨기면 숨길수록, 그것은 학대나 방치가 나의 잘못 때문이며 그래서 비밀로 해야 한다는 생각을 계속하게 만든다. 나의 아픈 경험을 사랑하고 신뢰하는 사람들(배우자나 친한 친구 또는 상담자나 지지모임의 동료들)과 나눌 때, 비밀도 없애고 수치심 또한 없앨 수 있다.

· 부모의 수치심은 부모에게 되돌려주자

때때로 부모들은 자신이 수치심을 느낄 때 엉뚱하게 아이를 학대하곤 한다. 자신이 느끼는 수치심을 아이에게 투사하는 것이다. 이제는 엄마의 수치심은 엄마에게 되돌려주고, 우리가 느꼈던 수치심을 정당한 분노로 바꾸는 연습을 해나가자. 우리 자신이 아닌 우리를 학대한 사람을 향해 분노를 발산할 때, 우리는 스스로를 비난하는 것을 멈추게 되고, 우리의 무죄를 스스로에게 확인시켜줄 수 있다.

· 자기비난을 연민과 자기수용으로 바꾸자

마음속에서 나를 비난하고 요구하는 목소리를, 좀 더 자상하고 연민 어린 목소리로 바꾸는 연습을 계속해나가자. 자기비난은 자신을 무너뜨릴 뿐이지만 자신에 대한 연민은 변화하려는 동기와 힘을 안겨줄 수 있다.

· 자신을 다른 사람과 비교하는 것을 멈추자

수치심이 많은 사람들은 자신과 다른 사람들의 다른 점을 자동적으로

'좋고 나쁨', '더 잘하고 못함' 이라는 비교로 바꾸어버린다. 서로의 다름을 존중하는 것이 아니라 다름에 위협을 느끼는 것이다.

그러나 다름을 그냥 다름으로 받아들일 수 있을 때, 곧 사람은 누구나 다르며 그렇게 다른 모습이 소중하다는 사실을 깨닫게 될 때 우리는 남들과 비교하지 않게 된다. 자신도, 그 누구도 더 못난 존재가 될 필요가 없는 것이다.

· 사람들이 있는 그대로의 나를 받아줄 거라고 기대하자

수치심을 치유하기 위해서는 내가 있는 모습 그대로 괜찮은 사람이라는 것을 믿으려고 의식적으로 노력해야 한다. 이것은 나에게 '넌 너 자체만으로는 괜찮은 사람이 못 돼' 라는 태도로 대하는 사람이 있다면, 그게 누구든 그 사람에게 의지하는 것을 그만둬야 한다는 뜻이다.

비난하고 심판하려 들고 완벽주의적이고 수치를 주는 사람들 대신, 있는 그대로의 나를 좋아해주고 인정해주는 사람들과 가까이 지내자. 누군가 내게 좋은 일을 해주거나 좋은 말을 해주면 밀쳐내지 말고 그 좋은 느낌을 받아들이자.

## 완벽주의적인 부모한테 받은 메시지에 맞서기 ● ● ●

완벽주의라는 것은 극도로 수치심을 안겨줄 수 있다. 자신이 흠 많고 부족한 사람이라는 생각과 수치심이 많은 사람들은 그러한 수치심을 없애기 위해 완벽해지려고 애쓴다.

'내가 완벽해질 수만 있다면 더 이상 수치심을 느끼지 않을 거야'

라고 생각하는 것이다. 하지만 불행하게도 완벽을 향한 추구는 실패할 수밖에 없고 실패를 깨닫는 순간, 그토록 벗어나려 애썼던 수치심만 더욱 되살아날 뿐이다.

스스로에게 완벽을 기대할 때 우리는 끊임없이 스스로에게 실망하고 자존감에 상처를 내게 된다. 또 다른 사람에게 완벽을 기대한다면 우리는 결국 무리한 요구를 하며 비판하는 사람이 되고 말 것이다. 만약 자녀에게 그렇게 하고 있다면, 우리는 자녀를 정서적으로 학대하고 있는 것이다.

엄마나 아빠가 완벽주의자였다면 그 사람 역시 완벽주의 성향을 갖고 있기가 쉽다. 이런 사람은 어떤 일을 잘하기를 기대했지만 실수를 했을 경우 스스로를 용서하지 않을 가능성이 크다. 오히려 '넌 뭐가 문제니?', '멍청이, 제대로 하는 게 없지'라는 말로 자신을 심하게 비난할 것이다.

그리고 이러한 자기비난으로 인해 더욱 우울해지고 의기소침해질 것이다. 사람들은 실수를 하고도 여전히 앞으로 나아갈 수 있다고 생각하지만, 이런 사람들은 실수에 매인 채 자신의 자존감에 끊임없이 상처를 낼 뿐이다.

이런 경우, 첫 번째 해야 할 일은 '완벽해야 한다고 말하고 잔인하게 비난하는 목소리'의 정체를 정확히 밝혀내는 것이다. 그리고 이 목소리를 돌봐주는 마음속 목소리로 바꿔나가야 한다. 또한 완벽을 요구하는 목소리, 곧 불가능한 것을 요구하는 목소리에게 당당하게 반박하며 적절한 한계선을 긋는 연습을 해나가야 한다.

물론 이런 연습이 생각보다 어렵고 더딜 수 있다. 하지만 완벽주의적인 부모 밑에서 자라면서 수치심을 느끼고 완벽해져야 한다고 믿으며 살아온 시간이 길었던 만큼, 스스로를 연민어린 마음으로 바라봐주며 천천히 연습해나가자.

심리학 쪽지

- 수치심을 느끼게 만드는 부모 밑에서 자란 사람들은 더 이상의 수치심과 고통을 피하려는 욕구에 지배받게 되고, 그래서 자기 주변에 방어벽을 치고는 사람들을 다가오지 못하게 한다. 그런데 이러한 방어벽은 우리에게 필요한 친밀함과 사랑까지 막아버린다.

- 수치심을 외면화한 사람들은 수치심을 다른 사람들에게 투사하고 그들에게 분노함으로써 수치심을 없애려고 한다. 그리하여 갑자기 엉뚱한 사람에게 비난을 퍼붓거나 생각지도 못한 분노를 쏟아내곤 한다.

- 수치심을 내면화한 사람들은 자기 자신을 탓하는 경향이 강하다. 이를 없애려면 부모가 자신에게 투사했던 수치심의 화살을 부모에게 돌리고, 자기비난을 자기연민으로 바꿔주는 연습이 필요하다.

## 수치심이 나에게 어떻게 영향을 주고 있을까?

1. 어린 시절에 겪어야 했던 수치심을 나는 어떻게 견디고, 어떻게 다루어왔는지 생각해보자. 나는 수치심에 어떻게 맞섰는가?

_____

_____

_____

_____

2. 수치심을 내면화했다면, 다시 말해 수치심을 자기 자신의 탓으로 돌리며 살아왔다면 그것이 내 자존감에 어떤 영향을 주었는지 생각해보자.

_____

_____

_____

_____

3. 반대로 수치심을 외면화했다면, 나는 어떤 식으로 수치심을 사람들에게 투사하며 살아왔는지 생각해보자.

_____

_____

_____

_____

4. 지금 무엇이 나에게 수치심을 자극하는지 생각해보자. 다른 사람에게 비난의 말을 듣는 것인가? 아니면 거부당하는 것인가?

_____

_____

_____

5. 수치심을 언제 가장 많이 느끼는가? 가장 불안감을 느낄 때는 언제인가? 다른 사람에게 좋은 인상을 주려고 노력할 때는 언제인가?

_____

_____

_____

6. 나에게 수치심을 자극하기 가장 쉬운 사람은 누구인가? 내가 가장 마음을 쓰는 사람들인가? 아니면 좋은 인상을 주고 싶은 사람들인가? 같이 있으면 왠지 내 자신이 부적절한 사람처럼 느껴지는 사람들 또는 과거에 나를 거부했던 사람들인가?

_____

_____

_____

_____

14장

# 자기만 생각하는 부모,
# 자기도취적인 부모를 가졌다면

– '난 중요하지 않아' 라는 거울 치유하기–

자기 자신이 되기 위한 몸부림보다 더 죽을 것 같은 고통은 없다.

—에브게니 비노쿠로프

어릴 때 나는 어머니가 나를 미워한다는 걸 알고 있었다. 어머니가 나를 보면서 '너만 없었어도…'라는 생각을 한다는 것도 알았다. 때로는 경멸과 적의가 담긴 눈으로 쳐다보는 어머니의 눈길을 느끼기도 했다.

만성적인 기관지염을 앓고 있던 나는 종종 밤새 기침을 했고, 가끔은 열도 많이 났다. 어느 날 밤, 어머니는 내 열을 내리기 위해 이마에 차가운 물수건을 얹어주려고 침대 옆으로 다가왔다. 그 순간 나는 어머니가 나를 목 졸라 죽이려고 할 거란 확신이 들었다. 나는 소리 지르며 어머니를 밀쳐냈다. 사람들은 내가 열 때문에 착각한 거라고 말할 수도 있겠지만, 분명히 가능한 일이었다. 어머니는 충분히 그럴 수도 있을 만큼 나를 미워했다.

자기도취적인 많은 부모들은 '아이만 없었더라면' 하는 마음을 갖고 있다. 실제로 그들은 자녀가 존재하는 것을 원하지 않는다. 부모들은 아이를 돌보기 위해 자신의 욕구를 제쳐두어야 할 때가 자주 있다. 그런데 자기도취적인 부모들은 이기적이고 자기 생각만 하는 경향이 강하기 때문에 그래야 하는 것에 분개한다.

더욱이 이런 부모들은 자녀가 자기 뜻대로 움직여주고 부모의 욕구를 돌봐주기를 바란다. 부모인 자신이 자녀를 돌봐야 한다는 사실에는 분개하면서, 자녀한테는 부모인 자기를 돌봐주기를 기대하는 것이다.

이런 부모 밑에서 자란 사람들의 가장 큰 과제는 부모의 손아귀에서 벗어나는 것이다. 자기도취적인 부모는 자녀가 독립된 자아를 갖는 것을 원하지 않는다. 자녀를 완전히 지배하고 싶어 하고, 자녀가 언제든지 부모의 욕구를 채워줄 수 있는 상태이기를 바란다. 그런데 자녀가 독립된 삶을 갖게 되면 부모의 욕구에 상대적으로 덜 반응하거나 소홀해지기가 쉽다. 그래서 자녀의 독립을 싫어하는 것이다.

## 독립된 자기 만들기 ● ● ●

자기도취적인 부모 밑에서 자란 사람들은 대부분 자신이 누구인지, 진정으로 자신이 어떤 사람인지를 모른다. 자신의 참된 자기로부터 너무나 단절되어 있기 때문에 독립된 자기를 만드는 데 무척 어려움을 겪는다. 이것은 부분적으로는 부모가 그들에게 내렸던 잘못된 평가들과, 그로 인해 자기 인식에 영향을 받았기 때문이다.

## 부모로부터, '부모가 생각하는 내모습'에서 떨어져나오기

자기도취적인 부모는 자기가 자녀에 대해 누구보다도 더 잘 안다고 주장한다. 대개 부모란 자녀에 대해 가장 잘 알고 있기 마련이지만, 자기도취적인 부모는 그렇지 않다. 왜냐하면 그들은 자기증오를 자녀에게 투사하고, 그래서 자녀에 대해 아주 왜곡하여 인식하고 있기 때문이다.

하지만 안타깝게도 자기도취적인 부모의 자녀들은 대부분의 아이들이 그렇듯이 부모가 자신에 대해 하는 말을 그대로 믿는 경향이 있다. 그러므로 우리가 해내야 할 가장 어려운 과제 가운데 하나는 우리가 부모로부터 받았던 메시지를 주의 깊게 생각해보고, 사실이 아닌 것은 버리는 법을 배우는 것이다. '부모가 말했던 내 모습'과 '친한 친구들이 말해주는 내 모습'을 비교해보는 것도 도움이 될 수 있다.

## 내면을 들여다보는 것을 두려워말자

종종 자기도취적인 부모 밑에서 자란 사람들은 자신의 내면을 들여다보기를 두려워한다. 들여다보았자 발견하는 것은 가혹했던 부모에 대한 깊은 분노와 노여움뿐이기 때문이다. 진짜 자기를 알게 되는 것이 두려운 것이다.

카렌 역시 그랬다. 카렌의 엄마는 카렌을 미워하고 거의 날마다 언어적으로, 신체적으로 카렌을 공격했다. 카렌은 엄마를 향해 느끼는 분노를 탐색하기를 두려워했다. 카렌은 엄마를 죽이고 싶은 강렬한 욕구를 느꼈던 순간을 생생히 기억하고 있었다.

그때 카렌은 겨우 만 6살이었다. 이미 그때 엄마는 카렌에게 부엌 일을 시키고 있었는데, 한번은 카렌에게 야채를 썰라고 했다. 당연히 어린 카렌은 엄마의 마음에 들게 일할 수 없었고, 엄마는 카렌에게 "어쩜 그렇게 애가 멍청하니? 어쩌면 그렇게 제대로 하는 일이 하나 도 없니?"라며 소리를 질렀다.

"나를 짓뭉개는 엄마의 말을 들으면서 손이 떨리기 시작했어요. 난 날카로운 칼날을 만지면서 그 칼로 엄마의 심장을 찌르는 상상을 했어요. 그런 생각을 하면 할수록 내 손은 더욱 떨렸어요. 그런데 다리는 돌덩이마냥 굳어버려 서 있던 자리에서 한 발짝도 꼼짝할 수 가 없었어요. 하느님께 감사해요. 왜냐하면 만약 그때 움직일 수 있 었더라면 정말로 엄마를 찔렀을 테니까요."

카렌이 엄마를 향해 느끼는 분노를 인정하고 표현하기까지는 정말 로 많은 격려가 필요했다. 그녀는 분노가 터져 나와 통제력을 잃게 될까봐 두려웠던 것이다.

"난 그런 살인적인 분노를 절대로 다시 느끼고 싶지 않아요."

거울일기 쓰기와 분노편지 쓰기를 통해 카렌은 그러한 감정을 종 이 위에 내려놓을 수 있었다.

"난 정말 많은 분노를 갖고 있었고 그것은 살인적이었어요. 그렇 지만 이제 나는 내 분노가 정당하다는 것을 알고 있고, 그것을 어떻 게 참아야 하는지도 알겠어요."

사실 자기도취적인 부모 밑에서 자라는 아이들은 부모를 향해 엄 청난 분노를 경험할 수밖에 없다. 이제 우리는 그러한 분노 역시 삶 의 일부이고, 우리 자신의 일부라는 것을 받아들여야 한다.

## '좋은 어린시절'을 잃어버린 것에 대해 충분히 슬퍼하자

자기도취적인 부모로부터 우리 자신을 자유롭게 풀어주기 위해서는 '나도 사랑해주고 받아주는 부모와 함께 행복한 어린 시절을 보낼 수 있었을 텐데…' 라는 사실에 충분히 슬퍼하고 한탄하는 시간을 가져야 한다.

그리고 '언젠가 우리 부모님도 내가 원하는 방식으로 나를 사랑해 줄지도 몰라' 라는 환상이 깨져버린 것에 대해서도 충분히 슬퍼하는 시간이 필요하다. 자기도취적인 부모가 언젠가 달라져서 우리가 늘 원했던 방식대로 우리를 대해줄 것이라는 환상을 계속 품게 되면, 그것은 우리를 과거에 갇히게 만들고, 부모로부터 독립된 삶을 살지 못하게 만들기 때문이다.

## 부모의 가치관·잘못된 믿음·부정적인 습관에서 떨어져나오기

지금까지는 부모를 기쁘게 하거나 달래주려고 애쓰면서, 정작 자신의 욕구는 뒤로 한 채 자신은 존재하지도 않는 것처럼 숨죽이며 살았다면, 이제는 그런 생활을 그만두어야 한다. 자신만의 생각과 목표를 당당히 가지자.

물론 부모는 이것을 달갑게 여기지 않을 테고 더욱 억누르려 들 것이다. 하지만 우리는 이미 성인이고 부모가 이제 더 이상 우리에게 지배력이 없다는 것을 스스로에게 일깨워주자.

자기도취적인 부모, 자기만 생각하는 부모는 자녀가 독립적인 존재가 되도록 가만 놔두지 않는다. 독립적인 사람이 되면, 더 이상 자녀를 자기 마음대로 할 수도 없게 되고, 아무 때나 자녀를 부려먹을 수도 없기 때문이다. 따라서 이런 부모들은 자녀를 자기 곁에 묶어두려 하고, 그래서 자녀에게 '넌 엄마<sub>또는 아빠</sub> 없이 잘해 나갈 수 없어', '넌 그럴 만한 능력이 없어. 넌 부적격자라고!', '아무도 너를 원치 않을걸' 이라는 메시지를 던지며 독립적인 사람이 되지 못하게 설득한다. 하지만 이제부터는 이런 말들, 더 이상 믿지 말자. 이제 새로운 사람들을 만나고 새로운 방식으로 생각하자.

## 스스로에게 삶을 경험하도록 허락하자 ● ● ●

때때로 새로운 경험은 우리에게 무엇이 부족한지를 깨닫게 해준다. 그리고 지금까지 우리가 믿어왔던, 아니 믿도록 학습되어 왔던 것들이 정말 그런지 다시 똑바로 보게 해주고 달리 생각하게 해준다.

여행이 그렇다. 새로운 경험을 안겨주는 여행을 통해 우리는 어떻게 사람들이 자기도취적이지 않은 방식으로 살 수 있는지를 배울 수 있다. 그리고 여행을 떠나 부모와 물리적으로 멀리 떨어져 있을 때 부모의 손이 닿을 수 없는 곳에 있다는 느낌이 들고, 그래서 부모의 방식이 아닌 다른 방식의 삶을 시도해볼 수도 있다.

나는 여행할 때가 가장 좋다. 흥분되고, 마음이 열리고, 독립적이라는 느낌이 든다. 집에 있을 때보다 더 친근해지고 더 열린 마음으로 낯선 사람과 만나고 대화한다. 내 안에 더 많은 에너지가 느껴지고 용기도 더 솟구친다.

자기도취적인 부모, 자기만 아는 부모 밑에서 자란 사람들 역시 그럴 수 있다. 새로운 것, 그것이 사람이든 독서든, 실험이든, 악기 연주든 그것에 발을 디딤으로써 더 많은 것을 배울 수 있다. 내 경우는 수영이 그랬는데, 새로운 일을 시도하는 것이 개별화에 어떻게 도움이 되는지를 보여주는 한 예가 될 듯 싶다.

나중에 깨달은 것이지만, 수영이 내게 그렇게 큰 영향을 준 까닭은 수영이 어머니와 관련된 그 어느 것으로부터도 철저하게 분리된, 별개의 것이었기 때문이었다. 나는 어머니와 수영하러 간 적이 한 번도 없었다. 그것은 나만의 영역이었고, 수영은 어머니가 한 번도 해보지 않은 일이었다.

수영은 완전히 나만의 것이었고, 어머니의 비난이나 기대 또는 두려움으로 더럽혀지지 않은 것이었다. 따뜻하고 촉감적인 물 안에서 나는 어머니의 목소리에 방해받지 않고 나 자신으로 있을 수 있었다. 나는 어머니에게서 벗어나 물속에서 내 몸과 교감했다. 나는 자유로웠고, 그냥 나였으며, 내 몸 안에 있을 수 있었다. 이 얼마나 놀라운 경험인가!

## 내 안의 창조성을 발견하자 ● ◆ ●

음악이나 미술 또는 글쓰기와 같이 창조적인 일 역시 똑같은 기쁨을 줄 수 있다. 자기 안의 창조성과 단절된 채로 지낼 때, 우리는 내면의 허기를 채우기 위해 점점 더 자기도취적인 부모에게 의존하게 될 수 있다. 창조성은 우리에게 부모로부터 걸어 나와 독립된 자기가 되도록 하는 데 놀라운 효과를 낸다. 창조한다는 행위 자체가 개별화의 행위이기 때문이다.

지금까지는 부모의 간섭이나 침해 없이 혼자서 무언가를 해본다는 것이 어려웠을 것이다. 그래서 조금이라도 부모의 간섭을 피하고자 오히려 흥미도, 취미도 심지어 자신이 지닌 재능마저도 부정하며 살았을지도 모른다. 하지만 이제는 이러한 관심과 취미들을 되찾을 때다.

## 내면의 삶을 다지는 데 집중하자 • • •

자기도취적인 부모의 자녀들은 대부분 내면의 삶을 다지지 못하면서 살아왔다. 하지만 이제부터라도 자신의 감정과 생각 그리고 꿈을 발견해나가면서 내면의 삶을 다질 수 있다.

텔레비전이나 인터넷에 쏠려 스스로에 대한 관심을 놓쳐버리지 말고 혼자만의 산책을 나가자. 일기를 쓰고, 소설이나 도움이 되는 책을 읽고, 명상하는 법을 배우자. 튼튼한 내면의 삶을 만드는 것은 자기도취적인 부모에게서 독립하고, 우리의 참된 자기를 발견할 수 있도록 도와줄 것이다.

## 외부의 도움을 청하자 • • •

자기도취적인 부모의 자녀들은 자기도 모르는 사이에 자기 보호적 방어나 오히려 역효과 나는 방어기제가 몸에 배어 있는 경우가 많다. 그런데 이러한 방어는 우리가 어린 시절의 상처를 치유하고 자기도취적인 부모로부터 떨어져나오려는 노력을 제한하고 가로막기 마련이다. 자신의 방어기제가 어떤 것인지, 어떤 모습으로 삶속에서 나타나는지를 밝혀내고 이를 떠나보내려면 상담자나 전문 치료자의 도움이 필요할 수도 있다.

안타깝게도 자기도취적인 부모의 자녀들은 자신들 역시 강한 자기도취적인 경향을 갖게 되기가 쉽다. 그래서 이들의 내면세계는 텅 비어 있을지도 모른다. 참된 자아가 제 역할을 하지 못하고, 그 자리에 강압적이고 망상적인 거짓 자아를 키워왔을 수도 있다.

또한 다른 사람을 사랑하는 걸 어려워하는 자신을 발견할 수도 있는데, 이는 자기 자신을 사랑하지 못하기 때문이다. 이런 사람들은 자신이 아니라 자신의 그림자를, 자신의 대리적인 자아를 사랑하고 있는 것이다. 거울치료는 이러한 거짓 자아를 직시하고 그것을 참된 자아로 바꿀 수 있도록 도와줄 것이다.

거울을 들여다보고 자신에게 물어보자. '나는 누구지?' 그 안에 있는 진짜 자신을 찾기 위해 눈동자 속을 깊이 들여다보자. 그 속에서 보이는 것들을 직면하는 일은 불편하고 심지어 고통스러울 수도 있다. 고통, 두려움 또는 분노를 보게 될 수도 있다.

나는 처음으로 거울 속을 깊이 들여다본 때를 결코 잊을 수 없다. 그때 나는 한밤중에 깨어 화장실에 갔다. 그리고 나서 뭔가에 끌리듯 내 눈동자 안을 깊이 들여다보게 되었다. 나는 겁이 났다. 그것은 거의 내 모습이 아니었다. 대신, 그 속에는 분노와 원한을 가득 담고 있는 한 사람이 보였다.

다행히 그때는 내가 전문 치료자의 도움을 받으면서 나의 어두운 면그림자을 인정해가고 있을 때였기 때문에 내 눈에 보이는 것이 어머니에 대한 나의 억압된 분노라는 것을 알 수 있었다.

우리는 거울 속에 보이는 사람을 처음에는 좋아하지 않을 수도 있다. 나처럼 자신의 눈 속에 숨어 있는 분노에 압도당할지도 모른다. 그러나 그 분노를 발견하고 나면, 그것을 건설적인 방법으로 발산하는 것을 시작할 수 있다. 그 분노가 풀리고 누그러지고 나면 참된 자아와 본질을 찾기 위해 그보다도 더 깊이 들여다볼 수 있게 될 것이다.

우리는 또한 자신이 현재의 삶을 힘들어하고 있다는 사실도 발견하게 될 것이다. 그리고 자신에게 있어 삶은 무언가를 얻기 위한 끊임없는 몸부림이고, 투쟁이고, 질주일 뿐이라는 사실도 알게 될 것이다.

짐작할 수 있듯이, 우리는 자기도취적인 부모의 습관들을 자기도 모르는 사이에 온몸으로 익혔다. 그리고 다른 사람들에게 둔감하게 반응하고 행동하는 자기도취적 방어나 지각 패턴을 발달시켜 왔다.

우리는 자신의 약함을 부인하기 위해 우리를 휘두르는 사람의 태도를 그대로 따라 한다. 그리고 압제자와 자신을 동일시한다. 우리에게 가장 큰 고통을 준 부모의 성격을 닮아가는 것이다.

자기도취적인 부모 밑에서 자란 우리에게는 누군가를 사귀는 일이 무척 힘겨운 일이 되기가 쉽다. 우리는 친밀한 관계에서 숨 막힐 것 같은 느낌이 드는 동시에 버림받는 것에 대한 엄청난 두려움을 갖는 자신을 발견하게 될 것이다.

자기도취적인 부모의 자녀들은 부모만큼 그들 역시 비판적이고 완벽주의적인 사람이 될 수도 있다. 그래서 다른 사람의 실수를 참을 수 없고, 삶에 대해 냉소적인 견해를 갖게 될 수도 있다. 그리고 이것은 다른 사람과 잘 지내는 것을 어렵게 만든다.

그와 동시에 다른 사람들이 하는 말에 너무 예민하고, 사실은 전혀 그렇지 않은데도 상대방이 자기를 싫어한다고 확신해버리기가 쉽다. 자기도취적인 부모한테서 오랫동안 무시당하고 지적당한 경험 때문에 다른 사람들도 우리를 그렇게 대할 것이라고 믿는 것이다.

자기도취적인 부모의 자녀들이나 자기도취적인 경향이 강한 사람은 전문 심리치료사의 도움을 받는 것이 좋다. 그들은 우리가 부모와 닮은 점을 극복하고, 다른 사람의 감정에도 잘 공감해줄 수 있는 자신을 만들어나가도록 도와줄 것이다.

그런데 사실 자기도취적인 경향이 꽤 있는 사람들의 경우 전문가의 도움을 구하는 것 자체가 힘든 일이다. 왜냐하면 그럴 수 있으려면 먼저 자신의 인간적인 부족함을 인정해야 하고, 자신 역시 다른 사람의 도움을 필요로 한다는 사실을 깨달아야 하기 때문이다.

또한 자신이 힘없는 아이 같다는 느낌을 한 번 겪어야 하기 때문이다. 그리고 더 성취하려고 하고, 더 인정받고 싶어 하는 욕구에 의해 강박적으로 통제되는 삶의 공허함도 깨달아야 한다. 물론 이것은 극도로 고통스러울 수도 있지만, 충분히 그럴 만한 가치가 있다.

나는 개인 상담과 그룹 치료, 창조적인 작업하기, 일기 쓰기, 여행, 지지모임에서의 만남 그리고 참된 자기를 찾기 위한 의식적인 노력을 통해 자기도취적인 어머니에게서 나 자신을 분리시키는 데 커다란 진전을 보았다. 그리고 이렇게 말할 수 있어서 정말 기쁘다.

나는 내 안의 비판적이고 완벽주의적인 경향을 고치기 위해 오랫동안 힘들게 노력해왔고, 이제는 더 이상 내 인생을 성취에 의해 정의내리지 않는다. 이 책에 나오는 제안들을 따라하고, 훌륭한 상담가의 도움을 함께 구한다면 여러분도 나와 똑같은 결과를 얻으리라 확신한다.

내 경우는 자기도취적인 상처를 치유하는 것이 가장 어려웠다. 심지어 내가 겪었던 성적 학대의 상처를 치유하는 것보다 훨씬 더 힘겨웠다.

이 책을 쓰는 동안 나의 이러한 투쟁과 관련된 꿈을 꾸기도 했다. 꿈속에서 나는 옛날 친구들 3명한테서 나에게 문제가 있었다는 사실에 대해 직면을 당하고 있었다. 그리고 친구들한테 내게 문제가 있었다는 것 내가 그 누구도 믿기 어려워했다는 것을 인정했다. 그리고 나는 왜 내가 아무도 신뢰할 수 없었는지, 각각의 친구가 어떻게 나를 배신했는지를 이야기하면서 각각의 친구와 대면했다.

그 다음 장면은 그 3명의 친구가 나를 내려다보고 있었다. 나는 말 그대로 알몸으로 침대에 누워 있었다 나는 이것이 내가 삶에서 새 출발을 하고자 한다는 것 곧, 아무도 믿을 수 없다는 내 잘못된 믿음을 떠나보내고자 한다는 것을 보여주는 상징이라고 믿는다. 연회장이 준비되어 있었고, 나는 부드러운 수건을 등에 걸치고 안으로 이끌려 들어갔다. 3개의 서로 떨어진 테이블이 준비되어 있었다. 나는 세 사람 각자와 따로 앉아 우리의 관계를 회복해 갈 것이었다.

다른 사람을 신뢰하기 어려워하는 것은, 내가 자기도취적인 어머니에게서 자라났기 때문에 겪어야 했던 많은 문제들 가운데 하나일 뿐이었다. 그러나 계속해서 나 자신에 대한 노력을 해나가면서 나는 날마다 치유를 경험하고 있다.

나는 확신한다, 당신 역시 그럴 수 있으리라고!

### 심리학 쪽지

- 자기도취적인 부모 밑에서 자란 사람들은 대부분의 경우 자신이 누구인지, 진정으로 자신이 어떤 사람인지를 모른다. 참된 자신으로부터 너무나 단절되어 있기 때문이다. 따라서 가장 큰 과제는 부모의 손아귀에서 벗어나 독립된 나를 찾는 것이다.

- 자기도취적인 부모들은 자녀가 독립적인 사람이 되는 것을 원하지 않는다. 이들은 자녀를 완전히 지배하고 싶어 하고, 자녀가 언제든지 부모의 욕구를 채워줄 수 있는 상태이기를 바란다.

- 자기도취적인 부모에게서 벗어나기 위해서는 언젠가 부모가 달려져서 좋은 부모가 되어줄 거라는 환상을 깨야 한다.

- 여행을 통한 새로운 경험, 새로운 만남, 창조적인 활동, 부모와 관련되지 않은 완전히 새로운 활동이 자기도취적인 부모로부터 벗어나 독립된 자기를 찾는 데 도움이 된다.

## '부모가 생각하는 나' 에서 떨어져나오기

1. 부모가 나에 대해 했던 말들을 떠올려보자. 나의 성격이나 능력, 외모, 취미, 인간관계 등에 대해 했던 말들 또는 단순히 태도나 분위기로 전해졌던 내용도 포함된다.

_____

_____

_____

2. 내가 생각하는 내 모습을 적어보자. 나는 나를 어떤 사람이라고 생각하는가?

_____

_____

_____

3. 내 친구들이나 직장 동료들, 그 밖에 친분이 있는 사람들이 나에 대해 했던 말들을 떠올려보자. 그들은 나의 어떤 점을 좋게 이야기했는가? 나의 어떤 점이 좋다고 했는지 적어보자.

_____

_____

_____

_____

4.1~3번에서 적은 내용을 서로 천천히 비교해보자. 부모가 말했던
내 모습과 내가 생각하는 내 모습 그리고 주변 사람들이 말하는
내 모습이 서로 맞아떨어지는가? 아니면 많이 다른가?

_____

_____

_____

_____

_____

5.이 작업을 하면서 어떤 느낌이 들었는가? 내가 자신을 '나의 눈'
으로가 아닌 '부모의 눈'으로 보고 있는 부분은 무엇인가? 천천
히 생각해보자.

_____

_____

_____

_____

_____

# 치유를 계속해 나가기

이 책을 읽으면서 느꼈듯이 우리는 과거의 모습에 갇힌 채로 남아있을 필요가 없다. 우리 안에는 자존감을 끌어올리고 자기상을 개선하며, 마음속 비판자를 잠재우고, 수치심을 치유할 수 있는 힘이 이미 있다. 낮은 자존감은 우리의 진짜 가치를 나타내는 것이 아니라 우리가 어렸을 때 받았던 대접이 어떠했는지를 그리고 우리가 받았던 잘못된 판단과 비합리적인 기대를 보여줄 뿐이다.

그렇다고 우리 안에 자신에 대한 부정적인 태도와 믿음이 없는 것처럼 또는 별로 대수롭지 않다는 듯 무시해서는 안 된다. 이러한 부정적인 태도와 비합리적인 믿음은 우리가 부모 밑에서 자라면서 익힌 것이고, 따라서 버릴 수도 있다.

끊임없이 우리를 비난하는 마음속 비판자의 목소리를 우리를 달래주고 격려해주는 '돌봐주는 마음속 목소리'로 바꿔가는 연습을 계속해나가자. 스스로에게 아껴주는 말투로 이야기할 때, 우리는 변화하기 위해 필요한 양분과 힘을 만들어낼 수 있다.

계속해서 스스로에 대해 더 좋아하는 마음을 가질 수 있도록 자신을 좋아해주고 존중해주는 사람들과 어울리자. 내가 사람들에게 만나면 즐거운 사람이라는 느낌을 받아들이고 느껴보자. 그리고 스스로에게 자신감과 성취감을 주는 활동들도 해보자. 다만 주의할 점은 이때 사람들에게 인정받는 것이나 성취나 성공에 휘둘려서는 안 된다는 것이다. 다시 말해, 그 사람들의 거울로 내가 어떤 사람인지를 결정해서는 안 된다는 뜻이다.

모든 사람은 자기만의 경험과 욕구라는 필터를 거쳐 상대방을 바라보게 되어 있다는 것을 기억하자. 그들이 우리를 바라보는 견해, 곧 그들이 우리의 모습이라며 비춰주는 거울은 우리가 마주치게 되는 많은 거울들 가운데 단지 하나에 지나지 않는다는 사실을 꼭 기억하자. 우리 부모의 거울이 그랬듯이, 다른 사람들의 거울은 어느 정도 왜곡된 부분이 있기 마련이고, 따라서 우리에 대한 사람들의 평가가 늘 정확하다고 볼 수는 없다.

단지 존재만으로도 스스로를 소중히 여기고 사랑하는 법을 계속해서 배워나가는 것이 중요하다. 이러한 존중은 내가 나 자신을 특별하고 귀한 존재로 바라볼 때 자신의 행동이 모두 마음에 드는 것은 아니라고 해도 나온다. 그러기 위해서는 자신만의 독특함, 고유함을 깨닫고 그것의 소중함을 발견하는 것이 필요하다. 부족한 점, 약점이 있지만 스스로가 얼마나 놀라운 존재인지에 대해 열린 마음을 갖자. 나와 똑같은 사람은 지구 어디에도 없다는 사실을 깊이 음미하자.

대부분의 사람들은 자기가 가진 좋은 점들이 아닌, 자기에게 없는 좋은 점들을 생각하느라 많은 시간을 보내곤 한다. 하지만 이제부터는 이미 내가 갖고 있는 장점들에 집중하자. 나의 좋은 점들을 당연한 걸로 여기지 말고, 지금까지 내가 해내온 힘든 일들을 모두 인정해주는 연습을 시작하자. 힘들었던 어린 시절을 살아낸 자신에 대해, 스스로 더 좋아지려고 노력하고 있는 자신에 대해 그리고 이 책을 읽고 있는 자신에 대해 칭찬해주자.

사람들에게 조용히 그러나 분명하게, 나의 욕구도 존중해주는 모습을 보여 달라고 말하자. 스스로를 비판하려고 들 때마다 그런 자신의 모습을 잡아내는 연습을 계속하자.

내 몸과 마음의 욕구를 존중하고, 그것을 채워주려고 적극적으로 애쓰는 것을 계속해나가자. 일부러 시간을 내어 스스로에 대해 좋아하는 마음을 갖게끔 해주는 활동들을 하고, 때로는 스스로를 잘 돌본 자신에게 상도 주자.


당신이 이 책을 읽고 질문지와 거울치료 과제들을 해나가면서 이미 스스로에 대한 느낌이 조금은 달라졌다는 것을 느끼기 시작했기를 바란다. 그러나 변화에는 시간이 필요하다. 특히 마음속에서 자존감에 커다란 변화를 가져오고, 마음속 비판자를 잠재우고, 오랫동안 느껴왔던 수치심을 치유하는 데는 많은 시간이 걸릴 것이다.

그러니 이 과정을 해나갈 때 조급해하지 말자. 더 빨리 나아지지 않는다고 자신을 꾸짖는다면 마음속 비판자의 목소리와 수치심만 더 키워줄 뿐이다.

사실 치유되고 있는 중일 때에는 자신이 나아지고 있다는 것을 거의 느끼지 못한다. 보통 우리가 '그래도 내가 계속 나아지고 있구나. 예전에 비하면 내가 많이 자랐구나'라고 깨닫게 되는 순간은 자신의 삶을 되돌아볼 때뿐이다.

이 책에서 유난히 자신과 똑같은 내용이나 유난히 어려움을 느끼는 부분이 있었다면, 그 부분을 되풀이해서 읽기를 권한다. 거울치료 과제를 미처 하지 못하고 지나간 것이 있다면 다 마치라고 응원해주고 싶다. 이 과제들은 스스로를 더 잘 이해할 수 있도록 도와줄 뿐 아니라, 어떤 면을 더 노력해야 할지에 대한 방향도 제시해줄 것이다.

그러나 책을 다 읽고 거울치료 과제도 성실하게 했는데도 자기상이 너무 딱딱하게 굳은 나머지 여전히 자신의 가치와 소중함에 대한 긍정적인 증거들을 받아들일 수가 없다면, 꼭 전문가의 도움을 받기를 간절히 권한다.

이 책을 통해 치유라는 먼 길에 들어선 당신에게,
말할 수 없는 고통과 말할 수 없는 자유를 느끼게 될 당신에게
시 한 편을 나누는 것으로 응원하는 마음을 전합니다.

-책으로여는세상-


다섯 연으로 된 짧은 자서전 - 작자 미상

난 길을 걷고 있었다. 길 한가운데 깊은 구멍이 있었다.
난 그곳에 빠졌다. 난 어떻게 할 수가 없었다. 그건 내 잘못이 아니었다.
그 구멍에서 빠져나오는 데 오랜 시간이 걸렸다.

난 길을 걷고 있었다. 길 한가운데 깊은 구멍이 있었다.
난 그걸 못 본 체했다. 난 다시 그곳에 빠졌다.
똑같은 장소에 또 다시 빠진 것이 믿어지지 않았다.
하지만 그건 내 잘못이 아니었다.
그곳에서 빠져나오는 데 또다시 오랜 시간이 걸렸다.

난 길을 걷고 있었다. 길 한가운데 깊은 구멍이 있었다.
난 미리 알아차렸지만 또다시 그곳에 빠졌다. 그건 이제 하나의 습관이 되었다.
난 비로소 눈을 떴다. 난 내가 어디 있는가를 알았다.
그건 내 잘못이었다. 난 얼른 그곳에서 나왔다.

난 길을 걷고 있었다.
길 한가운데 깊은 구멍이 있었다.
난 그 둘레로 돌아서 지나갔다.

난 이제 다른 길로 가고 있다.